中国科学院规划教材

简明社会调查方法

苏永明　张首芳　白日荣　主编

科学出版社

北京

内容简介

本书遵循社会调查的客观流程，本着“简单、明了、实用”的指导思想，将社会调查方法的基本概念、基本内容与实际操作过程紧密结合，通俗简明地介绍了各种资料搜集与分析方法，使读者能很好地掌握从选题开始，经历方法选择、调查实施、数据录入、整理分析，直到完成调查报告的完整社会调查过程。编者均来自教学一线的教师，他们结合多年社会实践、课堂讲授社会调查方法的经验体会，重点介绍了最常用的调查方法和技巧。

全书体系科学规范，内容详略得当，语言通俗易懂，适合作为高等院校本科生、专科生通识教育的教材和研究生的教学参考书，同时也便于实际调研部门工作人员和有意开展社会调查者自学参考。

图书在版编目（CIP）数据

简明社会调查方法/苏永明，张首芳，白日荣主编. —北京：科学出版社，2015.1
中国科学院规划教材
ISBN 978-7-03-042931-5
Ⅰ. ①简… Ⅱ. ①苏… ②张… ③白… Ⅲ. ①社会调查—调查方法—高等学校—教材 Ⅳ. ①C915
中国版本图书馆 CIP 数据核字（2015）第 000301 号

责任编辑：兰 鹏 / 责任校对：鲁 素
责任印制：李 利 / 封面设计：蓝正设计

科学出版社 出版
北京东黄城根北街 16 号
邮政编码：100717
http://www.sciencep.com
文林印务有限公司 印刷
科学出版社发行 各地新华书店经销
*
2015 年 2 月第 一 版 开本：787×1092 1/16
2015 年 2 月第一次印刷 印张：15 1/2
字数：367 000
定价：36.00 元
（如有印装质量问题，我社负责调换）

前　言

随着社会的发展和我国高等教育教学改革的不断深化，以及“大众化”教育和应用型人才培养的推广实施，高等院校开设社会调查方法课程的专业越来越多。

本书是针对教育部财经类专业开设的“通识课”社会调查要求，结合大学财经类专业一、二年级课程开设现状而编写。本着“简单、明了、实用”的指导思想，摒弃冗长、繁复的内容，着重介绍最常用的社会调查方法并以案例辅助说明，满足高等院校尤其是财经类高校经济、管理、人文社科类本科专业使用，也可以作为其他专业的选修课参考教材。全书内容包括七个方面。

（1）总论部分：概念、任务、类型、一般程序。

（2）调查选题：重要性、类型、途径和方法。

（3）调查设计：方案设计、抽样设计、问卷设计。

（4）调查方法：文献调查法、实地观察法、访问调查法、实验调查法、电话调查法等。

（5）调查实施：调查组织过程与质量控制。

（6）整理分析：调查数据整理、筛选、编码录入、描述统计、软件应用、多元素分析。

（7）调查成果：调查分析报告写作、工作总结。

本书共十一章：第一章和第二章由苏永明编写，第三章和第五章由白日荣编写，第四章和第七章由张首芳编写，第六章由王忠辉编写，第八章和第九章由薛伟编写，第十章由李丽和宇文晶编写，第十一章由李云发编写。本书的编写基于以下五个方面的考虑。

（1）体系：选题→方案设计→调查实施→整理→分析→报告→总结。

（2）内容：常用社会调查方法设计与实施。

（3）风格：简明、实用。

（4）定位：高等院校经管、社科类专业，兼顾文理学科“通识课”社会调查用教材。

（5）编写：全部章节设计及内容均由一线教师编写而成。

由于编者水平所限，书中难免有疏漏之处，恳请读者多提宝贵意见，以便今后进一步修改与完善。

苏永明

2014 年 10 月

目 录

第一章 导论

本章是全书的概述，主要介绍社会调查和社会调查学的一般问题，包括社会和社会现象的特点、社会调查及其主要任务、社会调查的主要类型、社会调查的一般程序等问题。

通过本章的学习，主要让学生掌握社会调查的基本概念、社会调查的一般程序，充分认识社会调查的主要功能和作用，了解社会调查的基本分类以及社会调查各阶段的基本工作内容。

第一节 社会调查概述

一、社会的定义和社会现象的特点

（一）社会的定义

社会是人类生活的共同体，是由多种要素构成的极其复杂的系统。一定数量的人口、一定的地域和生态环境、生产方式和经济结构、社会组织和政治制度、社会文化和社会意识、行为规范和生活方式等，是构成社会不可缺少的要素。其中，人是社会最基本的要素。

在社会中，人总是生活在一定的人群共同体之中。由某些共同活动联结起来的具有一定稳定性的人类集合体称为人群共同体。一般来说，人群共同体可分为政治性人群共同体（如阶级、政党、国家、军队等）和非政治性人群共同体（如家庭、部落、民族、街坊和一般社会团体，其中一般社会团体包括同乡会、校友会、技术协会、书法协会等）两类。任何人都必然生活在一定的人群共同体之中，并发生交互作用。

构成社会的各种要素不是杂乱无章地堆砌在一起的，而是按照一定的结构组合而成的有机整体。社会结构即社会要素之间具有多类型、多层次的特点。

综上所述，所谓社会，就是人类生活的共同体，是以人和人群共同体为活动主体、以生产方式为基础的各种要素、各种结构按照一定的方式组合而成的有机整体。

（二）社会现象的特点

社会现象是指所有与人类共同体有关的活动产生、存在和发展密切联系的现象。与自然界现象相反，社会现象是人类群体在自然界的种种反应的总称。社会现象按照是否对人类发展有利分为积极社会现象和消极社会现象。研究和关注社会现象，有利于把握人类发展规律，探讨社会良好发展进程，改变不良习性等问题。

一切社会运动和社会现象，如经济运动和经济现象、政治运动和政治现象、文化运动和文化现象等，都是人们在有关领域从事实践活动的必然反映或结果。作为人们的社会行为和社会关系的反映，它具有目的性、变动性、复杂性、偶然性和模糊性等基本特征。

（1）目的性。一切社会现象无不打上人类主观意志的烙印。恩格斯曾说，在社会历史领域内进行活动的是具有意识的、经过思虑或凭激情行动的、追求某种目的的人；任何事情的发生都不是没有自觉的意图，没有预期的目的的。因此，人们往往把社会生活当成任人摆布的纯主观的东西，往往用人们的意志、愿望、性格、心理状态等主观因素去解释各种社会现象。

（2）变动性。万事万物都是运动和变化的。社会现象的变化极其迅速，社会发展的速度往往是自然界变化不可比拟的。在现代社会，由于科学技术的迅猛发展，社会生产力的巨大进步，特别是现代交通、通信、传输、网络技术的出现和普及，社会生活各个领域的节奏已大大加快，所以要全面、准确、及时地了解瞬息万变的社会情况，正确把握社会变化发展的趋势和规律，已成为一件越来越困难、越来越迫切的任务。

（3）复杂性。在社会生活中，任何一种社会现象的产生，都是由多种多样的原因引起的；任何一种社会现象的出现，又必然会引起多种多样的结果和一系列连锁反应。由于社会现象之间的联系纵横交错，历史发展的制约因素纷繁复杂，所以人们对同一社会现象的看法，对同一历史事件或历史人物的评价，就往往因人而异，甚至截然相反。

（4）偶然性。社会现象的变动性和复杂性就决定了在社会历史领域，充满着各种各样的偶然事件和现象。恩格斯说过，社会生活中行动的目的是预期的，但是行动实际产生的结果并不是预期的，或者这种结果起初似乎还和预期的目的相符合，而到了最后却完全不是预期的结果。历史事件总的说来似乎同样是由偶然性支配着的。

（5）模糊性。模糊性，是指人们对社会现象的性质、状态的不确定性或不明晰性。在社会生活中，由于客观事物本身的不确定性、不明晰性和人们认识的不完全性，人们对于许多社会现象的认识呈现出高度模糊状态。在现实生活中，真与假、善与恶、美与丑、优与劣、好与坏等因素往往混杂在一起，有时人们很难明确地将它们区别开来。

社会现象的这些特点说明，人们虽然天天生活在社会之中，但却不一定能够正确认识社会。特别是在现代社会，由于上述社会现象的特点已变得更加显著、更加复杂，再加上各种假象、伪装、欺骗层出不穷，人们如何全面、准确、及时地认识社会生活的真实情况及其变化发展趋势，就成为一件更加困难、更加紧迫的任务了。

二、社会调查的定义及其任务

（一）社会调查的定义

社会调查，就是人们有目的、有意识地通过对社会现象的考察、了解和分析、研究，来了解社会真实情况、认识社会生活本质及其发展规律，探索改造社会、建设社会的道路或方法的一种自觉认识活动。它包含以下四层意思。

（1）社会调查是一种自觉的认识活动。任何社会调查都是有目的、有意识地进行的，它与人们日常生活中对社会现象的一般观察和了解有原则区别。

（2）社会调查的对象是社会自身。社会调查不仅要研究以人和人群共同体为重点的各种社会要素，而且要研究以生产方式为基础的各种社会结构，以及与它们相联系的政治体制、法律制度、社会文化、社会意识、社会生活、生态环境等方面的各种社会现象和问题。

（3）社会调查的方法，既包括考察、了解社会实际情况的各种感性认识方法，又包括对搜集的感性材料进行统计分析和思维加工的各种理性认识方法。

（4）社会调查的目的是了解社会生活的真实情况，研究各种社会现象的因果关系，探索社会生活的本质及其发展规律，并进而寻求改造社会、建设社会的道路或方法。

（二）社会调查的任务

上述社会调查的定义说明，社会调查的主要目的和任务是认识社会现象，探讨社会现象间的相互关系，揭示社会现象的本质特征或内在规律性，进而探讨改造社会的方法和路径。

第一，认识社会现象的真实情况。由于受历史时代、认识能力等主客观条件限制，要求人们绝对准确地认识社会现象是不可能的。但是，任何事物都具有质的规定性和相对稳定性，人的认识能力和条件总是不断完善、提高的。所以，在相对确实、相对明晰、相对稳定的范围内正确认识社会现象是完全可能的。

第二，研究社会现象的因果联系。任何社会现象的发生都不是没有自觉意图、没有预期目的的。任何主观动机和愿望——不管它是国家的、集团的还是个人的，都是由不断变化的需求，由特定的经济、政治、社会等客观状况决定的。因此，只要我们透过造成某种社会现象的思想动机，探索出隐藏在这些动机背后的经济、政治等动因，就有可能揭示产生某种社会现象的客观的、复杂的因果联系。

第三，探索社会现象的本质及其发展规律。尽管社会现象总是个别的、多样的、变动不定的、不可再现的并带有某种程度的偶然性，但是只要我们从大量个别的、复杂多变的同类社会现象中，去寻找那些共同的、不断重复的、相对稳定的东西，从各种各样的偶然事件、偶然现象中去寻找那些内在的、必然的东西，就有可能揭示出社会现象的内在本质及其发展规律。

第四，寻求改造社会的道路或方法。认识社会现象的真实情况，研究社会现象的因果联系，探索社会现象的本质及其发展规律，最终目的都是改造社会。因此，以人为本，科学发展，寻求改造社会的道路或方法，是一切社会调查的出发点和归宿。

简言之，社会调查的基本任务就是：透过带有目的性、变动性、复杂性、偶然性和模糊性的社会现象，去认识社会生活的真实情况和因果联系，揭示社会现象的本质及其规律，寻求改造旧社会、建设新社会的道路或方法。

第二节　社会调查的作用、理论基础和指导思想

一、社会调查的作用

科学的社会调查不仅是一种自觉的认识活动，而且具有多种社会功能。总体上说，

社会调查的用途主要体现在三个方面：描述现状；解释原因；预测趋势和对策研究。描述现状，有利于正确认识社会现象的状况；解释原因，有助于探索和诠释社会现象现状的成因及本质；预测趋势和对策研究主要是在前两者的基础上对事物未来发展做出判断和应对。

1. 描述现状

了解和描述社会现象的状况，是人们深入认识这一现象的基础。例如，要研究我国大学生的就业问题，就必须对我国大学生的就业现状有一个客观的、整体上的描述，以及清楚在大学生就业中是否存在“值得研究的”问题：存在什么问题，问题的严重程度如何，以及不同专业、不同性别、不同家庭背景、不同学习成绩、城乡等方面的差异情况。这种客观的、精确的并且多方面综合的描述，能为我们进一步从多种因素、多种现象的相互关系中，找出我国大学生就业问题产生的最主要原因打下良好的基础。

2. 解释原因

如果说，社会调查所具有的这种描述现状的作用可以理解成“是什么”或“怎么样”这类问题的话，那么，社会调查的第二个作用——解释原因——解释社会现象发生的原因，就可以理解成回答社会现象“为什么是这样”或“为什么会如此”这样的问题了。显然，社会调查的这一作用比起单纯的描述状况要更为深入一些。它使得社会调查能够被广泛地用来探讨不同社会现象之间的关系，探讨某一现象发生的原因和机制。例如，在上面大学生就业的例子中，我们可以通过社会调查来深入探讨大学生家庭背景与其就业行为之间的关系，探讨性别、专业、学习成绩等方面与就业行为之间的关系等，从而达到在更深入的层次上认识和理解大学生就业问题。因此，社会调查所具有的解释原因的作用比描述现状更深入，能够广泛应用于探讨不同社会现象之间的关系，探讨一些社会现象、社会问题发生的机制和原理。

尽管社会调查的这种解释作用，或者说探究社会现象之间关系的作用还赶不上实验法那么有力，但是，它作为一种在现实生活中远比实验法行得通、办得到的社会研究方法，备受各类研究人员的青睐。尤其是随着社会统计分析方法的进一步完善，社会调查在探究现象间关系方面的作用也将越来越强大。

3. 预测趋势和对策研究

除了对过去的和现在的社会现象进行描述、解释外，社会调查还可以在此基础上对未来的社会现象（或者说对社会现象的发展趋势）做出一定的预测。当然这种预测同样要以对这一现象的准确描述和正确解释为基础。以大学生就业问题为例：我们对大学生就业的现状、特征、问题以及影响大学生就业的各种因素有了清晰的认识和较为深刻的了解后，就可以依据我国社会经济发展变化的规律，对未来大学生就业做出一定的预测，同时，还可以为政府、社会用人单位、学校、家庭以及大学生群体提供切实的建议和应对措施。

二、社会调查的理论基础和指导思想

任何社会调查，都以一定的世界观和方法论作为理论指导。科学的社会调查必须以科学的世界观和方法论——辩证唯物主义、历史唯物主义作为理论基础和指导思想。

（一）社会调查的理论基础

社会调查是一种科学的认识方法，也是一种科学的工作方法。它的理论基础是辩证唯物主义和历史唯物主义的认识论。

辩证唯物主义和历史唯物主义的认识论认为，人类的认识活动有三个不可缺少的要素，即认识主体、认识客体和认识过程。作为科学认识方法的社会调查，也有三个不可缺少的要素，即调查主体、调查客体和调查过程。

调查的主体就是调查者自身。每一个调查者都生活在一定的经济、政治、文化、社会关系之中，都具有一定的世界观、人生观和价值观，一定的知识水平、实践经验、社会意识和心理特征等，这一切就构成了调查者自身所特有的社会本质。因此，任何调查者都不是一个抽象的纯粹生物学上的人，而是一个具有特殊社会本质的现实的人。

调查的客体就是调查对象。一般来说，调查对象可分为两大类：一类是社会生活中的物质现象，即社会物质生活中存在的一切事物；另一类是社会生活中的精神现象，即人们的思想、感情、态度、愿望、心理特征等。人们的思想、感情、态度、愿望和心理特征等是独立于调查者之外的一种客观存在，它不是人的主观意志随心所欲的产物，而是人们特定物质生活条件的反映，并对社会存在和社会发展产生巨大反作用。因此，社会精神现象同社会物质现象一样，都是社会调查所要研究的对象，这是社会调查不同于自然调查的一个根本区别。在社会调查中，人们对于社会物质现象和精神现象的认识，有时是通过对客观事物实地观察获得的，有时是通过对被调查者询问获得的，因此，被调查的“人”和“物”，就成了社会调查的直接对象。

调查主体和调查客体的关系，是在调查实践基础上反映者和被反映者之间的关系。调查主体对调查客体的反映，不是照镜子式的纯客观的、消极的、被动的反映，而是调查主体的主观素质参与到其中的积极的、能动的反映。调查主体素质不同、调查工作实际状况不同，对同一调查客体所得出的调查结果就往往不一样：有的能够深入认识调查客体的内在本质，有的仅能反映调查客体的一些表面现象，有的甚至可能对调查客体做出歪曲反映。这说明，调查主体的主观素质和工作状况，对于调查结果往往具有决定性作用。调查客体独立于调查主体，是调查主体的反映对象，并制约着调查结果。但是，不同的调查客体和调查主体的关系是不一样的。

当被调查对象是“物”时，它发展到什么程度，调查主体才可能认识到什么程度，这种制约是客观的、不以调查主体意志为转移的。当被调查对象是“人”时，情况则不相同。被调查者在调查过程中不是消极地被反映，而是能动地被反映。这种能动性表现在两个方面：一方面，每一个被调查者总是根据自己的客观地位、思想状况、知识结构、认识能力等社会素质来提供社会信息；另一方面，每一个被调查者在接受调查时，也在对调查者进行观察，并根据自己的结论来决定对调查工作的合作程度。被调查者的社会素质和合作程度不同，他们所提供的社会信息就不相同。这说明，当被调查对象是“人”时，调查主体对社会现象的认识，在很大程度上受被调查者社会素质和合作程度的制约。不过，这些制约的某些方面（如合作程度等）是受被调查者的主观状况所左右的，是可以通过耐心细致的工作加以改变的。总之，调查主体对调查客体的反映，是在调查实践基础上的能动的反映，是调查主体和调查客体相互作用的结果；调查主体的主观素质和工作状况对调查结果具有主导性、决定性作用，调查客体的实际状况和合作程度也对调查结果具有不同程度的制约作用。

调查过程，是在调查实践基础上从搜集材料、研究材料到形成调查结论，再从调查结论到实践的辩证运动过程。就每一次社会调查过程而言，它可分为两个阶段：一是调研阶段，即在调查实践基础上，从搜集材料到形成调查结论的阶段，从感性认识到理性认识的阶段；二是实践阶段，即从调查结论到实践的阶段，即评估调查结论、应用调查结论、检验调查结论、发展调查结论的阶段。人类的认识运动，总是循着实践、认识、再实践、再认识这种形式不断反复和无限发展的；作为科学认识方法的社会调查，则是循着调查、实践、再调查、再实践这种形式不断反复和无限发展的。

（二）社会调查的指导思想

科学的辩证唯物主义和历史唯物主义的世界观和方法论是社会调查的理论基础。实事求是，是辩证唯物主义和历史唯物主义的基本原则，也是科学社会调查的根本指导思想。

在社会调查中，坚持实事求是的观点，就是要克服形形色色的主观主义，坚持做到“六不唯”。“不唯上”，不为迎合领导或权威人士的意图而歪曲事实真相；“不唯书”，不为书本上已有的结论或条条框框所禁锢；“不唯众”，不能随大流，要开拓创新；“不唯己”，不主观臆断；“不唯法”，敢于打破陈规陋习的束缚；“不唯洋”，不盲目崇洋媚外，但可以学习和借鉴外国的先进技术和经验。总之，要坚持实事求是的观点，就必须尊重事实，崇尚实践，与时俱进，勇于创新，坚决排除一切主观主义因素的干扰。实事求是是科学社会调查的活的灵魂，是一切社会调查工作者必须坚持的首要的和最基本的观点。

在社会调查中保持深入、谦虚、艰苦和勤奋的工作作风，是搞好调查和研究的基本保障。

（1）深入作风。调查者一定要深入基层，深入群众，深入到生产和工作的第一线去调查。绝不能认为走出了办公大楼，离开了机关大院，就算深入了实际；也不能认为听了下级干部汇报，看了有关资料，就算深入了群众。那种漂漂浮浮、晃晃荡荡，或浮在上面，或悬在半空的所谓调查，严格地说，算不上真正的社会调查。

（2）谦虚作风。调查者一定要有眼睛向下的兴趣和决心，要有满腔热情和求知渴望，要有放下架子、甘当小学生的精神。那种下车伊始就哇啦哇啦地发议论的钦差大臣式调查，那种把群众当阿斗、把自己当救世主的所谓调查，是绝不可能获得真知灼见的。

（3）艰苦作风。要做一次“好的调查”，往往需要付出很多的努力。即使有了好的选题和好的方案，调查实施过程也需要付出许多汗水。调查者要有不怕困难，不怕挫折，不怕劳累，不怕遭冷眼、受冷遇、坐冷板凳的思想准备和坚定的信心。蜻蜓点水式的所谓调查，是调查不到多少真实情况的。

（4）勤奋作风。到基层进行调查是十分艰苦的工作，调查者一定要脚勤、眼勤、口勤、手勤、脑勤，要勤于调查，勤于记载，勤于思考，勤于研究。那种懒懒散散、马马虎虎、敷衍塞责、浅尝辄止，甚至请人代劳、网上剽窃的所谓调查，都是要坚决杜绝的。

对于社会调查来说，求实必须无畏，无畏必先无私。只有无私无畏，才能真正求实。

只有把科学的工作出发点与正确的价值出发点、科学的思想路线与正确的工作路线结合起来，社会调查才能成为真正科学的社会调查。

第三节 社会调查的类型和一般程序

一、社会调查的类型

确定社会调查类型，是设计调查方案的重要内容。按照不同标准，社会调查可进行多种分类。常用的分类有以下几种。

（1）按社会调查的范围，可分为全面调查和非全面调查。全面调查即普遍调查（简称普查），是指对调查对象总体全部单位进行的调查。非全面调查，是指对调查对象总体中一部分单位进行的调查，如典型调查、重点调查、个案调查和抽样调查等。

（2）按社会调查的时间，可分为一次性调查、经常性调查和追踪调查。一次性调查，是指只进行一次的调查。即针对某一具体问题的调查，问题解决之后就不再调查了。经常性调查，包括周期性调查、阶段性调查和不定期调查。周期性调查，是指以周、月、季、年或若干年为周期进行的调查。阶段性调查，是指根据事物发展阶段进行的调查，如根据蔬菜销售淡季或旺季进行的市场调查，根据青少年不同年龄阶段进行的调查等。不定期调查，是指根据工作需要进行的无固定期限的调查，如根据物价管理需要不定期进行的物价调查，根据社会治安状况不定期进行的犯罪调查等。追踪调查，是指在不同时间对同一类调查对象进行的前后对比调查。

（3）按社会调查的空间，可分为区域性调查、全国性调查、国际性调查。区域性调查包含东部、中部、西部调查，某省、市、县调查，城、乡调查，湖区、林区等调查。

（4）按社会调查的目的，可分为行政性调查、学术性调查、民意调查和应用性调查。行政性调查，是一种最早出现的社会调查，主要由国家或各级政府组织开展。其调查内容一般涉及人口、资源、行业、社会概况等。其特点是规模大、宏观、概况类，主要目的是搜集社会或自然的总体情况，为行政管理、法律法规、政策提供依据，如人口、产业、企业、经济普查等。学术性调查，是指以从事学术研究为主要目的而进行的调查，主要由科研机关或大学组织进行。其调查内容一般涉及社会学、经济学、教育学、心理学等社会科学领域调查等。民意调查也称民意测验或舆论调查。它是伴随着社会尤其是政治需要产生和发展的。主要采用抽样调查方法，搜集人们对某些社会现象、社会问题或舆论热点的意见、态度、意识和评价等主观倾向，多采用入户访问、焦点小组和电话调查等方法。应用性调查，是指以解决某些实际问题为主要目的而进行的调查，如医疗改革调查、农民工子女调查等。

（5）按社会调查的方式，可分为直接调查和间接调查。直接调查，是指调查者与被调查者直接接触的调查。例如，运用实地观察、口头访问、实验等方式进行的调查。间接调查，是指调查者通过某种中介向被调查者间接进行的调查。例如，运用文献、问卷、电话、通信、网络等方式进行的调查。

（6）其他分类。社会调查还有其他的类型划分，如按社会调查对象的状态，可分为静态调查和动态调查；按照社会调查的主要内容，可分为定性调查和定量调查；按社会调查的作用，可分为描述性调查、解释性调查和预测性调查；按社会调查的历史和技术，可分为传统调查和现代调查；等等。

在上述社会调查的各种分类中，按照社会调查对象范围划分的全面调查和非全面调查，是最基本的调查分类。

（一）普查

1. 普查的概念与意义

普查，是指对调查对象总体全部单位无一例外地逐个进行的调查，如全国人口普查、社区家庭普查、基本单位普查、经济普查。根据调查对象范围的宽窄和数量的多少，普查有宏观、中观和微观之分。

普查有两种方式。一是直接登记，有专门组织普查的机构和人员，对调查对象的全部单位直接登记，如人口普查、经济普查、农业普查等。二是填报表，没有专门的机构和人员，即由上级制定普查表，由下级按要求填报，如国家各系统、各部门实施的年报制度。

普查具有重要意义。对于国家来说，普查是对某些重大国情国力进行的调查，如人口普查、经济普查、农业普查等。它对正确认识国情、规划经济社会发展、应对环境变化、搞好社会管理具有重要意义。对于一个区域、一个行业、一个单位来说，普查则是正确认识本区域、本行业、本单位基本状况，科学规划未来的一项基础性工作。

2. 我国普查制度

国务院于 1994 年批准建立了五个国家普查项目，其中人口普查、农业普查、工业普查、第三产业普查，每 10 年进行一次，逢 0、3、5、7 年份实施；基本单位普查每 5 年进行一次，逢 1、6 年份实施。

2003 年，国务院调整了国家普查的项目和周期。调整后的普查减为三项，人口普查每 10 年进行一次，逢 0 年份实施；经济普查每 10 年进行两次，逢 3、8 年份实施；农业普查每 10 年进行一次，逢 6 年份实施。

3. 普查中应该注意的问题

（1）普查项目简明。由于普查人员多，调查对象广，组织工作异常复杂，所以调查项目必须简明，否则不仅难以准确调查，而且难以统计分析。1953 年我国的第一次全国人口普查，只有姓名、与户主的关系、性别、年龄、民族、住址六个项目。我国 2010 年第六次全国人口普查采取国际通行的长短表方式，90%的户填报短表，10%的户填报长表，也比较简单。

（2）统一标准时间。普查必须调查同一时间的状况，否则就会出现调查误差。规定调查的同一标准时间，可保证普查结果的准确性。第六次全国人口普查规定人口普查的标准时间是 2010 年 11 月 1 日 0 时（时点）；普查的出生人数是指 2009 年 11 月 1 日 0 时至 2010 年 10 月 31 日 24 时这两个时点之间出生的人数（时期数）。

（3）现场登记短期完成。社会现象变化极其迅速。2009 年全国每天创造国内生产总值 918.8 亿元、财政收入 187.6 亿元，社会固定资产投资 616 亿元，社会消费品零售总额 343.4 亿元。如果现场登记时间过长，就有可能造成巨大误差。因此，全国人口普查现场登记时间一般为半个月，第五次、第六次全国人口普查登记缩短为 10 天。

(4) 普查应周期进行。只有按一定的周期普查，才便于对历次普查资料进行对比研究，才有利于发现有关社会现象的发展趋势及其规律。联合国建议各国人口普查在“0”年份或接近“0”年份进行普查，其目的就是便于在世界范围内对各国的人口变化情况进行横向或纵向对比研究。

4. 普查的优点和局限性

普查的最大优点是调查资料的全面性和准确性。因为普查是对全部调查对象逐个进行的调查，与其他类型调查比较起来，它所搜集的资料最全面，误差最小，精确度最高，所以，普查就成为了解国情、省情、市情、县情最重要的方法。

普查的局限性主要表现在两个方面：一是工作量大，花费大，组织工作复杂，时效性较差；二是调查内容有限，只能调查一些最基本、最重要的项目，很难对有关问题进行深入研究。因此，普查的应用范围比较狭窄，适应性较小，它只适用于调查某些全局性的基本情况。

5. 快速普查

快速普查，是普查的一种特殊形式。它的特点是：全面、准确、快速。进行快速普查，在调查项目上，应尽可能少，最好只设计一两个调查指标。在调查方法上，多采用直达方式，即由快速普查的组织者向被调查的基层单位直接布置任务、直接搜集资料，而不经过或少经过中间环节。在调查手段上，应尽可能使用现代化工具，如电话、传真、电子邮件、网络等。快速普查的最大特点在于快速，但调查项目极少，只在特殊情况下才被采用。

（二）典型调查

1. 典型调查的概念和意义

与普查不同，典型调查是在全面分析的基础上，找出有代表性的单位进行深入细致的研究。主要适用于新事物、新情况、新问题的调查，包括“解剖麻雀”“划类选点”两种形式。

典型调查是通过对典型的深入调查来认识同类社会现象的本质及其发展规律的方法。典型调查的特点是：调查对象的数量是个别单位或少数单位；调查对象的确定，由调查者有目的、有意识地选择；调查的方式方法，主要是与被调查者直接接触的面对面调查，而且多是比较系统、深入的定性调查。

人们对客观事物的认识，总是由个别到一般、由个性到共性，再由一般到个别、由共性到个性不断循环往复、不断向前发展的。典型调查方法，是人类认识规律的具体体现。因此，典型调查是社会调查的一种重要类型。

2. 典型调查中应注意的问题

(1) 正确选择典型。典型，是同类事物中具有代表性的事物。所谓典型性就是代表性。有人认为，越突出、越奇特就越典型，这是不正确的。因为突出、奇特的事物，代表性小，典型性差。相反，越是平凡、普通的事物，其代表性越高，典型性越强。

正确选择典型，是保证典型调查科学性的关键。正确选择典型应努力做到：首先，坚持实事求是，绝不能按长官意愿或个人愿望确定典型。其次，坚持发展的观点，要根据不断变化的实际选择典型，而不应总是围着老典型兜圈子，更不应搞“终身制”典型。再次，根据调查目的和要求选择某一方面的典型，而不应把典型理想化、绝对化，更不应搞无所不包、无所不能的“万能型”典型。最后，对于复杂的事物应该选择多层次、多类型的典型，如把某地区的乡镇企业发展现状分为“好、中、差”三类，在各类里分别选出典型，就属于“划类选点”式的典型调查。通过多点对比调查，可提高典型调查的科学性。实践证明，选点误差往往是典型调查的最大误差。如果选择的典型没有代表性，那么，无论调查工作搞得怎样好，都不可能达到典型调查的目的。

（2）要有深入的决心和作风。典型调查是深入基层、深入群众的调查，是与被调查者直接接触的调查，是工作生活环境比较艰苦的调查。要搞好典型调查，必须有眼睛向下的兴趣和决心，有艰苦深入的作风。如果两眼向上、浮在水面上，是不可能搞好典型调查的。

（3）要把调查与研究相结合。典型调查多为定性调查，它不仅要全面了解典型各个方面的情况，而且要研究造成有关现象的原因，揭示事物的本质及其发展规律，探索解决问题的途径和方法。因此，典型调查不能满足于搜集社会信息，而必须加强对搜集信息的整理和分析，努力把调查和研究结合起来，把认识问题和探索解决问题的方法结合起来。

（4）要慎重对待典型调查结论。典型虽是同类事物中具有代表性的单位，但它毕竟是普遍中的特殊，共性中的个性。因此，必须慎重对待典型调查的结论。代表同类事物的典型具有普遍意义，而由于自身特殊条件、特殊环境形成的典型只能具有特殊意义。前者属于“划类选点”，具有类型抽样调查的特点，可以估计和推断总体，而后者属于“解剖麻雀”，只能说明典型个体。

3. 典型调查的优点和局限性

典型调查的优点包括：①能获得比较丰富、真实可靠的第一手感性资料；②利于揭示社会现象的因果关系，探索解决社会问题的道路和方法；③对个别或少数单位调查，花费的人力、物力较少；④适应性强，在社会生活中具有广泛用途。典型调查的这些优点，是普查、抽样调查不可能具有的。因此，典型调查是其他类型调查不能代替的，它是社会调查的一种基本类型。

典型调查的局限性在于：①典型的选择易受主观意志左右，很难完全避免主观性；②调查对象只是个别或少数单位，代表性是有限的；③调查结论中，哪些有普遍意义，哪些属特殊意义，适用范围如何，很难用科学手段准确测定；④“解剖麻雀”式的典型调查是一种定性调查，很难对调查对象总体进行定量研究。这些局限性说明，典型调查不能代替普遍调查和抽样调查。

（三）重点调查和个案调查

重点调查，是指对某种社会现象比较集中的、对全局具有决定性作用的一个或几个单位（也称重点单位）进行的调查。重点单位是指单位数不多但“所关注的量”占总体总量的比重较大。例如，通过对鞍钢、包钢、攀钢、首钢等 15 家钢铁公司的调查，就能掌握全国钢铁生产、销售的基本情况，因为这些数量不多的重点单位的钢铁生产、销售总量能占到全国总量的 60%左右。通过对全国 70 个大中城市房价的调查，就可了解全国城市房屋价格变动的大体趋势。这说明，重点调查的特点和优点是：调查单位不多，花费力量不大，却能了解到对全局具有决定性影响的基本情况。因此，它是一种具有广泛用途的调查类型。

重点调查与典型调查有些类似，但又不相同。一是调查的主要目的和内容不同。典型调查的主要目的是认识同类事物的本质及其发展规律，主要是定性调查；重点调查的主要的目的是对某种社会现象总体的数量状况做出基本估计，主要是定量调查。二是调查对象的选择标准不同。典型调查是选择同类事物中具有代表性的单位作为调查对象，一般面对新问题、新事物；重点调查则是选择同类社会现象中具有集中性的单位作为调查对象。三是调查的具体方法不同。典型调查多是面对面的直接调查；重点调查则可以是直接调查，也可以通过电话、传真、网络等方式进行间接调查。

个案调查，也称个别调查，是指为某个特定目的、对某个特定对象（如个人、家庭、单位或事件）进行的调查。例如，为了反映某一农民的实际负担、解决某一社会纠纷、弄清某一企业情况所进行的调查，就属于个案调查。个案调查的特点是，调查对象是个别的，调查方法是直接的，这与典型调查有相似之处。但是，个案调查与典型调查存在着明显区别。一是调查对象的特点不同，个案调查的调查对象都是特定的、不可代替的，不存在选择问题；二是调查的主要目的不同，个案调查的主要目的一般是就事论事，解决特定的具体问题，一般不存在着探索同类事物的本质和规律等问题。

（四）抽样调查

抽样调查，是在现代统计学和概率论基础上发展起来的一种调查方法，它是对普遍调查和典型调查的逻辑补充和发展。

抽样调查，就是先将调查对象编制成抽样框，然后运用一定的方法从抽样框中抽取一部分抽样单位作为样本，并以对样本调查的结果来推断调查总体的调查方法。

抽样调查的主要特点是：①它的调查对象只是作为样本的一部分抽样单位，而不是全部调查对象，也不是个别或少数调查对象；②调查样本一般按照随机原则抽取，而不是由调查者主观确定；③调查目的不是说明样本自身，而是推断调查总体、说明调查总体；④随机抽样调查的误差是可以计算的，误差范围是可以控制的。这些特点说明，抽样调查是既不同于普查，也不同于典型调查、重点调查和个案调查的另一种调查类型。

抽样调查的设计、分类和操作等内容将在后续章节详细叙述。

二、社会调查的一般程序

社会调查是人们认识社会的一种自觉活动，它的工作程序应该根据人的认识规律进行科学安排。人的认识是按照实践—认识—再实践—再认识这种形式循环往复不断前进的，社会调查也应该按照调查—研究—再调查—再研究这种形式不断发展。就每一项社会调查课题来说，它一般可分为四个阶段，即准备阶段、调查阶段、研究阶段和总结阶段。

（一）准备阶段

为了保证社会调查顺利进行，必须做好准备阶段的各项工作。准备阶段的主要任务是：选择调查课题、进行初步探索、提出研究假设、设计调查方案、组建调查队伍等。其中，正确选择调查课题是搞好社会调查的首要前提，认真进行初步探索、明确提出研究假设是做好调查设计的必要条件；科学设计调查方案是保证调查取得成功的关键步骤；慎重组建调查队伍是顺利完成调查任务的组织保证。

准备阶段是社会调查的决策阶段，是社会调查工作的真正起点。社会调查的领导者和组织者必须舍得花大力气做好这个阶段的工作。实践证明，许多大规模的社会调查（如全国人口普查）、比较复杂的社会调查（如社会阶层结构变迁调查），往往需要几个月甚至几年时间作准备，而实施现场调查的时间却少得多。

过去许多社会调查之所以失败或不能得出正确结论，其重要原因之一就是没有认真做好调查前的各项准备工作。

（二）调查阶段

调查阶段的主要任务是：按照调查设计要求，采取适当方法做好现场调查工作。对于社会调查的领导者和组织者来说，要特别注意做好这个阶段的外部协调和内部指导工作。

调查阶段是社会调查的现场实施阶段，是调查者与被调查者直接接触的唯一阶段，是受外部因素影响最大而又无法完全控制调查进程的阶段。要顺利完成调查任务，必须自始至终做好外部协调工作。它包括两个方面：一是紧紧依靠被调查地区或单位的组织，努力争取它们的支持和帮助，尽可能在不影响或少影响它们正常工作的前提下，合理安排调查任务和进程。二是密切联系被调查对象，努力争取他们的理解和合作。尽可能与被调查者交朋友，绝不做损害他们利益或感情的事情，绝不介入他们的内部矛盾，并在可能的条件下给予他们必要的帮助。实践证明，做好外部协调工作，是保证调查工作顺利进行的必要条件。

调查阶段是调查人员分散调查的阶段。要保证调查人员按照统一要求完成调查任务，就必须加强调查队伍内部的指导工作。社会调查的类型和方法不同，内部指导工作也不相同。一般地说，在调查阶段初期，应注重调查人员的实战训练和质量控制，着重帮助调查人员尽快打开工作局面，为调查工作开一个好头。在调查阶段中期，应注意总结交流调查工作经验，及时发现和解决调查中出现的新情况、新问题，并采取得力措施加强后进单位或薄弱环节，促进调查工作平衡发展。在调查阶段后期，要狠抓调查扫尾工作，同时要严格检查和初步整理调查资料，以便及时发现问题，就地补充调查和解决问题。

调查阶段是社会调查的唯一现场实施阶段，是获取第一手材料的关键阶段。在这个阶段，调查人员最分散，工作接触面最广，工作量最大，情况最复杂，变化最迅速，实际问题最多，指挥调度也最困难。因此，社会调查的领导者和组织者必须亲临第一线，集中精力做好外部协调工作和内部指导工作，力求以最少的人力、最短的时间、最好的质量完成现场调查任务。这个阶段工作做好了，下一阶段的研究工作也就有了良好的基础。

（三）研究阶段

研究阶段的主要任务是：审查、整理资料，统计分析和思维加工。

审查资料，就是对调查获得的问卷资料、数字资料和文字资料进行全面复核，区分真假和精粗，消除资料中的假、错、缺、冗现象，以保证资料的真实、准确和完整。整理资料，则是对审核后的资料初步加工，使之规范化、条理化、系统化，并以集中、简明的方式反映调查对象的总体情况。

统计分析，就是运用统计学原理和方法研究社会现象的数量关系，揭示事物的发展规模、水平和结构，说明事物的发展方向和速度等，为思维加工提供准确、系统的数据。在统计分析中，应使用计算机和统计软件来处理数据，以不断提高统计分析的精度、深度和效率。

思维加工，就是运用各种科学思维方式，以及与调查课题有关的各专门学科的科学理论和方法，对审查、整理后的文字资料和统计分析后的数据进行分析研究，说明社会现象的前因后果，揭示事物的本质及其发展规律，检验研究假设，得出理论性结论。如果是应用性调查课题，还应进一步提出对实际工作的对策性建议。

研究阶段是社会调查的深化、提高阶段，是从感性认识向理性认识飞跃的阶段。在这个阶段，跑腿的事已大大减少，动脑、动手的事却大大增加。对于社会调查的领导者、组织者和研究人员、统计人员来说，工作任务将更为紧张和繁重。社会调查能否出成果，以及成果质量的高低、社会作用的大小，在很大程度上取决于这个阶段的工作。

（四）总结阶段

总结阶段的主要任务是：撰写调查报告，评估和总结调查工作。

调查报告是调查研究成果的集中体现，是对社会调查工作质量及其成果的最重要总结。一般来说，社会调查课题完成之后都应该写出自己的调查报告。

调查工作的评估和总结，包括调查报告等成果的评估、调查成果的应用和调查工作的总结等。通过评估和总结，既要广泛应用已有的调查成果，又要认真总结调查研究工作的经验和教训，寻求改进调查工作的途径和方法，为今后更好地进行社会调查打下良好的基础。

总结阶段是社会调查出成果、出经验和服务于社会的阶段。认真做好总结阶段的各项工作，对于展示社会调查成果、发挥社会调查功能、提高社会调查水平和能力具有重要意义。

在实际调查工作中，上述四个阶段是互相连接的，有时还是互相交错的，它们共同构成社会调查的完整过程（表 1-1）。

表 1-1 社会调查的四个阶段

阶段	工作内容	地位和作用
准备阶段	1. 确定调查选题 2. 开展初步探索 3. 提出研究假设 4. 制订调查方案 5. 组建调查团队	调查工作的基础、规划、起点阶段。在整个调查工作中占有非常重要的地位，事关调查工作的成败，应该投入足够多的人、财、物和时间，以保障后续工作的顺利开展。需要扎实的专业知识和经验
调查阶段	1. 内部指导 2. 外部协调	准确、及时、全面地搜集资料，为研究阶段工作做准备，是承上启下的桥梁
研究阶段	1. 整理资料 2. 思维加工 3. 统计分析	是从感性到理性、零散到系统、个体到总体的变化过程，需要科学的分类汇总和精加工，专业要求较高
总结阶段	1. 撰写报告 2. 工作总结 3. 评估应用	最终成果的集中体现，全面总结经验和不足，实现调查设计初衷

本章小结

（1）社会就是人类生活的共同体，是以人和人群共同体为活动主体、以生产方式为基础的各种要素、各种结构按照一定的方式组合而成的有机整体。

（2）社会现象是指所有与人类共同体有关的活动产生、存在和发展密切联系的现象。它具有目的性、变动性、复杂性、偶然性和模糊性的基本特征。

（3）社会调查就是人们有目的、有意识地通过对社会现象的考察、了解和分析、研究，来了解社会真实情况、认识社会生活本质及其发展规律，探索改造社会、建设社会的道路或方法的一种自觉认识活动。

（4）社会调查的基本任务就是：透过带有目的性、变动性、复杂性、偶然性和模糊性的社会现象，去认识社会生活的真实情况和因果联系，揭示社会现象的本质及其规律，寻求改造旧社会、建设新社会的道路或方法。

（5）社会调查的用途主要体现在三个方面：描述现状；解释原因；预测趋势和对策研究。

（6）科学的辩证唯物主义和历史唯物主义的世界观和方法论是社会调查的理论基础。实事求是，是辩证唯物主义和历史唯物主义的基本原则，也是科学社会调查的根本指导思想。

（7）社会调查按调查的范围可分为全面和非全面调查。按调查的时间可分为一次性、经常性和追踪调查。按调查的空间可分为区域性、全国性、国际性调查。按调查的目的可分为行政性、学术性、民意和应用性调查。按调查的作用可分为描述性、解释性和预测性调查。

（8）普查是指对调查对象总体全部单位无一例外地逐个进行的调查。

（9）典型调查是在全面分析的基础上，找出有代表性的单位进行深入细致的研究。主要适用于新事物、新情况、新问题的调查，包括“解剖麻雀”“划类选点”两种形式。

（10）重点调查是指对某种社会现象比较集中的、对全局具有决定性作用的一个或几个单位（也称重点单位）进行的调查。重点单位是指单位数不多但“所关注的量”占总体总量的比重较大。

（11）个案调查是指为某个特定目的、对某个特定对象进行的调查。

（12）抽样调查，就是先将调查对象编制成抽样框，然后运用一定的方法从抽样框中抽取一部分抽样单位作为样本，并以对样本调查的结果来推断调查总体的调查方法。

（13）社会调查一般可分为四个阶段，即准备阶段、调查阶段、研究阶段和总结阶段。

思考与练习

1. 什么是社会？
2. 社会现象有哪些特点？如何阐述这些特点？
3. 什么是社会调查？
4. 怎样理解社会调查的目的和任务？
5. 如何认识社会调查的社会功能？
6. 如何理解实事求是的观点是科学社会调查的根本指导思想？

第二章 调查课题的选择

本章主要介绍社会调查的课题选择问题，包括选题的重要性、调查课题的类型、选题的原则、途径和方法以及选题后的明细化等问题。

通过本章的学习，主要让学生掌握社会调查的基本原则、明确调查选题的重要性，了解选题的主要分类、选择途径，明确选题明细化的基本要领并在此基础上学以致用。

社会调查往往起始于调查课题的选择，课题选择是社会调查的第一步。这里所说的调查课题，即调查题目，与通常所说的“社会问题”或“社会现象”既有些相近，又有所不同。社会调查的课题所涉及的常常是现实生活中的某种社会现象或某种社会问题，但社会调查的课题通常比某种社会现象或社会问题更为具体、更为集中，也更为明确。

第一节 选题的重要性

爱因斯坦曾经说过：提出一个问题往往比解决一个问题更重要，因为解决一个问题也许仅是一个数学上或实验上的技术而已。而提出新的问题、新的可能性，从新的角度去看旧的问题，都需要有创造性的想象力，而且标志着科学的真正进步。

俗语也说“好的问题等于成功了一半”。这一说法正确地解释了提出问题与解决问题之间的辩证关系，很好地体现了提出问题对于解决问题的重要意义。对于社会调查而言，选择一个合适的调查课题对于整个社会调查工作所具有的意义，不言而喻。

实践经验告诉我们，调查选题的选择能够决定调查的走向、体现调查者的水平、制约调查的复杂程度，进而影响调查的最终质量。一个“好的”调查选题对于整个社会调查工作具有决定性的意义。

一、选题决定调查方向

社会调查作为人们了解社会现象、探索社会规律的一种认识活动，既不是笼统的和无所不包的，也不是盲目的和漫无目的的，而是十分具体、明确和有针对性。现实生活中的每一项社会调查，每一项具体的调查课题，可以说都是针对某一社会生活领域中的某种特定社会现象或社会问题的。

不同的调查课题涉及的领域不同，针对的现象或问题也不同。例如，一项有关老年人社会保障问题的调查课题，涉及的是社会生活中社会保障这一领域，针对的是老年人的老有所养、老有所医以及生活质量等问题；一项关于某地区离婚状况的调查课题，涉及的是社会生活中的婚姻、家庭领域，针对的是离婚这一特定的婚姻家庭现象和问题；而一项关于老年人再婚现象的调查课题，虽然涉及的同样是婚姻、家庭领域，但它针对的却是老年人再婚这一特定的现象，而非其他人和事。

社会生活包括众多的层次和方面，构成众多不同的领域，每个方面和领域中，都有许多值得做的调查课题。因而，对于一项具体的调查来说，它只能在众多的可能性面前进行选择。一项调查所要达到的主要目的或要完成的主要任务，就是研究者所要达到的目标。在某种意义上，我们可以说调查课题就是目标，而选择课题就如同确定我们所要达到的目标。目标一旦确定，方向也就确定，整个社会调查的基本道路也就随之确定。从事一项社会调查，犹如进行一次旅行，从同一个地点出发，可以走向不同的目的地。选择调查课题正是一项社会调查活动的出发点，从这一点出发，可以通向社会生活不同的领域，到达不同的目的地。究竟朝哪儿走、到哪儿去，正是由调查课题的性质和内容所决定的。所以说，调查课题一旦选定，整个调查活动的基本方向也就确定了。

二、选题体现调查者的水平

社会调查作为一种社会认识活动，有层次深浅、质量高低等差别。也就是说，有的社会调查能够在比较深入的层次上揭示社会现象的内在联系，而有的则只能在比较浅显的层次上一般地描述社会现象的表面特征；有的社会调查能够在比较高的层次上概括社会现象的整体状况、发展变化规律，而有的则只能在比较低的层次上简单列举社会现象的个别状况和具体表现；有的社会调查能够及时回答人们在社会中新遇到的、普遍关心的焦点问题，而有的则只能再次重复人们早已明了的事实、状况和结论。所有这些差别的形成，虽然有着多方面的原因，但是，课题选择的恰当与否，却往往是其最重要的原因。可以说，课题选择上的“差之毫厘”，常常会造成调查水平和质量上的“失之千里”。

在选择和确定调查课题的过程中，既需要用到研究者所掌握的专业理论知识、调查研究方法知识和各种操作技术，又需要研究者具有比较开阔的视野、比较敏锐的洞察力、比较强的判断能力，同时，还需要研究者具有一定的社会生活经验。一项具体调查课题从开始选择到最终确立，正是上述几方面因素共同作用的结果。而研究者在上述任何一个方面的欠缺或不足，都会在所选择的课题上埋下“病灶”，都会直接影响到所选课题的水平和质量。

如果缺乏专业理论知识，所选择的课题在内涵上就可能不够深入，课题的立意也可能缺少理论依据；如果缺乏比较开阔的视野，看不到某一课题领域的基本概况和总的趋势，不了解这一领域已有的研究成果和存在的不足，那么，所选择的课题也许只具有个别性，而无普遍性，或者，所选课题只是在很低的层次上对已有研究的简单重复；如果缺乏比较敏锐的洞察力，常常会对社会生活中的许多现象“视而不见”，白白放过许多既值得研究又能够研究的课题；而如果缺乏比较，在众多表面看来都十分有价值、都值得研究，但实际上在“参差不齐”的课题面前，就会不明就里，良莠不分。

三、选题决定调查的难易程度

对于旅行者来说，一旦出发地和目的地都确定下来，那么，剩下的问题就是在连接两地的许多条路线中选择最方便、最合适的一条。对于社会调查来说，调查课题的确立，也就意味着调查目标的确立和调查方向的选定，而这种目标和方向的确定，又同时意味着社会调查的“路线”的确定。不同的调查课题，对所走“路线”的要求不同。这主要体现在社会调查过程中的对象选择、内容选择、方法选择、规模确定、方案设计等方面。

对于下面三个不同的调查课题来说，它们通往目的地的“路线”有着很大的不同。

课题一：当前我国城市居民生活质量现状及其影响因素研究

课题二：北京大学应届毕业生择业倾向调查

课题三：武汉市城区老年人生活状况调查

课题一，它要求必须是在全国所有城市这一范围中进行抽样，抽样的程序比较复杂，而且样本的规模必须相当大。由于生活质量所涉及的内容比较多，所以其调查问卷也相对复杂一些。资料收集方法可能既包括自填问卷，也包括结构访问。这样一来，调查课题所需要的经费、人员、时间和管理等，也就相对比较多。它所走的是一条“大规模、多内容、高投入”的道路。

课题二则与课题一大不相同，它要求的只是在一所大学中的小范围抽样，抽样程序相对简单，样本规模也要小得多。资料收集方法只需自填问卷，问卷内容也比较单一。因而，很少几个调查人员，在很短的时间内就能完成，花费也很小。

课题三在规模、范围、内容复杂程度等方面，都介于前面两者之间。它要求的资料收集方法也与课题二不同。由于课题所要求的调查对象是老年人，他们的文化程度相对较低，所以不能采用自填问卷的方法，而只能采用结构访问的方法。这又意味着比较多的调查人员、比较长的调查时间、比较高的研究经费投入以及比较复杂的组织管理。

四、选题决定调查成果的质量

造成现实生活中一些社会调查质量较差的原因是多方面的，其中除了调查课题本身的层次比较低，调查人员的素质、技能比较差，或者调查工作进行得比较粗糙等原因以外，研究者所选择的调查课题本身不恰当、不可行，也往往是一个十分重要的原因。而一些质量比较高的社会调查成功的一个重要原因，就是它们的调查课题对于研究者来说十分恰当、十分合适。这是因为，调查过程或路线的确定，从客观上规定了课题所应该具备的各种条件，如果这些条件不能满足，调查课题的进行必然会遇到较大的障碍，调查成果的质量自然就得不到保证。

调查课题影响到调查质量的一个很重要的方面，就是调查课题对于从事这一课题的研究者来说是否合适、是否可行。在同样的条件下，一个年轻的大学生研究者选择“中年离婚者的心理冲突与调适”这样的调查课题，其调查结果的质量往往比他选择做一个“大学生择业倾向”方面的调查课题的质量要差。因为他对婚姻生活、对中年人的人生经历和体验的熟悉程度、对与这一课题有关的背景知识，以及他从事这一课题研究所具有的和可利用的资源、条件等，都不如后一课题。同样，一个只有很少一点研究经费的研究者，如果选择做“我国城市青年结婚消费状况及影响因素研究”这样大规模的调查课题，即使能够做下来，其质量也往往不如做一个类似“武汉市中学生课外阅读状况调查”这样的调查课题的质量高。

不合适、不可行的调查课题，从一开始就包含着调查成果质量不高的内在因素，包含着研究者难以克服的一些困难和障碍。因此，要提高社会调查成果的质量，首先就要慎重选择调查课题。

第二节 调查课题的类型

按照不同的分类标志，社会调查的选题可划分为多种类型。以下几种课题类型是较为常见的分类。

一、理论性课题与应用性课题

各种调查课题都可以按其关注点或侧重点，分为理论性课题和应用性课题两大类。

理论性课题（theoretical problem），指的是那些侧重于发展有关社会世界基本知识，特别是侧重于建立或检验各种理论假设的课题。这类课题力图理解和解释社会世界的某一方面（或其中某一部分）是如何运转和相互联系的，某一类社会事物或社会现象又是如何发生、发展和变化的。这类课题往往表现出十分明显的理论倾向，其关注点主要在于探索现象之间的因果关系，在于增加对具体社会现象所具有的内在规律的认识。这类课题的出发点和落脚点都是理论知识，或者说，其主要目标是要增加人们对社会现象的内在规律的理解，增加人们对社会事物的认识。

应用性课题（applied problem），则是指那些侧重于了解、描述和探讨某种社会现实问题或者针对某类具体社会现象的课题。这类课题的关注点通常比较集中地体现在迅速地了解现实状况，分析现象或社会问题形成的原因，并力图在此基础上有针对性地提供政策建议，以帮助解决社会问题，帮助制定社会政策，以及帮助评估社会后果等。概括地说，这一类课题侧重于通过调查来解决实际问题。与理论性课题相比，应用性课题的出发点和落脚点都是现实问题，从目前国内的情况看，在社会学以及相关社会科学的研究者中，从事这类课题研究的比例大于从事理论性课题研究的比例。同时，各级政府机构和上述各种实际工作部门所做的各种调查，还有各种类型的市场调查，也基本上都属于这一类调查课题。

对于同一种社会现象，或者说同一种研究题材，往往既可以找到理论性课题，也可以找到应用性课题，但两类课题的关注点是不同的。例如，同样是研究企业职工下岗和再就业的现象，理论性课题所关注的可能是诸如“下岗职工个人的社会资本、人力资本对其再就业的影响”或者与下岗职工相关的“社会身份与职业地位获得”“社会分层与职业流动”等问题；而应用性研究则可能更加关注“下岗职工具有哪些基本特征”“如何增加下岗职工再就业的途径”“如何提高下岗职工的素质和技能”“如何有效解决下岗职工的再就业问题”等。

概括地说，理论性课题更关注如何发展出某种一般性的社会认知；而应用性课题则更关注如何有效地解决现实社会问题。

二、自选课题与委派课题

另外，从调查课题的来源上，我们也可以将各种社会调查课题区分为自选课题和委派课题两大类。

自选课题指的是研究者根据自己所从事的科研、教学或实际工作的需要，或者根据自己的专业领域、研究方向或研究兴趣，并结合社会的某种需要，自己选定的课题。例如，学生有为撰写毕业论文而进行一项社会调查的需要；研究人员有为验证某种理论而进行一项调查的需要；政府部门的调研人员有为解决某一社会问题而进行一项社会调查的需要；等等。这类课题的确定，主要取决于研究者本人，因而研究者具有很大的主动性和决定性。

委派课题指的则是那种由有关的机构、部门、单位或个人根据他们的某种需要所确定并委托或指派给研究者进行调查的课题。这种课题的来源常常是各级政府机构以及涉及社会各个具体领域的工作部门，如人口管理、劳动就业、城市建设、公共交通、环境保护、区域发展、社会治安、文化教育、社会保障、公共卫生等。而课题研究的成果也主要应用于这些部门和领域。对于研究者来说，这类课题的确定基本上与他无关，或者说不存在选择的问题，他只需按照这些机构、部门、单位或个人的要求去完成这一课题。

有些机构所提供的课题，如国家社会科学基金课题，以及省、市和科技部门的基金课题则介于两者之间，既有一定的指导性和规定性，又有一定的自主性和灵活性。对于研究者来说，具体课题的确立，也有一定的自选性。

根据上述区分和说明，本章的大部分内容主要是针对自选课题的确定，其同样适用于带有一定指导性的自选课题。对于提出委托课题或指派课题的有关机构、部门、单位和个人来说，可以作为他们确定课题时的依据或参考。

第三节 选题的原则

选择调查课题既然如此重要，我们当然应该高度重视选题的工作。为了选好题、选准题，选题时必须遵循重要性、创新性、可行性和适合性的原则。

一、重要性

重要性（importance）是指调查课题所具有的意义或价值。通俗地说，就是指一项调查课题所具有的用途或用处。我们所从事的任何一项调查课题，首先必须具有某种意义或价值，或者说，首先必须是“值得去做”的。当然，对于不同的调查课题来说，这种意义或价值会有大有小。同时，这种意义既可以是理论方面的，也可以是实践方面的，或者是理论与实践两方面兼而有之的。

理论方面的意义或价值，主要体现在调查课题对一门学科的发展、对某种理论的形成或检验、对社会规律的认识、对社会现象的解释等所能做出的贡献上；而实践方面的意义或价值，则主要体现在调查课题对现实社会生活所提出的各种具体问题能否进行科学的回答和能否提供合理的解决办法上。例如，调查课题“社会转型与职业流动的调查研究”，其关注点主要在于探讨社会生活中的职业流动现象与整个社会的转型之间的关系，因而主要具有理论方面的价值；而调查课题“当前我国的吸毒现象及其防治对策研究”，则主要针对现实社会生活中存在的具体社会问题，因而具有明显的实践意义。

在众多可供选择的调查课题面前，要思考或评价一项社会调查课题是否具有重要性，就等于先问问自己：做这项调查课题有没有用处？有什么用处？有多大的用处？无论是在提高人们对社会现象、社会过程、社会规律的认识和理解方面，还是在促进解决社会问题、改善社会管理、提出社会政策方面，越有用处的课题越是好课题，用处越多的课题越是好课题，用处越大的课题越是好课题，因而，也是越值得去做的课题。

二、创新性

创新性（creativity）也可以称为创造性或独特性，它指的是调查课题应该具有某种新的东西，具有某种与众不同的地方，具有自己独有的特点。作为一种科学的认识活动，每一项具体调查必须能够在某些方面增加人们对现实世界的认识，能够为人们了解和理解现实社会生活中的各种现象、各种问题、各种规律提供新的东西，而不能总是在同一领域、同一范围、同一层次上重复别人的研究，重提已有的结论。

最具创造性的课题当然是那种全新的、前人从没有做过的课题，这也就是人们常说的属于“填补空白”的课题。然而，要找到一个这样的课题也最为困难。因为无论在哪个领域中，完全无人涉足的现象或问题已几乎不存在，世上已基本没有了那种“尚未开垦的处女地”。所以，对于大多数研究者来说，一项课题具有创造性，更经常地是指该课题在研究的思路或者研究的角度、依据的理论、调查的对象、采用的方法、调查的内容等方面或某几方面，与前人的调查有所不同，有自己独到的、新颖的地方。

例如，一个对青年人的婚姻家庭问题感兴趣的研究者，在他看到前人做过“大城市青年结婚消费问题调查”的课题后，选择做一项“中小城市青年结婚消费问题调查”的课题，或者选择做一项“农村青年结婚消费问题调查”的课题，这就在调查的对象上有了创新性；如果他选择做一项“大城市青年结婚仪式选择调查”的课题，或者“大城市青年恋爱问题调查”的课题，这就在调查的内容上有了创新性。如果前人的课题所调查的是某一特定时期的现象或问题，如“20 世纪 80 年代青年人的生育观念调查”，那么，我们可以选择同一主题、同一内容、同一对象但不同时期的这一现象或问题进行调查，即可以选择“20 世纪 90 年代青年人的生育观念调查”。当然，选择课题时的这种“与众不同”要有明确的目的，要根据理论上或实践上的价值和需要，而不能单纯地为不同而不同。

三、可行性

可行性（feasibility）指的是研究者是否具备进行或完成某一调查课题的主、客观条件。换句话说，就是指研究者在现有的主、客观条件下去从事这项调查课题是否行得通。在许多情况下，越是具有重要价值和创新性的调查课题，它所受到的主、客观限制往往也越多，这也就是说，它的可行性往往也越差。要进行或完成这样的课题常常十分困难，有时甚至是完全不可能进行。

主观限制是指研究者自身条件方面的限制。它包括调查者在生活经历、知识结构、研究经验、组织能力、操作技术等方面的限制，甚至还包括调查者的性别、年龄、语言、体力等纯粹生理因素方面的限制。例如，一个年轻的男性大学生研究者如果选择"离婚妇女的心理冲突与调适研究"这样的调查课题，那么，从可行性方面来考察，我们就会发现，这一课题对于这个大学生研究者来说是不太可行的。因为无论是从他的年龄、性别、社会生活经历等个体因素来看，还是从他对这一领域的相关背景知识的熟悉程度来看，都与这一调查课题的特点和要求相差较大，往往很难圆满地完成这一课题。同样的道理，一个不懂少数民族语言和风俗习惯的研究者，如果选择一个以少数民族成员为调查对象的调查课题，显然也是不可行的。

客观限制是指进行一项调查课题时受到的外在环境或条件的限制。例如，调查时间不够，调查经费不足，有关文献资料不能取得，所涉及的对象、单位和部门不能给予必要的支持和合作，调查课题违反国家有关政策法令，或者违反社会伦理道德，或者与被调查者的生活习俗、宗教信仰相违背等，都是导致一项调查课题无法进行的客观障碍。例如，"青少年初次犯罪原因研究"这一调查课题无论从重要性，还是从独特性来看，都是值得去做的课题。然而，如果研究者无法取得公安局、监狱、少年犯管教所（简称少管所）等部门的准许、支持和配合，无法接近调查对象，课题就难以进行。又如，要进行"私营企业劳资关系调查研究"的课题，如果得不到有关的私营企业主的支持与配合，恐怕研究者连私营企业的厂门都进不了，搜集资料就更不用谈了。

因此，选择调查课题时，仅考虑前面两条标准是远远不够的，我们还必须把可行性这条标准放到非常重要的地位。一项不具备可行性的调查课题，无论其多么有价值，多么有新意，最多也只能是一项"伟大的空想"。

四、适合性

适合性（appositeness）指的是所选择的调查课题最适合研究者的个人特点。这种个人特点主要包括研究者对该调查课题的兴趣，研究者对与调查课题相关的社会生活领域的熟悉程度，研究者与所调查的对象之间的相似性程度，以及研究者所具有的各种资源、条件与该课题的要求相符合的程度，等等。

适合性与可行性不同，可行性所解决的是有关课题的"可能性"问题，而适合性所涉及的则是有关课题的"最佳性"问题。这也即是说，可行性是关于这项课题"能不能做"的问题，而适合性则是关于这项课题对于研究者来说"是不是最好"的问题。具有了可行性的课题也许会有很多，但对于某个具体的研究者来说，最适合他的课题则往往只有一个。也可以说，可行的课题不一定是合适的课题，而适合的课题首先必须是可行的课题。

个人兴趣虽然不应该是影响课题选择的决定因素，但我们却可以说它是帮助和促使研究者做好课题的一个重要因素。在其他条件相同的情况下，研究者应该首先选择自己最感兴趣的课题。同样，研究者对可行的课题相关的社会生活领域的熟悉程度，也是影响到调查课题能否顺利进行的一个重要因素。在可能的条件下，研究者应该尽量选择与自己所熟悉的社会生活领域相关的调查课题，而不要选择自己比较陌生的领域中的课题。对于调查者与调查对象的相似性（或同质性）问题，虽然有不同的看法，但是，在大多数情况下，两者之间的相似程度越高，越利于调查的进行，也利于调查者对调查资料的分析和理解。例如，同样是研究青年人的婚姻恋爱问题，作为大学生研究者来说，选择“目前大学生的婚姻观”这样的课题，可能比选择“目前青年工人的婚姻观”或“目前青年军人的婚姻观”等课题更为合适。

以上我们介绍了选择调查课题通常遵循的四个原则，它们之间存在着某种层次上的联系：重要性是最基本的原则；创新性则是此基础上提出的新的要求；可行性在某种意义上可以说是课题选择中的决定性原则；而适合性则是在前三条标准的基础上提出的更进一步的标准。四个原则层层深入，从不同侧面，将一个理想的调查课题从最初众多不成熟的想法、思路和课题雏形中，逐渐分离出来。

第四节 选题的途径和方法

遵循了选题的原则，并不能保证我们就一定能选择到“好的”调查课题，就像有了渔网和船并不一定就能打到鱼一样，我们还需要解决“哪儿有鱼”“到哪里才能打到鱼”的问题。对于选择调查课题来说，就是要解决“到哪里去找课题”，以及“用什么方法去找课题”的问题。这就是调查课题的来源问题，以及选择调查课题的途径问题、方法问题。

尽管在现实社会生活中存在着大量的尚未解决的一般问题，但是，要从中选择出一个有着明显研究需要和较大研究价值的特定的问题，也并不总是一件容易的事情。正如美国政治学者齐斯克所说:“依靠丰富的想象创立并发展一个可行的研究课题是研究工作中最为困难的一部分。特别是对于初次独立进行一项社会调查的人来说，他常常会有这样一种感觉，那就是，要找到一个合适的调查研究课题似乎比实际去做这个课题还要困难。这主要是因为，要选择一个有价值的、有新意的、可行的并且适合个人情况的调查课题，并没有普遍适用的方法。有的课题可能主要来源于研究者的某种好奇；有的课题则可能起源于研究者偶然碰到的一件事情；有的课题可能来自研究者与朋友的一次聚会或交谈；有的课题则来源于研究者无意之中读到的一篇文章、一本杂志或一部著作……当然，应当指出的是，我们不能总是寄希望于这种碰运气似的机会，或者总是期待着某种突发的“灵感”。与此相反，我们应该主要依靠自己所掌握的理论知识，所熟悉的生活经验，所面对的社会现实，所具有的观察、分析能力，以及对选择调查课题过程中的某些带规律性的方法和常见的选题途径的熟悉和了解。

为了找到一个符合前述几条标准的合适的调查课题，我们可以从下面几种具体途径或来源进行考虑。

一、从现实社会生活中寻找

我们每个调查者始终生活在现实的社会中，而千姿百态、形形色色的社会生活又总是各种社会调查课题最丰富、最经常的来源，关键是我们要善于观察、勤于思考。在日常生活中，我们要养成对各种社会现象、社会行为、社会心理、社会问题经常问个“为什么”的习惯。这样做往往可以使我们从纷繁复杂的生活大潮中、从变化无穷的社会现象中，抽出值得研究和探讨的调查课题来。对于这一点，我们可以借用一句格言来概括，这就是：处处留心皆“课题”。

实际上，可作为调查研究课题的各种社会现象、各种社会问题、各种社会事件总是客观地存在于我们的周围。之所以难于被我们发现，主要是由于我们每时每刻都生活在它们中间，对它们早已“司空见惯”，所以常常对它们“熟视无睹”。例如，生活在城市社区中的人们居住在单元楼房，安个防盗门，出门锁门，回家关门，邻里之间很少串门，这都是很普遍、很一般的现象。然而，当我们从认识和理解城市居民生活方式以及城市社区邻里关系这一目的出发，向自己提出一些“为什么”的时候，就会从这种很普遍、很一般的现象中，抽出如“城市居民居住方式与邻里关系研究”“城乡社区邻里关系比较研究”这样一些值得探讨的社会调查课题来。

一项好的调查研究课题的发现，也和作家写小说一样，既需要“深入生活”，也需要“灵感和火花”。这里所说的“深入生活”，主要指的是广泛地接触社会，而“灵感和火花”则指的是那些可以发展成为调查课题的最初的想法和思路。应该指出的是，没有广泛地与现实社会生活的密切接触，这种“灵感和火花”也就成了无本之木、无源之水。

二、从个人经历中寻找

个人经历和经验是人们观察各种事物、理解各种现象的基本视角和出发点，因此，以观察和理解社会现象为目的的社会调查，同样也离不开个人经历和经验的帮助。

我们每一个人总是生活在社会的某个特定的角落，所走过的也往往是一条特定的人生道路。不同的人们对现实社会的认识不同，对社会生活的具体感受也不同。一种现象在有些人看来也许是理所当然、司空见惯，但在另一些人看来也许会大惑不解、十分新奇。这是因为，每个人特定的人生经历为他观察现实世界、观察社会生活提供了一种特定的视角，人们从这种特定的视角里所看到的世界并不完全一样。因此，我们自己在社会生活中的各种经历、各种体验、各种观察、各种感受，常常是众多合适的调查课题的最初来源。许多有价值的、有创造的，并且切实可行的调查课题，正是从研究者个人的经历和经验中，特别是从个人特定的生活环境、特定的生活感受中发现和发展起来的。

例如，一对中年夫妇离婚了，一个完整的家庭破碎了。对于与之关系不密切的一般人来说，他们可能会无动于衷，或者只是作为一种闲聊的话题，因为现实社会生活中这种事情、这种现象并不稀奇。但是，如果这件事发生在一个社会学研究人员的周围环境中，如他的邻居，或他的好朋友，或他的姐姐、姐夫离婚了，他也许会从另一个角度来看待这种现象。他也许会从身边发生的具体现象入手，去问一些“如何”“什么样”或“为什么”的问题，如“当前社会中的哪些人最容易产生离婚的行为”“为什么城市中年知识分子离婚的比较多”“有哪些主要的原因会导致人们选择离婚”“中年人离婚所带来的主要后果是什么”等，从而导致他选择一项“城市中年知识分子离婚的特点、原因和后果研究”的调查课题。

对于社会调查研究人员来说，他身边所发生的一件事情、他与朋友进行的一次交谈、他所参加的一次活动，都有可能成为导致一个调查课题产生的最初的火花。从某种意义上说，这种从个人自身经历中寻找课题的方式，是一种十分简单实用的方法。它常常是以“坐在椅子上空想”的方式，去静静地思考个人的经历、经验、观察和体会。千万不要小看这种方式，在许多情况下，它常常可以帮助我们找到既十分有趣又值得探讨的调查课题。

三、从现有文献中寻找

调查研究课题的想法、灵感和火花，常常可以从学术著作和教科书的内容中，从报纸杂志的文章和标题中，以及从学习笔记和谈话记录中采摘到。尤其是各种社会科学的报纸杂志，常常成为这种灵感、火花和想法的重要来源。我们的许多调查课题正是在此基础上得以形成的。

有大量的社会科学期刊可供我们去发现和探索特定的调查课题，如目前国内最主要的社会科学期刊《中国社会科学》《社会学研究》《经济研究》《政治学研究》《法学研究》《人口研究》《教育研究》《青年研究》等，就是从一些非专业的、综合性的，甚至是大众性、通俗性的文献中，有时也能发现这样的火花，找到合适的调查课题。

显然，从文献中寻找所需要的是另一种留心和思考。根据经验者的体会，可以采用以下两种方法。

方法之一，是在阅读各种文献时，始终带着审视的、提问的、评论的眼光，不要过于“恭敬地”“崇拜地”和“盲目地”接受书上、文章中所说的一切。由于眼光不同了，我们对同样的文献、同样的内容、同样的材料的看法就会有所不同，就会产生一些新的疑问，就会产生一些新的思索，就会迸发出一些新的火花。而从这些新的疑问、思索和火花中，往往能够找到值得调查、也能够调查的课题。

例如，我们读到一篇文章，谈到独生子女具有许多不同于非独生子女的特点，并得出两者之间存在明显差别的结论，但文章所提供的证据主要是几个十分特别的个案资料。这时，只要我们的头脑中对这种证据多保留几个疑问，对这种结论多打几个问号，就可能会产生或形成一个与此相关的调查课题“独生子女与非独生子女行为特点的比较研究”，以此来检验这篇文章的结论，揭示现实生活中的实际状况。

方法之二，是要进行广泛的联想。我们可以从纵向与横向、形式与内容、对象与方法、时间与空间等不同角度、不同侧面、不同层次，对所阅读的文献展开广泛的联想，由此及彼，往往也能碰撞出一些新的火花和思路，并在此基础上进一步提炼出切实可行的新的调查课题来。

例如，当我们在文献中读到了有关市场经济大潮对目前大学生的择业趋向产生了重大影响的调查报告或其他材料时，我们就可以进一步展开联想：市场经济大潮对目前大学生的学习态度、价值观念、消费行为、人际交往等方面是否也产生了同样的影响呢？从另一个角度还可以问：既然市场经济大潮对大学生的择业趋向产生了重大影响，那么，它对青年工人、青年农民、青年军人、青年科技人员等的职业选择、职业流动和职业评价，又是否产生了影响（或者产生了什么方面的影响）呢？显然，这些都是同样值得去做的调查研究课题。

以上我们分别从三个大的方面介绍了调查课题的主要来源和寻找方法。当然，在实际生活中，一项调查课题的选定，常常是各种不同来源共同作用的结果，而不单单是哪一个来源的产物。例如，也许最先是现实生活中的某种现象引起了我们的注意，使我们对这一现象产生了某种好奇；同时，这一现象又使我们联想起自己生活经历中的某些感受、体会或认识，使我们对这一现象的产生、后果、这一现象与其他现象的关系等有了一定的推测、判断或估计；而这种推测、判断或估计又使我们联想起自己曾经读过、看过、学习过的某些知识、理论或观点，并将自己的判断与阅读过的结论进行比较，一旦比较出现了分歧，便会导致一个新的调查课题的诞生，用以检验“谁是谁非”。有时我们会在比较时发现，现有的知识尚未涉及我们所思考的问题，或没有专门探讨我们所思考的问题，即现有的答案不足以回答我们的疑问，这也会导致一个新的调查课题的诞生，用以探索新的结论。

第五节　进一步明确和细化调查课题

在实际选择一项调查课题时，初学者或缺乏经验的研究者经常犯的一个毛病，就是往往只选择某一个比较宽泛的或者是比较笼统的问题领域，甚至是某一类社会现象或社会问题，而不是一个明确的、具体的调查课题。例如，某班学生在学习了《社会调查方法》一书中的“选择调查课题”一章后，按老师的要求做了一次选择调查课题的练习。我们从他们所选择的调查课题中，挑出以下几个作为例子，进行分析和说明。

甲：“我国青少年犯罪问题调查研究”

乙：“农村青年价值观研究”

丙：“当前我国家庭问题调查研究”

我们不难发现，这几个课题都具有很重要的意义，但是，在可行性上它们都比较欠缺。而造成这种欠缺的一个重要原因，就是他们所选择的调查课题在内涵上过于宽泛、一般。无论是青少年犯罪问题，还是农村青年价值观问题，都包括许多具体的方面和内容，如初次犯罪的原因、群体犯罪的心理、农村经济发展程度与青年价值观之间的关系等。同样的道理，如果只说“我想研究民工潮现象”，或者说“我打算做一个有关农民工的调查课题”，这都是很不够的。因为这种调查课题的内涵不够确切，焦点不够集中，应该进一步将所选的课题明确和细化。例如，我究竟是想了解民工潮的规模、地区分布、形成原因、后果及影响，还是其他内容？我所感兴趣的又是哪一种类型的民工潮或是哪一个时期的民工潮？

我们应该认识到，从前面章节所讨论的几种来源中产生出的各种兴趣、想法、思路和问题，通常还不是我们所说的调查课题。要把这种最初的、粗略的一般性问题，转变成为焦点集中的、切实可行的调查课题，必须明确和细化调查课题。

明确和细化课题（focus the problem），是指通过对调查课题进行某种界定，给予明确的陈述，将最初比较含糊的想法变成清楚明确的调查主题，将最初比较笼统、比较宽泛的研究范围或领域变成特定领域中的特定现象或特定问题。

对于初学者来说，要清楚地陈述所要调查的课题，可以采取先将宽泛的问题转化为狭窄的问题、将一般性问题转化为特定的问题的做法。同时，在对调查课题进行界定、陈述和明确化的过程中，最好能用变量的语言来对调查课题进行陈述。例如，学生甲的课题“青少年犯罪问题”是一个十分宽泛的问题，其内涵并不是某一个具体的社会调查所能包含得下的。一项具体的社会调查，通常只能选择其中的一个方面进行研究。我们可以限制和缩小课题的内容范围，将其转化为“青少年犯罪的原因研究”或“青少年犯罪的特点研究”等类似课题。当然，更好的调查课题是进一步缩小问题的范围，突出基本的研究变量后得到的“家庭关系与青少年犯罪”“青少年初次犯罪的原因研究”这样的课题。又如，“农村青年价值观研究”内容也十分宽泛，我们可以限制和缩小内容范围，将其转化为“某省青年农民的生育观研究”或“家庭结构与农村青年的生育意愿”这样一些比较具体、比较确切的调查课题。同样，我们也可以对“当前我国家庭问题调查研究”课题进行界定，缩小其内容范围，转化为“城市家庭中的代际关系研究”“家庭结构对家庭关系的影响研究”“当前城乡家庭生活方式比较研究”等课题。

在清楚、明确地定义调查课题之前，就匆匆忙忙地去收集资料，这种做法是可行的，但却不是有效的。因为这样做的结果常常是：你所收集的资料中，许多是无用的、错误的、残缺的。因此，每一个调查研究人员在具体从事一项社会调查课题时，都应该养成首先将课题明确和细化的好习惯。

如果我们运用上述知识，选择到一个有价值、有新意、切实可行、自己也很感兴趣的调查课题，同时，对这一调查课题又进行了明确的界定和清楚的表述，那么，这项社会调查的质量和水平，以及整个社会调查过程的顺利进行，从一开始就有了基本的保证。

本章小结

（1）社会调查的选题很重要：调查课题一旦选定，整个调查活动的基本方向也就确定了。而这种目标和方向的确定，又同时意味着社会调查的“路线”的确定。这主要体现在社会调查过程中的对象、内容、方法、规模、方案设计等方面难易程度，进而影响了（决定着）最终调查成果的质量。所以说，选题体现了调查者的水平。

（2）按照不同的分类标志，社会调查的选题有多种类型划分。根据其关注点或侧重点，分为理论性课题和应用性课题两大类。理论性课题更关注如何发展出某种一般性的社会认知；而应用性课题则更关注如何有效地解决现实社会问题。从调查课题来源上，社会调查区分为自选课题和委派课题两大类。

（3）为了选好题、选准题，调查课题选择时必须遵循重要性、创新性、可行性和适合性的原则。

（4）一个符合选题原则的调查课题，可以从现实社会生活中、个人经历、现有文献中寻找。

（5）为了避免选择的调查课题宽泛、笼统，需要对调查课题做进一步明确和细化工作，即准确定义概念、明晰主题、界定时空范畴等。

思考与练习

1. 查找若干社会调查报告，用本章所介绍的选题标准对它们进行评价。
2. 分析上述社会调查课题的来源，并评价它们的课题明确化工作。
3. 选择一个恰当的调查课题具有什么样的意义？
4. 调查课题的可行性与重要性、创新性之间有什么样的关系？
5. 为什么要对调查课题进行明确化的工作？
6. 选择一个合适的调查课题开展实践操作，并说明选题的科学性。

社会调查方案设计

本章主要介绍调查方案设计的意义、原则、内容和调查方案设计的可行性评价等内容。通过本章学习，可以掌握社会调查方案设计的基础理论、基本要求和基本内容，培养学生设计调查方案、制订调查方案的能力。

“凡事预则立，不预则废”。调查课题确定之后，只是指出了调查工作的方向和要达到的总体目标。如何实现这一目标？要通过什么样的途径，使用什么样的方法和步骤，按照怎样的时间进程，需要多少人力、物力和财力，以及如何有效地利用这些资源等一系列问题，都必须在数据采集工作开始之前，做出详细、周密的规划。

第一节　调查方案设计的意义和原则

社会调查是项复杂的系统工程，必须经过周密的规划和组织，才能顺利完成。尽管不同的调查项目在调查目的、调查精度、调查方法和资源占用上不尽相同，但活动的基本流程是相同的。一般来讲，一个调查项目的完成大致经历以下几个阶段：课题确定→方案设计及完善→调查执行→数据处理→分析解释→总结及建议（图 3-1）。

由此可见，调查方案设计是调查课题确定之后，起着承上启下作用、决定着整个调查项目完成质量高低的基础性环节，是实现调查目标的行动纲领和指南。调查方案设计，就是根据调查研究的目的和调查对象的性质，在进行实际调查之前，对调查工作总任务的各个方面和全部过程进行的通盘考虑和安排，以提出相应的调查实施方案，制定合理的工作程序。因此，调查方案在整个调查活动中发挥着重要的作用。

一、调查方案设计的意义

调查方案是执行调研项目的整体框架，因此，调查方案设计需要考虑调研行动的全过程。这里所指的全过程，是指调查工作所需要经历的各个阶段和环节，即调查资料的搜集、整理和分析等。只有对此事做出统一考虑和安排，才能保证调查工作有秩序、有步骤地顺利进行，减少调查误差，提高社会调查工作质量，取得的调查结果才能客观、真实、有效。

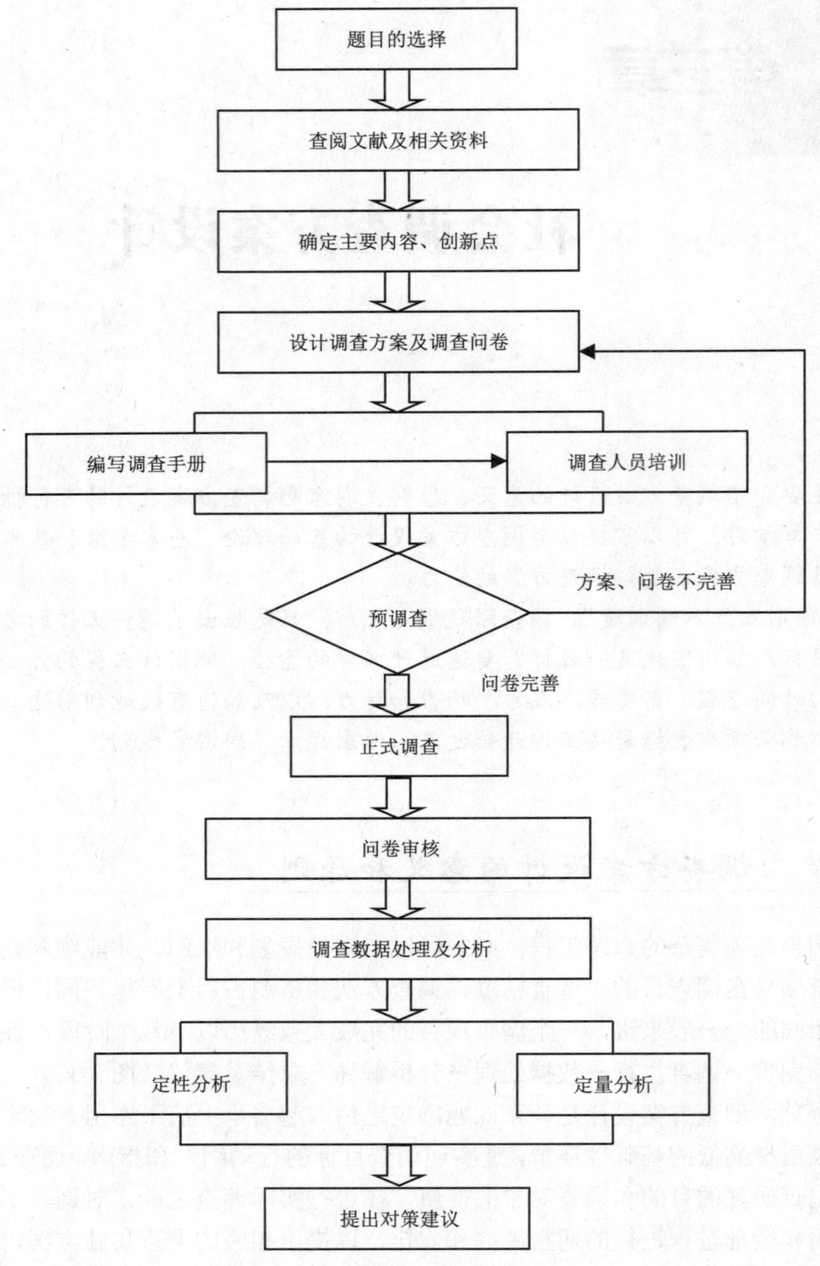

图 3-1　调查项目规划流程图

社会调查方案设计的重要性主要表现在以下三个方面。

（1）调查方案有利于统一思想、统一认识、统一内容、统一方法，使调查工作有章可循。调查工作是一项复杂的、严肃的、技术性较强的工作。对社会调查的认识不同，开展社会调查的具体实施方法就不同。为了在调查过程中统一思想、统一认识、统一内容、统一方法、统一步调，圆满完成调查任务，就必须事先制订出一个科学、严密、可行的工作计划和组织措施，以使所有参加调查工作的人员都有章可循，确保方案在执行实施时达到步调一致，齐心协力。

（2）调查方案是定性认识和定量认识的连接点。从认识上讲，社会调查方案是从定性认识过渡到定量认识的开始阶段。虽然社会调查工作所搜集的许多资料都是定量资料，但是应该看到，任何调查工作都是先从对调查对象的定性认识开始的，没有定性认识就不知道应该调查什么和怎样调查，也不知道要解决什么问题和如何解决问题。例如，要研究一个企业的生产经营状况，就必须先对该企业生产经营活动过程的性质、特点等详细了解，设计出相应的调查指标以及搜集、整理调查资料的方法，然后再去实施社会调查。

（3）调查方案在整个调研过程中起着统筹兼顾、统一协调的重要作用。现代社会调查可以说是一项复杂的系统工程，对于大规模的社会调查来讲，更是如此。在调查中会遇到很多复杂的问题，其中一些属于调查本身的问题，也有不少问题则并非是调查本身的问题。例如，抽样调查中样本量的确定，按照抽样调查理论，可以根据允许误差和把握程度的大小，计算出相应的必要抽样数目，但这个抽样数目是否可行，还要受到调查经费、调查时间等方面条件的限制。又如，采用普查方法能够取得较为全面准确的资料，但普查工作涉及面广，工作量大，需要动用的人力、物力、财力十分庞大，而且普查工作时间长，这些都需要各方面的通力合作。以全国人口普查、第三产业普查等全国性的调查为例，通常要由国家有关部门牵头组织协调，并非是一个调查机构的力量所能胜任的。因此，只有通过调查方案的策划，设置好社会调查工作的流程，才能分清主次，划分职责，并根据需要和可能采用相应的调查方法，使调查工作规范有序地进行。

二、调查方案设计的原则

作为社会调查过程中一项重要的基础性工作，调查方案设计中应该遵循以下原则。

1. 实用性原则

调查方案设计必须着眼于实际应用，只有实用性强的调查方案才能真正成为调查工作的行动纲领。要贯彻实用性原则，就必须从调查课题的客观需要和调查者的实际条件出发，慎重设计调查方案。例如，调查目标的设计，在很大程度上取决于调查领导者的素质。如果调查领导者是缺乏实践经验的学者，那么解决实际问题的调查目标就不能定得太高。反之，如果调查领导者是理论修养较差的实际工作者，那么学术探讨的调查目标就应适当降低。又如，调查地域的大小、调查对象的多少，在很大程度上取决于调查人员的多寡、调查时间的长短和调查经费的多少。调查人员多、时间长、经费充足，调查范围就可大一些，调查对象就可多一些。反之，就应适当缩小调查范围，减少调查对象。总之，调查方案各项内容的设计，都必须从实际出发。实用性是评价调查方案优劣的首要标准。

2. 时效性原则

设计调查方案必须充分考虑时间效果，特别是一些应用性调查课题往往有很强的时间性。例如，市场调查就必须赶在市场需求发生重大变化之前拿出调查成果来，否则就会失去调查的意义，起码是大大降低调查成果的社会价值。对于某些对策性、预测性课题，更应超前调查，尽早拿出调研成果来。如果总是落在实践后面放“马后炮”，就失去了这类调查的意义。当然，强调时效性原则，并不是越快越好，许多基础性、学术性课题往往需要做深入、持久、反复的调查，因此调查工作周期就应适当长一些。但是，即使是这类调查课题也应有时效观念，否则就很难适应瞬息万变的现代社会发展的客观需要。

3. 经济性原则

设计调查方案必须尽可能节约人力、物力、财力和时间，力争用最少的人力、财力、物力和时间投入，取得最好的调查效果。例如，在调查类型的选择上，能够做抽样调查的就不做普遍调查，能够做典型调查、重点调查、个案调查的就不做抽样调查。在调查方法的设计上，能够通过文献调查解决的问题，就不去做现场调查；能够通过观察、访问解决的调查课题，就不去做实验调查。在调查范围的大小、调查对象的多少、调查时间的长短、调查人员的安排等方面，也都应该尽量节约。

4. 一定的弹性原则

任何调查方案都是事前的设想和安排，它与客观现实之间总会存在着或大或小的差异。在实际调查过程中，往往会遇到一些意想不到的新情况、新问题。特别是社会调查的现场实施阶段，许多社会环境因素是调查者自身无法预见和控制的。因此，设计调查方案时，对于调查工作的安排和要求，应有一个上下左右的调整幅度，应保持一定的弹性。只有这种具有一定弹性的调查方案，才是真正实用的调查方案。

第二节　社会调查方案设计主要解决的问题

社会调查设计总的来讲是一个规划的问题，也是一个技术和组织决策问题。调查设计不仅要考虑理论上的科学性，也要考虑现实操作的可行性，既要考虑调查目的和对结果精度的要求，还要考虑成本、时间和人力投入等资源条件方面的限制。规划设计的目的就是寻求各种资源使用的效用最大化，即在满足调查目的和精度要求的前提条件下，尽可能地减少对相关资源的使用。

从社会调查设计的实践情况来看，这种规划又视调研活动执行主体的不同分为两种情况：一种是由专业调研团体来执行调研活动；另一种是由没有太多经验的调查者来执行调研。前一种情况下，如访员的挑选和培训、现场指导等活动已经是常规性的事务了，即便是抽样方法、数据的收集方法以及数据的汇总制表等问题也可以继续沿用已有的经验进行。而对于没有调查经验的调查者来讲，以上问题就会是比较棘手的问题，要获得专业组织的效率和效果则几乎是不可能的事情。本章所讲的内容就是针对那些没有经验的调查者而言的。

为了设计出切实可行的调查方案，设计人员除了应该具备相应的理论知识、潜心研究、学习相关文献之外，还可以通过向有关专家咨询、向熟悉调查话题的调查人员或者向在政府和商业调查机构的工作人员咨询的方法，获得有关调查的间接经验，这些都有助于提高调查方案设计质量和水平。对于设计者来讲，有清晰的设计思路，明确调查方案设计中需要解决哪些问题，是完成调查方案设计的前提条件。

调查方案规划设计中需要解决的问题主要包括以下九个方面。

1. 调查目标和资源条件

调查方案设计的首要任务是明确调查目标。例如，要了解老年人的生活，那么调查目标就不能笼统地表达为“老年人的生活条件”，设计人员首先应该根据调查的目的，清晰地界定老年人的含义，调查的最终目的是否是对某一个老年人群体进行推断，如果是的话，那么调查总体是什么？对于生活条件也要做出清晰界定，生活条件是指房屋的类型、房间的数量和家具等，还是用来维持生活的收入和支出数量。作为调查目标，在方案设计之初就应该明确地解释为什么要进行调查，设计哪些具体的问题，想得到什么样的明确的结果。特别重要的是，当调查是受客户的委托而进行的时候，必须根据客户需求明确需要那些信息以及对结果的精准程度的要求。这样做的另外一个好处就是可以使调查人员非常清楚地了解调查的目的，这样调查人员可以向被访者做出更有效的解释，从而可以保证获得更有效的调查信息，能够获得有效的信息是保证调查最终目标实现的基础和前提。

调查目标一旦明确，调查方案的设计就应该围绕在给定的资源条件下如何达到这些要求而展开，任何范围的扩大，不管是调查问题的增加还是调查总体范围的扩大，都要在不影响调查总体目标实现的前提下考虑到资源条件的约束问题。尽管在方案设计的早期阶段预算只是粗略的，但有关调查成本、时间和劳动力的投入估算必须提前进行。

2. 调查范围的确定

在明确了调查目标之后，首先要做的是确定调查范围，即确定调查总体，包括地理范围上的、人口统计特征方面等的界定，以及是全面调查还是抽样调查。抽样调查的话，采用什么样的抽样方法；抽样单元（如行政区、住户和个人等）是什么；可以得到什么样的抽样框（如注册表、花名册或者地图等）和获得这种抽样框的难度；抽取多大的样本；等等。

对于调查中的无回答现象要提前做好预估。调查中的无回答，不管是拒访还是无法联系，在调查中往往是不可避免的，但是我们要做的就是尽量减少这种由无回答造成的对结果准确性的影响，所以要尽可能采取措施来降低无回答率。

3. 数据收集方法的选择

数据的收集方式取决于很多因素，包括主观条件、调查单元和样本容量的大小等。例如，对有关人群行为的研究需要采用观测的技术来采集数据；要对人口中某一特定群体如一个专业团队的所有成员就某一个话题进行调查，采用电子邮件问卷调查的方法就足够了；而人口普查中因为涉及大量比较复杂的问题，所以就需要采用面对面访问的方式进行。但是不容置疑的是，每一种方法都有固有的优势和劣势。

4. 调查问卷设计

社会调查中大量使用问卷作为调查手段和工具，因此问卷设计就成了调查方案设计中一项非常重要的基础性工作。调查问卷的设计是一项具有创造性的工作，不像抽样设计那样可以依赖于一定的理论指导按部就班进行，问卷设计更多地依赖于经验和感觉，问卷问题的范围、定义、结构、措辞和问题顺序的安排，每一个环节都需要精心考虑。

5. 误差控制

调查过程中的每个阶段、每个环节都可能存在误差。除了抽样误差（相对而言是最容易控制和估计的误差），访谈、提问、编辑、编码和制表及分析等各环节都可能出现误差。例如，人们对过去生活的回忆中有可能因为记错而产生误差，而这种误差只是许多反应误差中的一种而已。方案设计中，必须事先预测可能的误差来源，并且采取一切可能的措施来降低误差。

6. 田野调查

田野调查中访员质量的高低至关重要。不同类型的访问访员应该具有什么样的素养，用什么样的方法来挑选和培训访员，是一个非常值得深入讨论的问题。调查机构或者组织必须根据经验或者内部研究制定相应的政策。而对于独立的研究者来讲，要尽可能利用他所能够得到的田野工作者的帮助。

许多组织问题是和田野工作有关的，尤其是有关田野工作人员的招募问题。有许多可供选择的方式，如雇佣全职的或者兼职的访员，采用计时制或者计件制支付工资，采用平均工资，还是给予那些能够完成复杂任务或者完成工作质量高的访员们更多的工资。田野监控的程度和方法是要提前决定的，监控的主要是访员的诚实和效率。

7. 数据的处理和分析

尽管田野调查是调查工作的中心环节，但是数据采集工作结束之后仍然还有大量的工作要做。当问卷回收回来之后，在开始编码和制表之前，必须检查问卷进行是否存在错误、遗漏和分类含混的问题，然后才可以进行分析、对结果进行解释并撰写分析报告。

为保障调查工作的顺利进行，有关数据处理和分析的说明必须在调查方案设计中明确指出，必须把有关数据的编辑计划、编码表以及设想的制表计划一起写入调查方案中。提前列出制表清单是非常有必要的，因为这样做可以帮助调查设计者提前理清调查的目标，同时可以作为一种检查手段来决定哪些相关的信息是必须收集的，哪些是无关的、不必要收集的信息。当然，在调查的策划阶段，不可能要求绘制出完整的表格，甚至对于复杂主题的调查来讲，许多时候制表和分析只有在等到处理数据结果的时间才能被确定下来。

方案策划阶段，有关分析方法的选择也是需要慎重考虑的。特别是当采用计算机处理数据的时候，对计算机程序处理程序特征的研究必须提前进行。具体来讲，必须仔细检查编码方案，确保符合计算机程序的要求。如果分析中需要使用数据加权，就必须提前确认计算机程序能否提供这一便利，如果不能，必须采用另一种可以实现加权的方法。

8. 调查方案文本的编写

当前面所有的问题都解决后，接下来就可以撰写和打印调查方案文本了。这些文本包括问卷、问卷说明、访员记录表、访员手册和说明、身份卡片、时间和开销表。

9. 时间、成本和人员配备

时间和组织问题对于任何一项调查都是非常重要的。有关调查时间的确定取决于季节因素，也取决于结果需要的时间等因素。一般来讲，选择在节假日进行调查并不是明智的选择，因为假日里很多人可能都会离家外出。另外，如果抽样框是定期更新的，如对注册选民的调查中，明智的选择是等到名单更新以后再进行调查，而不是根据旧的抽样框、旧的名单进行调查。另外一个重要的问题是调查结果适用的时期，一项基于非典型的、代表性时间进行的调查，和研究一个非代表性样本一样具有严重的缺陷。调查时间一旦确定，必须制定详细的时间表、进度安排以及相应的成本估计。成本预算包括印刷、样本抽选、田野作业（包括旅途和生活费用）或者邮递费用，数据处理和报告的撰写以及日常管理费。

至于社会调查中的人事管理问题，如对不同类型专业人员的利用，有以下一点需要注意：进行社会调查需要各种技能的专业人士，典型的有社会学专业人士、心理学专业人士、统计专业人士，计算机专业人士往往是非常必需的。这并不是说团队一定比个人更好，前者也可能会经过数小时无结果的讨论最终导致一个无头绪的研究。但是现代社会调查要想取得可靠的结果，特别是在抽样问题和统计分析方面，离不开相关专家的建议。事实上，非常重要的一点是，在调查一开始必须就要有统计专业人员的参与，而不是等到了统计分析的时候才想起发挥统计人员的作用。统计人员经常被要求对着大量已经完成的问卷来决定如何利用这些数据，面对如此情况，统计人员能给出的频率最高的回答是：由于数据的不充分、设计上的缺陷、问题设置的错误或者其他本可以避免的失误，这些数据几乎不具有什么利用价值。同样的，通过让计算机专业人员早期介入可以避免许多计算分析方面的难题。如果计算机专业人员在方案策划阶段就参与了编码计划的制订，那么就不会出现让他们去解决如何让没有经过仔细检查的编码数据和计算机程序匹配的问题了。

第三节　社会调查方案的内容及撰写要求

为了结合调查实践，更具体地介绍社会调查方案的主要内容，掌握调查方案的撰写技巧，培养社会调查方案策划的能力，本节以第十二届“挑战杯”大学生课外科技活动山东省特等奖作品“烟台市民汽车消费媒体信息渠道调查研究”的调查方案设计为例，对社会调查方案的主要内容进行概括总结。

案例：烟台市民对购买汽车信息渠道选择的调查研究

一、调查目的

了解烟台市民获取有关汽车消费的媒体信息渠道，以及消费者对各种媒体的选择倾向、关注内容与喜爱风格，为汽车销售公司选择何种媒体、何种风格来宣传产品提供有效的数据支持，提高媒体广告资源效能。

二、调查对象

烟台市五区（包括芝罘区、莱山区、福山区、牟平区、开发区），年龄为20～60岁的且不从事汽车销售相关专业的居民，包括调查期间在烟台居住的常住人口和临时居住人口。

三、调查内容

根据调查目的，调查内容主要围绕以下几方面进行：消费者对汽车媒体信息渠道的选择倾向；不同媒体中广告风格、内容、类型的区分度；影响消费者购车的因素；消费者对汽车广告的建议。具体采用结构化问卷的形式，问卷分为甄别部分、主体部分、背景部分三大模块。

甄别部分：由于本次调查选择的调查对象为烟台市五区内年龄在20～60岁且不从事汽车相关专业的居民，所以在问卷甄别部分根据受访者年龄和所从事职业来对调查对象进行筛选。

主体部分从以下四方面进行设计：第一，了解消费者对各种与汽车有关媒体的认知情况；第二，了解消费者对广告风格、广告类型、广告内容的选择倾向；第三，了解影响汽车消费者的主要因素；第四，消费者对汽车广告的建议。

背景部分：包括性别和月收入两部分对受访者进行区分，主要是考虑在最后的数据分析中考察性别及收入是否对问卷结果产生影响，同时在收入这一敏感问题上选择较大的区间段，降低了问题的敏感程度，进而保证回答率。

四、抽样设计

（一）设计原则

（1）科学性原则。整体方案是采用配额抽样的方式，要求样本对烟台市民有代表性。

（2）效率原则。抽样方案必须保证有较高的效率，即在相同样本量的条件下，方案设计应使调查精度尽可能高。

（3）可操作性原则。方案必须有较强的可操作性，不仅便于具体抽样的实施，也要求便于后期的数据处理。

（二）抽样方法选择

考虑到不可能获取烟台市所有市民的信息，因此不能采用严格的概率抽样，所以本次抽样采取非概率抽样。由于本次调查的时间较短、范围较广，而且事先不能够确定市民中有车与无车的人员信息，所以本次采用配额抽样和滚雪球抽样相结合的方式。配额抽样与其他的非概率抽样方式相比，配额抽样强制性地要求样本包含不同子总体的单元，从而在一定程度上可以保证样本的代表性。

（三）样本量的确定

为了对调查问卷的勘用程度进行监测，在正式调查之前，进行小范围的预试调查。预调查和正式调查样本量的确定如下。

1. 预试样本

预试样本主要用来对问卷进行项目分析以及信、效度检验，根据分析和检验结果对问卷做出必要的修订，进而制定出正式调查问卷。本研究的预试主要是针对汽车信息渠道调查问卷进行的，预试样本分别在大型购物商场用餐区、各 4S 专卖店等地发放汽车信息渠道调查问卷 50 份，回收问卷 50 份，全部有效。

针对预调查所反映的现象，对方案中存在问题进行修改，最终确定正式调查问卷。

2. 正式调查样本

A. 样本量的确定

（1）由于调查的目标量以比例指标为主，所以采取总体比例估计时样本量的确定方法，即样本量的确定为：$n=\dfrac{E_{\alpha/2}^{2}\pi\left(1-\pi\right)}{E^{2}}$，其中 $E_{\alpha/2}$ 为标准正态统计量的 $\alpha/2$ 分位数，E 为边际误差，π 为总体比例。因为总体比例未知，所以采用使得总体方差达到最大的比例 $\pi=\dfrac{1}{2}$ 来确定一个最保守的样本量。

（2）本次调查要求满足以95%的置信度条件下允许误差不超过5%，即边际误差E=5%。

（3）按照公式$n=\dfrac{E_{\alpha/2}^{2}\pi(1-\pi)}{E^{2}}$，当置信度为95%时，对应的$E_{\alpha/2}$=1.96，故$n=\dfrac{1.96^{2}\times0.5\times(1-0.5)}{0.05^{2}}=384.16$。

（4）根据以往的经验，问卷的回收率在95%左右，因此本方案假定问卷回收率是95%，所以最终的样本量$n=384.16/0.95=404.38\approx405$。

B. 样本的配置

（1）样本选择依据：借助百度、烟台统计局官方网站和搜数网等相关网站上获取。调查对象相关信息如表3-1和表3-2所示，依据这些信息完成样本量的配置。

（2）烟台市不算流动人口男女比例是104.9∶100，近似于1∶1。

表3-1 烟台市人口年龄比例分布表

0～19岁		20～24岁		25～29岁		30～34岁		35～39岁	
人数/人	比重/%	人数/人	比重/%	人数/人	比重/%	人数/人	比重/%	人数/人	比重/%
55 891	26.14	16 755	7.83	22 027	10.30	23 928	11.19	21 935	10.26
40～44岁		**45～49岁**		**50～54岁**		**55～59岁**		**60岁及以上**	
人数/人	比重/%	人数/人	比重/%	人数/人	比重/%	人数/人	比重/%	人数/人	比重/%
17 737	8.29	16 368	7.65	10 801	5.05	8 240	3.85	19 384	9.43

（3）烟台市各区人口比例，如表3-2所示。

表3-2 烟台各市区总人口分布表

地区	人口数/人	人口比例/%
开发区	169 791	9.43
芝罘区	692 348	38.46
福山区	252 075	14.00
牟平区	472 307	26.24
莱山区	213 543	11.86
市　区	1 800 064	100

（4）由于调查的是20～60岁烟台五区之内的人员，按照上述比例进行样本量分配，如表3-3所示。

表3-3 各地区及性别样本量分配表 单位：人

地区及性别		20～30岁	31～40岁	41～50岁	51～60岁
芝罘区	男	22	26	19	11
	女	22	26	19	11
福山区	男	8	10	7	4
	女	8	9	7	4

续表

地区及性别		20～30 岁	31～40 岁	41～50 岁	51～60 岁
牟平区	男	15	18	13	7
	女	15	18	13	7
莱山区	男	7	8	6	3
	女	7	8	6	3
开发区	男	5	6	5	3
	女	5	6	5	3
合计		114	135	100	56

五、调查组织

1. 问卷调查

为了缩短调查的时间和提高问卷的回收率，使被调查者能够在对问卷概念不了解时及时解决，我们采用派访员当面调查的访问方式。在五个调查区域分别设立调查小组组长，主要任务是：①负责调查小组的全部活动；②调控调查小组的整体进度；③组织实施区域摸底和现场调查，协调各工作环节；④加强质量监督，及时发现问题并采取措施。

调查员负责：①做好调查前的准备工作，备好所需材料，如问卷、记录工具、访问员身份证件、礼品等；②负责调查区域摸底，了解路况和周围环境；③做好调查问卷的自查和互查，熟悉调查问卷内容，掌握各个有关问题的连接；④注意调查问卷填写的规范性、有无填写确切的数字、字迹是否潦草等事项；⑤整理调查对象的编号，防止前后混乱、不一致的现象发生；⑥注重仪态仪表，如着装要整齐、得体，言行要谦和、有礼。

2. 调查前的注意事项

（1）编制调查手册。由于调查范围较广，为避免调查人员对问卷的内容和注意事项不太明白，把一些重要的注意事项和专业术语的解释写成手册，使调查员在遇到问题时能够得到解决。

（2）调查人员培训。为了使访问人员熟悉访问技巧、访问礼仪等事项，调查前专门邀请了统计学专业教师对访员进行系统培训。

3. 调查地点的选择

根据调查的效率原则，此次调查地点选在快餐店用餐区、学校门口、4S 汽车专卖店、停车场、洗车场等地点。

4. 调查时间安排

调查时间安排，如表 3-4 所示。

表 3-4　调查时间明细表

项目	时间
编写调查手册	5 月 22 日
调查人员培训	5 月 23 日

续表

项目	时间
预调查	5 月 24～25 日
修改问卷	5 月 26 日
正式调查	6 月 1～13 日
数据整理	6 月 14～16 日
调查报告撰写	6 月 17～21 日
提交调查报告	6 月 22 日

六、数据处理

1. 数据审核

完成对数据完整性和准确性的审查，具体做好以下四方面工作。

第一，单项选择问题中，答案唯一，即只有一个答案。如果有两个或两个以上的回答，就说明存在潜在的错误；如果没有答案（跳出问题除外），则属于数据的缺失。

第二，一个两项的单项选择，答案只能非此即彼。

第三，顺序问题中，应该有顺序。

第四，问题间要符合逻辑关系、结构关系等。

2. 问卷编码

为了便于数据的组织，对问卷按以下规则进行编码。

第一，问卷编号采用三位数编码方式，从 001 开始。

第二，对问卷题号按主体部分和背景项分别以 Q+题号和 B+题号的形式进行编码。

第三，对问卷问题选项，采用自然数编码方式，从 1 开始，“其他”项一律编码为 9。

第四，数据录入时，按照问题选项类型（单选、多选或者排序），分别采用约定俗成的编码规则进行编码。

3. 数据录入

根据既定的编码方案，采用双人的方式将数据录入 Excel。

4. 数据再审核及插补

对录入的数据实行再次审核，如离群值、缺失值等，并对其进行插补。例如，对缺失值将采用推理替代法、中性值替代法和估计值替代法进行插补。

5. 数据分析

第一，调查样本结构分析。

第二，一般性分析。采用描述统计方法，如根据频数统计结果及均值、方差等描述统计量对消费者汽车信息渠道、广告内容、广告风格、广告类型的总体情况进行分析。

第三，差异性分析。采用交叉列联表、卡方检验对不同类型的消费者对信息渠道等的差异情况进行分析。

所用数据分析软件为 SPSS 18.0。

七、调查报告的撰写

按照科学、简洁易懂的原则撰写调查报告，调查报告整体构架如下。

第一部分：总体调查信息和情况说明。

第二部分：消费者汽车信息渠道等方面的一般性分析。

第三部分：不同消费者汽车各信息渠道等方面的差异性分析。

第四部分：消费者汽车信息渠道之间的相关性分析。

第五部分：结论与建议。

八、项目经费预算

项目经费预算，如表 3-5 所示。

表 3-5　经费预算明细表　　单位：元

项目	费用
专家咨询费	5 000
项目设计费	3 000
打印问卷及相关资料	600
调查人员劳务费	2 000
调查的小礼物	4 000
调查人员的车旅费	600
人员培训费	1 000
调查人员就餐费	800
合计	17 000

从以上案例可以看出，构成调查方案的内容可以根据调查目的和开展调查活动的需要而进行设计，从文本形式上看，则可繁可简，从设计的调查内容看，则有多有少。

一、社会调查方案的主要内容

一份调研方案是进行社会调研工作的框架和蓝图。当我们明确了问题之后，如何进行具体的实践操作，必须通过调研方案的设计来加以落实，在社会调查方案策划中应规定具体的实施细节和实施方法。

（一）明确调查目的

确定社会调查的目的，即明确我们在调查中要解决哪些问题，通过调查要获得哪些资料，并说明取得这些资料有什么用途。衡量一个调查设计方案是否可行、是否科学的标准，主要看该方案的设计是否符合调查目的和要求，是否符合客观实际情况。例如，本案例中调查目的十分明确，即了解烟台市民对购买汽车的信息渠道的选择偏好，对汽车广告内容和形式的偏好倾向，以便为汽车销售商提供汽车广告投放的决策参考。

（二）明确调查对象和调查单位

在确定了社会调查目的之后，接下来的工作就是确定调查对象和调查单位，其目的在于解决向谁调查及由谁来具体提供相关资料的问题。调查对象是指依据社会调查的任务和目的，确定本次调查的范围及涉及的调查对象总体。它是由某些大体性质相同的许多调查单位组成的。调查单位是指所要调查的社会经济现象总体中的个体，是我们在调查中要进行调查研究的各个调查项目的一个个具体的承担者。例如，本案例中，调查对象明确界定为居住在烟台市五区范围内年龄在 20～60 岁且不从事汽车销售相关专业的人群，从地理范围和社会特征上进行了明确的界定，而符合这一条件的每一个人就是本次调查的调查单位。

（三）确定调查内容，设计调查问卷（表）

1. 将调查课题转化为调查内容

确定调查内容实际上就是把调查课题概念化和操作化。基于明确的调查目的，挖掘课题的内涵，并基本上达成共识之后，策划者要设计一定的问题组合，以探索该调查课题需要了解的信息是否齐备。在以上案例中，根据调查目的需要，调查的主体内容包括了消费者对汽车媒体信息渠道的选择倾向，对不同媒体广告风格、内容、类型的偏好，影响消费者购车的因素和消费者对汽车广告的建议四部分内容。除此之外，要分析不同群体对汽车媒体广告的偏好差异，调查内容还应该包括体现消费者个体社会特征的背景信息，如性别、职业和收入状况等社会经济统计特征。

2. 将调查内容转化为调查问卷（表）

如何根据调查内容设计调查表，在下一章将有专门内容介绍。在此，仅提出一些框架性知识。

根据调查课题拟定出一系列的问题，用以说明所选定的调查内容；调查问题的设计也应该是调查对象愿意并且能够回答的问题。调查问卷（表）的设计是实现调查课题转化为调查具体内容的关键。

（四）明确调查方式，选定调查方法

在社会调查活动中，调查者采用的调查方式、调查方法是否适当，会直接影响调查结果的精确度，影响调查活动的具体安排，也决定着调查费用的高低。

1. 确定调查组织形式

所为调查组织形式，是指对已经确定的调查对象，是采用全面调查还是非全面调查的方式进行调查？如果是非全面调查的话，是采用重点调查、典型调查还是抽样调查，抽样调查的话是采用概率抽样的方式还是非概率抽样的方式？具体使用什么样的抽样方式，如简单随机抽样、分层抽样、整群抽样还是其他形式的抽样，是偶遇式抽样、配额式抽样还是滚雪球式的抽样等？通俗地讲，通过调查组织形式来决定有哪些样品或者个体进入到实际的调查中。上述案例中，从实际可操作的角度出发，根据烟台市五区人口分布特点，采用配额抽样的方法，将设计样本量 405 在烟台市五区范围内进行了分配。

2. 确定数据的采集方式

数据的采集方式，指的是对于通过一定组织方式确定的调查单位来讲，调查人员要采用什么样的方式来获取和调查主题相关的数据信息。数据采集方式很多，如面访调查、电话调查、观察调查、网络调查等社会调查方法。数据采集方式的选择不仅取决于调查目的和调查课题的特点，还取决于调查内容的多寡、调查资源条件的充足性等。例如，对于特定人群行为特点的调查就适合采用观察法来进行数据收集，而要了解群众对当地政府工作的满意程度时，如果问卷问题相对较少，则采用电话访问可能就是非常理想的方法。因此，数据采集方式的选择不一而足，需要具体情况具体分析，究竟采用何种方法将取决于调研问题的性质。在上述案例中，调查的实施要求访问员对所有抽中的405个样本个体实行面对面的街头访问。执行访问的访问员由学校相关社团的大学生成员担任，访问工作的质量监督控制工作和资料的统计处理工作均由社团工作小组具体负责。

（五）调查项目定价与预算

社会调研的各项费用开支预算，是顺利开展社会调查的物质保障，也是企业选择调研公司，选择调研方式，投入调查的重要选择依据和影响因素。社会调查的费用开支会因调研课题的不同而不同，也会受调研对象、调研单位、调研方式和调研时间安排等因素的影响。

在制定预算时，应当制作较为详细的调研工作项目费用计划。通常要考虑调研前期、调研中期、调研末期等完整的调查阶段中所需要的全部调研经费。而在调研前期（计划准备阶段）的费用安排大概可占到总预算的20%左右；调研中期（具体实施调查阶段）的费用安排可占到总预算的40%左右；而调研末期（分析报告阶段）的费用安排也可占总费用的40%。因此，我们必须全面考虑各个不同阶段的费用支出情况，并尽量避免意外之事发生而影响调研工作的进行，尽量减少不必要的开支。

1. 用户指定课题的定价

用户指定课题的定价包括调查员劳务费、被访者礼品费、交通费、材料费、资料印刷费、办公费用、一定的利润等。

2. 调查机构选择课题的预算编制

调查机构选择课题的预算编制包括调查经费的来源以及经费开支预算表的基本格式，如表3-6所示。

表3-6 社会调研估价单样表

费用支出项目	数量	单价	金额	备注
调研方案设计、策划费用				
抽样设计、实施费用				
问卷设计费				
问卷印刷装订费				
试调查费				
调查员劳务费				

续表

费用支出项目	数量	单价	金额	备注
督导员劳务费				
受访者礼品费				
异地实施差旅费				
交通费				
数据录入费				
统计分析费				
报告制作费				
资料费、复印费				
服务费				
杂费				
管理费				
⋮				
总计				

注：① 交款方式，合同一经签订，请付定金 A%；② 调研计划完成日期：　年　月　日

（六）制定数据处理和分析方案

基于实际调查方法得到的原始资料大多是零散的、不系统的，一般只能涉及事物的表象，无法深入事物的本质和规律性，因此，对大量原始资料的加工处理显得十分必要。目前这种工作大多采用计算机进行。这在问卷设计中就应加以考虑，包括采用何种软件，使用何种统计技术等。

（七）其他内容

其他内容包括确定调查时间、安排调查进度、调查人员的选择、培训和组织等。

因为各种各样的因素影响，许多社会调研项目都会遇上经费紧张、时间紧迫、人手不够等问题。而委托方总希望调研者尽快完成调查研究项目，拿出调查结果。因此，调研者事先必须制定出正确的进度表，作为工作进展的依据，也方便监控检查工作进度。这对于提高调查研究工作效率，节约经费开支，调整工作安排也颇有裨益。

通常开展一个中等规模的调查课题研究需要花费 30～60 个工作日不等，一些大规模的社会调查有时会持续到 6 个月甚至 1 年多的时间。

根据暨南大学李小勤教授的研究成果，一般一个调查项目所需时间安排比例可做如下分配：

1. 计划起草，磋商阶段 ——5%左右
2. 抽样方案设计实施——
3. 问卷设计，预调查——　} 10%～15%
4. 问卷修正印刷 ——
5. 调查员的挑选与培训工作——
6. 实地调查——　} 30%～40%

7. 数据的录入和统计分析——} 30%～40%
8. 报告撰写——}
9. 与客户的说明会——} 5%～10%
10. 建议与修正以及定稿——}

以上述各阶段的大致时间进度安排为依据，结合调研项目实际工作的需要，调查者再详细编制社会调研课题进度控制表，便于调研工作开展中进行过程控制。调研时间进度表的制作要做到：阶段明确、任务明确、人员分工明确、检查明确。

二、社会调查策划方案的撰写

社会调研策划方案主要具有两个方面的作用：一是用来提供给调研委托方作审议检查之用，作为双方的执行协议；二是用来作为社会调研者实施执行调查项目的纲领和依据。本章案例就是社会调查策划方案的一个参考范例。在实际调研策划活动中，无论调研人员的调研思路多么精密，调研安排多么合理，调研方法多么适用，但最终还是要体现在一个完整的社会调查策划文本之中。因此，掌握社会调研策划文案的撰写基本要求，对调研人员策划能力的形成有着重要影响。

（一）社会调查策划方案的格式

一个完整的社会调查方案并无统一的、固定的格式，但内容完整、结构恰当、条理清楚、语言简练应是调查方案的基本要求。调查方案的编写格式一般应包括以下七个部分的内容。

（1）摘要。摘要是对整个调查方案的概要说明。这一部分写作要求既要简明清晰，又要能提供帮助理解调查方案基本内容的充分信息。这一部分虽不是调查方案的主体内容，但对于委托方，尤其是对决策者而言，从摘要就能看出调研策划的全貌。

（2）前言。这是调查方案必备的部分，在前言部门需要简明扼要地介绍整个调查课题出台的背景及原因。

（3）调查的目的和意义。这部分主要比较详细地指出调研项目的背景，拟调查研究的问题和可能的几种备用决策，指明该项目的调研结果能给企业带来的决策价值、经济效益、社会效益以及在理论上的重大价值。

（4）调查的内容和范围。这部分指明调查的主要内容，规定所必需的信息资料，列出主要的调查问题和相关的理论假说，并确定调查对象、调查单位及调查单位的数目。

（5）采用的调查方式和方法。这部分要指明调研中所采用的研究方法的主要特征，抽样方案的步骤和主要内容，所选取样本的大小，计划达到的精度指标，最终数据采集的方法和调查方式，调查问卷的设计方面需要考虑的问题，问卷的形式，数据处理和分析的方法等内容。

（6）调研进度和经费预算。按照预定的调查内容和调研要求，做好完成调查任务所需的时间进度安排及经费预算。在做计划时，无论对于时间还是经费而言，策划者都要做到留有余地，以应付可能发生的意外事件。

（7）附件。在调研策划方案的附件中，可以列出课题负责人及主要参加者的名单，并可扼要介绍调研团队成员的专长和分工情况；指明调研抽样方案的技术说明和细节说明；

对于调查问卷设计中有关的技术参数、质量控制方法、拟采用的分析软件等进行说明。

（二）撰写社会调查策划方案应注意的问题

（1）一份完整的调查方案，上述各部分的内容基本上都应涉及，不能有遗漏。否则，策划内容体系是不完整的。只有调研内容全面完整的调查方案，才能为调查提供全方位的指导，才能保证按统一内容、统一方法、统一步骤来开展调查工作，以便顺利地完成调查任务。

（2）调研方案的合理制订，必须建立在对调查课题背景有着深刻认识的基础之上。只有清楚地认识了调查课题的背景，才能为调查活动的开展指明方向，才能帮助调研者抓住问题的关键，正确地确定调查目的和内容。

（3）制订调研方案时，要尽量兼顾科学性与经济性。

（4）调研方案的文本格式可以比较灵活，但要注意文本格式与调研内容的协调统一。

（5）调研策划文案的语言文字要求论述规范有力，表达言简意赅。

（6）形成调研策划方案是开展调研工作非常重要的环节，影响着整个调研任务的完成质量，影响着调研工作能否顺利开展。因此，调研策划方案的撰写应由课题负责人负责统筹把关。

第四节 社会调查方案的可行性研究

可行性研究是科学决策的必经阶段，也是科学设计调查方案的必要步骤。对调查方案进行可行性研究有多种方法，其中试验调查具有重要意义。

一、可行性研究的几种方法

（1）逻辑分析，即用逻辑方法检验设计调查方案的可行性。例如，要调查人口的城乡结构，而设计的调查指标却是“农业人口”和“非农业人口”，这样调查出来的资料不能正确说明调查所要说明的问题。因为，农村人口不等于农业人口，城镇人口也不等于非农业人口。农村人口和城镇人口是按居住地域划分的，农业人口和非农业人口是按行业类别划分的，它们的内涵和外延都存在着很大差异，因而上述设计不可能正确说明人口的城乡结构。

（2）经验判断，即用以往实践经验来判断设计调查方案的可行性。例如，根据以往的经验，在调查方法设计上，对文化程度较低的调查对象不宜采用自填式问卷调查方法；在调查时间设计上，到农村做调查一般不应选择在农忙季节进行；在调查地域设计上，如果人财物不足就不宜选点过远、分布过广等。总之，调查方案设计出来后，可请有经验的专家或实际工作者，根据他们以往的经验对调查方案的可行性做出一些评价或判断。

（3）试验调查，即通过小规模实地调查来检验设计调查方案的可行性，并根据试验调查结果来修改和完善原调查方案。逻辑分析和经验判断这两种方法简便、易行、有效，它们是调查方案可行性研究中最常用的方法。但是，它们有很大的局限性。逻辑分析方法，主要适用于对调查指标设计进行可行性研究，而对其他方面的可行性研究却很难适用。另外，有些调查指标的设计在逻辑上是正确的，但在实际调查中却行不通。例如：闲暇时间=24 小时–工作或劳动时间–上下班路途时间–睡眠时间–家务劳动时间–必要的个人生活时间（如吃饭、大小便、盥洗等）。这一设计在逻辑上没有错误，但在农村却往往不适用。例如，农村妇女边照顾孩子，边做手工活；边做饭，边饲养猪、鸡，这就很难准确计算她们的闲暇时间。经验判断的局限性更为明显，因为人们的实践经验不同，判断能力不同，即使经验丰富、判断力强的人，也只能判断比较熟悉的东西，而对于新事物、新情况、新问题就很难单凭过去的经验判断了。至于一项调查究竟需要持续多长时间？需要多少访员参与？需要花多少钱？如何能确保设计的问题对于普通的访问对象和相关专家具有同样的意义？如何决定哪些问题是值得提出的？这些问题的可行性评价，更是不能简单依赖逻辑分析和经验判断能够解决的。实践证明，只有试验调查才是对调查方案进行可行性研究的最基本、最重要的方法。

二、试验调查的作用及实施要求

（一）试验调查的作用

在设计阶段，尽可能多地、系统地了解有关调查对象的不同特征，对于保证方案设计的顺利进行和最终调查目标的实现是非常重要的。对于设计中每一个问题可以采用一些小的预试来进行检测，当综合性的调查方案建立后，则需要进行一个小规模的试验调查来检测方案设计的可行性。打个比方来讲，试验调查就像演出的带妆彩排一样，是一个对方案进行初步测试和调整的阶段。实践中，试验调查通常的做法是在小范围内，使用和大规模调查同样的方法进行试验性访问或者派送一些试验性的调查表，根据收集回来的试验和误差信息，结合相关专家意见和文献研究结果，来监视方案设计的可行性。可行性评价的内容包括以下九个方面。

（1）抽样框的充分性。如果使用的抽样框是比较熟悉的、常用的抽样框，如选民注册表、社区住户列表等，则抽样框的精准性保障比较大。但是，如果抽样框是不熟悉的，则需要检测它的完备性、准确性、时效性和便利性。例如，如果要使用工厂的工资名单作为抽样框时，就必须进行预先的测试，这是因为这样的抽样框可能是不方便安排的，也可能把其中一部分人员排除在外，如那些临时离开的不带薪的工人。这种缺陷是否能被克服是另一个问题，在调查开始之前能有这种意识是至关重要的。

（2）调查总体的变异性。这一点在抽样设计中是非常重要的，特别是有关样本容量的确定和调查总体的变异性大小息息相关。假如，要调查工厂工人周平均房租支出状况，其中样本容量的多少在达到调查精度的条件下，将取决于房租支出的变异程度，变异程度越大需要的样本容量也就越大。举例来讲：如果所有工人的房租支出都是一周 50 元（变异程度为零），那么只需调查其中的一个工人就完全可以达到精度要求；但如果房租的变异程度很大（如从 30～100 元不等），那么只有使用一个相对大的样本才可以达到一个高精确度的估计结果。这一事例清楚地表明，抽样调查之前必须对所确定的总体有充分的认识。但是需要指出的是，试验调查的价值并不在于据此对总体的变异性进行估计，因为试验调查的规模往往很小，并不能提供有价值的估计结果。通常情况下，研究者更倾向于利用已有的来自相同或者相关领域的统计数据来对总体的变异程度进行估计，这样得到的估计结果远比试验调查的估计结果本身有用得多。尽管如此，我们始终不能否认预调查能够为方案设计提供有用信息的事实，特别是当无法获得相关统计信息的情况下。

（3）预期无回答率。通过预试和试验调查可以粗略估计出拒访和无法接触的大概数量，并且可以比较不同的降低无回答率方法的实际效果。作为结果，可以据此挑选数据的采集方法、筛选调查问题和修订调查时间表等。例如，要决定调查是采用大量分发问卷的方式进行还是采用面访的方式？前一种方式的优点是成本低廉，但是能否达到高的回答率呢？给被访者付费的方式是否有利于提高回答率，进行试验调查可以帮助回答这一问题。

（4）数据收集方法的适用性。实际调查活动中，可以采用的数据收集方式很多，如观察法、邮寄问卷法、面访法等，研究者需要根据不同方法所需的成本、精度和可能的反应率，来做出明智的选择。预试和试验调查也能用于辨别访员工作的效率，访员和被访者的负担是否过重，访问工作是否应该增加更多的监督和检查等。

（5）问卷的充分性。这可能是试验调查所具有的最有价值的功能。设计好的问卷，可以先在同事或者朋友间进行非正式的测试或者预调查，然后再把据此修正过的问卷应用于大规模的正式调查。对于问卷的充分性，主要把握以下几点：处理相关领域问题的简易程度，问卷布局的有效程度，定义的清晰程度和问题本身的准确程度。问题的措辞是否简单、通俗、清晰而且撇开了对专业术语的使用？是否有迹象表明有些人对问题有误解或者不能充分地给出理智的回答，或者出于声誉而不愿意正确回答有关问题？是否问题的回答过多地依赖于人们的记忆，以至于容易使人产生紧张的情绪？很难给出识别问卷存在问题的规则。有些情况下，如果问题答案的真实分布是已知的，那么答案的偏离昭示着样本或者问题本身的偏离；如果问题的回答过于偏重某一个极端值，则表明被访者给出的是一个程式化的回答；一个问题如果很多人回答“不知道”是一个不好的信号，表明这一问题的设计要么是表达含混不清，要么是所用语言过于专业不够通俗，要么就是超出了被访者的经验范围。这种设计上的缺陷可能导致访问对象出现大量的“不理解”，访员应该及时通报。如果人们用许多条件来限定答案，那么则表明这个问题是需要改进的；如果其中的某个问题的拒访率很高，可能表明该问题放置的顺序是不合适的或者问题本身就是不合适的。关于问卷问题准确程度的最有用的信息就是个人田野作业报告，即访问是如何进行的，遇到的困难以及做过哪些调整等。对于研究者来讲，跟随一些访员观测一些正在进行的访问活动，是非常有意义的一件事，特别是当他所挑选的访员并非是最好的访员的时候，因为这些能力欠缺的访员可能遭遇很多困难，但却没有能力解决。

（6）访员指令的有效性。通过对试验调查问卷的仔细检查可以表明：当设计的问题不适用时，访员没有在“不适用”的代码上加注标示；他们从问卷中删除了他们自己的身份识别信息；他们没有对访问过程和每次访问的成功之处进行评价。所有这一切表明，指令是不清晰的，访员的工作是缺乏成效的。这种情况下，预试和试验调查自然成为访员培训的一部分。

（7）对事先编码问题的编码选择。如果没有试验调查，要想决定用什么的方法进行编码往往不是一件容易的事情。例如，研究者可能想问“在你家里有哪些可以节约劳动力的家用电器”，在问卷答案设计部分，可以列举出所有可能的家用电器名称。而在试验调查中，这个问题可以设计成一个开放式问题，要求如实记录所有的回答，这样可以得到那些容易被人忽略的答案。

（8）调查成本预算、持续时间及阶段划分。如果调查的花费和持续的时间很长，那么通过试验调查可以帮助发现哪些环节可以省钱，试验调查的成本数据对于抽样设计也有很大的关系。

（9）组织效率。试验调查可以帮助澄清预试没有解决的遗留问题，但是它不可能解决正式调查中可能遇到的所有问题。调查规模越大，试验调查能够提供的预警能力也就越弱。但是，毋庸置疑的是，预调查总是能提供有用的信息来改善问卷，从而提高访问的有效性。另外，试验调查还有另外一个用途，即一旦试验调查结束，研究人员就应该对试验调查的结果进行认真考虑，计划的大范围调查是否有必要继续进行？例如，在有些情况下，通过对试验调查证据的仔细分析，研究者可能会对调查前景持一种更加中庸的态度；当看到人们不愿意或者不能够给出准确的信息时，其中的一些调查目标就可能被定位为没有继续进行的价值；或者调查的范围不可能像事先计划的那样宽泛。因此，试验调查成为研究人员防范调查低效可能性的最后卫士。

试验调查的规模和设计是一个关乎便捷、时间和经济支出的问题。要实现以上功能，样本容量应该尽可能大，样本结构应该尽可能和主要调查的样本结构具有可比性，但在实践当中，要想获得和主要样本一样的宽分布的预试样本，是件不容易的事情。

试验调查的设计会受到另一个因素的影响。正如前文所讲，试验调查可以帮助研究人员进行数据收集方法、问题顺序安排和语言措辞等方面的调整和选择。因此，试验调查的设计应该是对这些可能选择的严格测试。如果要比较一个问题的两种形式，那么每一种形式都应该在一个等同的样本中进行测试，否则的话，两种形式的区别就会和样本本身的差别混合在一起。如果同时要比较的是多种类型，如访员之间的，问题之间的，无回答方法之间的，指令之间的，等等，这就要求更加严格的试验设计。同样的，对于预试也需要用类似的方法进行设计。

（二）试验调查的实施要求

试验调查的主要目的是检验调查目标的设计是否求实，调查指标和工具的设计是否适用，调查人员和调查对象的选择是否恰当，调查工作的安排是否合理等。这就是说，试验调查的主要目的不是搜集资料和回答调查所要解决的问题，而是对设计的调查方案进行可行性研究。试验调查的实施，一般应该注意以下五个问题。

（1）调查队伍要精干。调查的领导者和调查方案的设计者必须亲自参加，同时选派若干有经验的调查人员做试验调查的骨干。只有这样，才能较快地打开调查局面，及时发现和解决调查设计中的问题，积累和总结实际调查经验。此外，还应吸收少量经验较少的调查人员参加，以便发现他们在调查过程中可能发生的种种问题，为以后培训调查人员做好准备。

（2）调查对象要适当。试验调查的调查对象要力求规模较小、数量较少、类型较多、代表性较强；要努力保持试点单位的自然状态，起码是不要人为地去改变试验单位的自然状态，否则就会失去试验调查的意义。

（3）调查方法要灵活。试验调查既然是“试验”，就应采取灵活机动的方法去做调查。自填式问卷调查不适合，可改为访问问卷调查，集体访谈不成功，就改为个别访问。设计的调查指标不合理，应按照实际情况修改；安排的调查日程不切合实际，就根据实际需要做必要调整等。总之，用什么方法能达到可行性研究的目的，就采用什么样的方法。

（4）要多点对比试验。对于比较复杂的调查课题，试验调查不能只有一个点，而应该采取多点对比方法试验。这种对比试验，可以是同方案多点对比，也可以是不同方案多点对比；可以是同方案重复对比，也可以是不同方案先后对比或交叉对比。“不怕不识货，就怕货比货。”多点对比试验，是对设计调查方案进行可行性研究的最有效方法。

（5）要做好试验调查工作总结。要认真分析试验调查结果，找出成败得失的主客观原因。要修改和完善原设计调查方案，使其真正成为切实可行的社会调查行动纲领。要制订培训调查人员的具体计划，使试验调查成果成为全体调查人员共同的经验和财富。

本章小结

（1）一个调查项目的完成大致经历以下几个阶段：课题确定→方案设计及完善→调查执行→数据处理→分析解释→总结及建议。

（2）调查方案设计是调查课题确定之后，起着着承上启下、决定整个调查项目完成质量高低的基础性环节，是实现调查目标的行动纲领和指南。

（3）调查方案设计应该遵循实用性、时效性、经济性和一定的弹性原则。

（4）调查方案设计需要解决的主要问题，包括调查目标的确定和对现有资源条件的评估，调查方法的确定和数据收集方法的选择，误差控制方法和实际的田野调查，对数据的处理和分析规划以及调查方案文本的写作要求等。

（5）一项完整的调查方案应该包括调查目的、调查对象和调查单位，确定调查内容和调查方式，对调查项目进行定价和预算，制定数据处理和分析方案等内容。

（6）掌握社会调研策划文案撰写的基本要求，对调研人员策划能力的形成有着重要影响。

（7）调查方案的可行性研究方法包括逻辑分析、经验判断和试验调查，其中试验调查是调查方案可行性研究的最重要方法。

思考与练习

1. 设计调查方案应该遵循哪些原则？
2. 简述设计调查方案的一般过程。
3. 调查方案设计中要解决哪些问题？
4. 为什么说调查方案设计是项系统工程？
5. 为什么要让统计人员和计算机工作人员参与调查方案设计？
6. 一份完整的调查方案应该包括哪些内容？
7. 选择感兴趣的调查题目，设计一份调查方案。
8. 调查方案的可行性研究有哪些方法？各有何特点？
9. 为什么说试验调查是调查方案可行性研究的最重要方法？

第四章

常用调查方法

本章主要介绍有关社会调查资料收集中的各种方法，包括文献调查法、面访调查法、小组座谈法、电话调查法、观察法和实验法。

通过本章的学习，了解各种社会调查方法的特点及适用条件，掌握这些方法在调查过程中的基本技巧，通过实例和案例的训练，使学生能熟练运用这些方法开展社会调查。

第一节　文献调查法

一、文献调查法的含义和特点

日本在20世纪60年代，从我国出版的画报上看到铁人王进喜的照片，判断出大庆就在东北地区，并根据某报关于工人从火车站将设备人拉肩扛运到钻井场地和王进喜在马家窑的言论的报道，弄清了大庆油田的确切位置。从王进喜出席全国人大会议判断大庆油田出油了，之后又根据某日报上一幅钻塔的照片，推算出了油田的产油能力。在此基础上，日本人又推断出我国在随后的几年中急需进口大量有关设备，并按照中国的特点设计了有关设备，从而在谈判中一举击败了欧美多国的竞争对手，使其设备顺利打入我国市场。这个例子，正是通过文献调查取得了我国大庆油田的位置、产量等重要情况，成为竞争中的强者。

文献调查法又称间接调查法、历史文献法或资料分析法。即通过采用科学方法搜集多种历史和现实的动态文献资料，从中摘取与社会调查课题有关的信息、情报，对调查内容进行分析研究的调查方法。社会调查的方法很多，有实地观察法、访问调查法、电话调查法、网络调查法和实验调查法等。根据调查的实践经验，文献调查法是一般社会调查的基础和前导。

随着社会的进步，文献调查的内涵也发生了变化。人们把一切记录人类知识的文字、图像、数字、符号、声频、视频等物体统称为文献。文献调查，就是对第二手资料的收集、整理、加工、分析，而不是对原始资料的搜集。

文献调查有以下三个特点。

（1）文献调查不是对社会现实情况的调查，而是对社会过去发生过的事情，已经获得的知识、文献所进行的调查。

（2）文献调查的调查对象不是历史事件的当事人，而是各种历史文献资料，包括以文字、图像、符号、声频、视频等形式负载的各种信息。

（3）文献调查所收集的资料包括动态和静态两个方面，但以动态资料为主，收集各种反映社会变化的历史资料。

二、文献调查法的作用

1. 了解与调查课题有关的已有调研成果

任何调研课题都应该以前人和他人的调研成果为基础。通过文献调查，了解前人已经取得的调研成果，对于正确选择调查课题具有重要参考价值，所以避免盲目性和重复研究。

2. 了解与调查课题有关的理论和方法

通过文献调查，充分了解与调查课题有关的各种理论观点和调研方法，以及正在发展着的社会环境和调查工作面临的主客观条件，可为提出研究假设、设计调查方案、确定调查方法、安排调研工作等提供必要的参考。

3. 了解调查对象的历史和现状

通过查阅档案、登记表和其他文献，了解调查对象的基本情况和有关问题，以及它们所处环境的历史、地理、政治、经济、文化、社会、风俗习惯等资料，对于顺利开展调研工作具有重要作用。

总之，搞好文献调查，意味着我们的起点就站在了巨人的肩膀上。它是一般社会调查的基础和前导，贯穿于社会调查全过程。在准备阶段，文献调查是选择调查课题、提出研究假设、确定社会指标、设计调查方案的必要前提。在调查阶段要顺利开展调查工作，在研究阶段要深入理论探讨，在总结阶段要撰写具有创新性的调查报告和科学评估调查成果，都离不开文献调查。

三、文献调查法的基本要求

（1）有用性。有用性即紧密围绕调查课题搜集有用的文献资料，已得到有参考价值的信息。这是搜集文献第一位的、最基本的要求。

（2）全面性。搜集文献的内容应尽可能全面周详，一般说来，既要有历史资料，又要有最新资料；既要有国内文献，又要有国外文献；既要有本学科专业文献，又要有相关专业文献。总之，从内容上看，搜集文献种类越全面越好。

（3）代表性。代表性主要是指作者的代表性和文献的代表性。只有努力选择各类有代表性的作者、各类有代表性的文献，才能全面、准确地反映当时的情况。

（4）连续性。连续性即围绕调查课题搜集的文献，在时序上要有连续性和累积性，尽可能不要中断。否则，搜集的资料就可能残缺不全，无法反映调查对象发展过程的全貌。

（5）时效性。对于与调查课题有关的各种新资料、新信息，要及时了解、及时搜集、及时研究、及时利用，以提高调查研究的时效性和调查成果的实用价值。

总之，文献搜集工作只有满足了上述基本要求，才能为后续的摘取信息工作提供丰富、完整的文献资料。

四、文献调查的具体方法

要搜集文献，必须先查找文献。现代社会，除私人文献外，绝大部分文献都集中在图书馆和互联网上。查找文献的方法主要有以下两种。

1. *参考文献查找法*

参考文献查找法也叫追溯查找法。即利用有关著作、论文的末尾所开列的参考文献目录，或者是文中所提到的某些文献资料，以此为线索追踪查找有关文献资料的方法。采用这种方法查找的文献比较集中，效率较高，往往还能及时捕捉到一些最新的调研成果。

2. *检索工具查找法*

检索工具查找法是指利用已有的检索工具查找文献资料的方法。按照检索工具的不同，检索方法主要有手工检索和计算机检索两种。

（1）手工检索。进行手工检索的前提，是要有检索工具，因收录范围不同、著录形式不同、出版形式不同而有多种多样的检索工具。以著录方式来分类的主要检索工具有三种：一是目录，它是根据信息资料的提名进行编制的，常见的目录有产品目录、企业目录、行业目录等；二是索引，索引是将图书、报刊资料中具有检索意义的信息，如词语、人名、刊名、篇名、主题等分别摘录或加以注释，记明出处页码，按字的顺序或分类排列，附在书后或单独编辑成册；三是文摘，它是对资料主要内容所做的一种简要介绍，使人们以较少的时间获取较多的信息。

（2）计算机检索。与手工检索相比，计算机检索不仅具有检索速度快、效率高、内容新、范围广、数量大等优点，而且可以打破获取信息资料的地理障碍和时间约束，能向各类用户提供全面、完善、可靠的信息。随着社会调查信息化程度的不断提高，计算机检索将是今后的主要发展方向。

图 4-1 将展示在图书馆中文数据库如何进行文献检索。

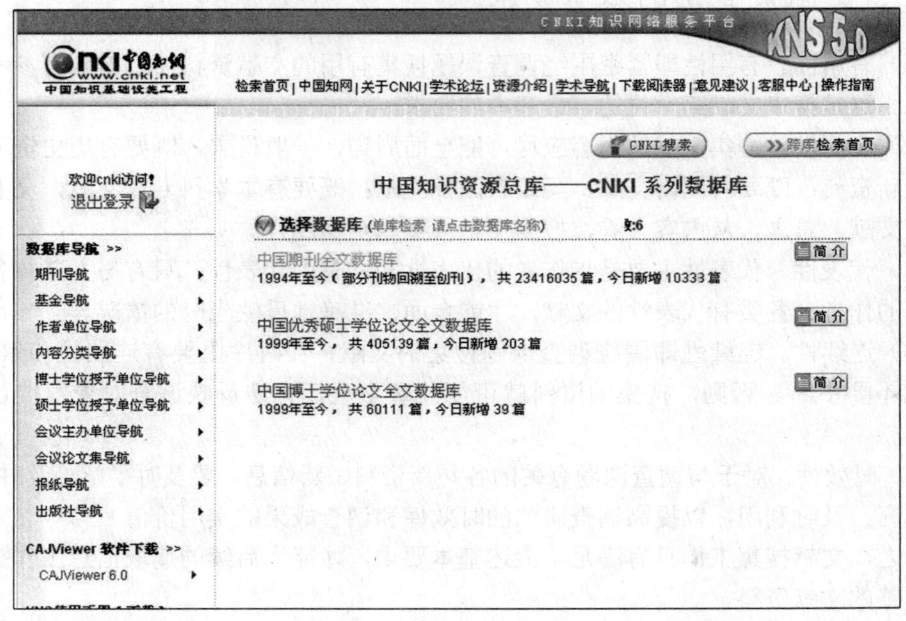

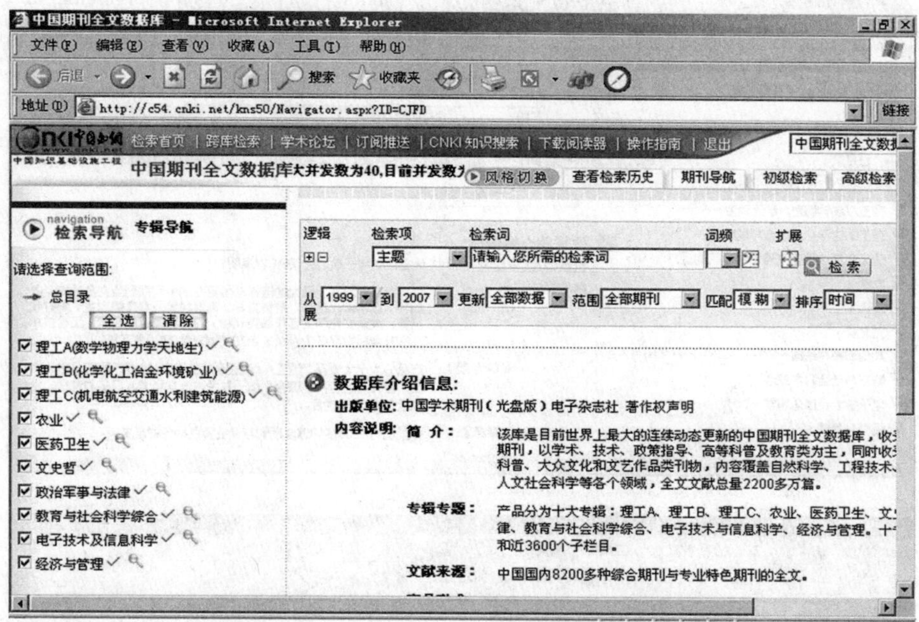
中国期刊全文数据库 - Microsoft Internet Explorer
文件(F) 编辑(E) 查看(V) 收藏(A) 工具(T) 帮助(H)
后退 搜索 收藏夹
地址(D) http://c54.cnki.net/kns50/Navigator.aspx?ID=CJFD
链接
检索首页 | 跨库检索 | 学术论坛 | 订阅推送 | CNKI 知识搜索 | 下载阅读器 | 操作指南 | 退出
中国期刊全文数据库大并发数为40,目前并发数
风格切换 查看检索历史 期刊导航 初级检索 高级检索
navigation 检索导航 专辑导航
请选择查询范围:
总目录
全选 清除
理工A(数学物理力学天地生)
理工B(化学化工冶金环境矿业)
理工C(机电航空交通水利建筑能源)
农业
医药卫生
文史哲
政治军事与法律
教育与社会科学综合
电子技术及信息科学
经济与管理
逻辑 检索项 检索词 词频 扩展
主题 请输入您所需的检索词 检索
从 1999 到 2007 更新 全部数据 范围 全部期刊 匹配 模糊 排序 时间
数据库介绍信息:
出版单位: 中国学术期刊(光盘版)电子杂志社 著作权声明
内容说明: 简 介:
该库是目前世界上最大的连续动态更新的中国期刊全文数据库,收期刊,以学术、技术、政策指导、高等科普及教育类为主,同时收科普、大众文化和文艺作品类刊物,内容覆盖自然科学、工程技术、人文社会科学等各个领域,全文文献总量2200多万篇。
专辑专题: 产品分为十大专辑:理工A、理工B、理工C、农业、医药卫生、文律、教育与社会科学综合、电子技术与信息科学、经济与管理。十和近3600个子栏目。
文献来源: 中国国内8200多种综合期刊与专业特色期刊的全文。

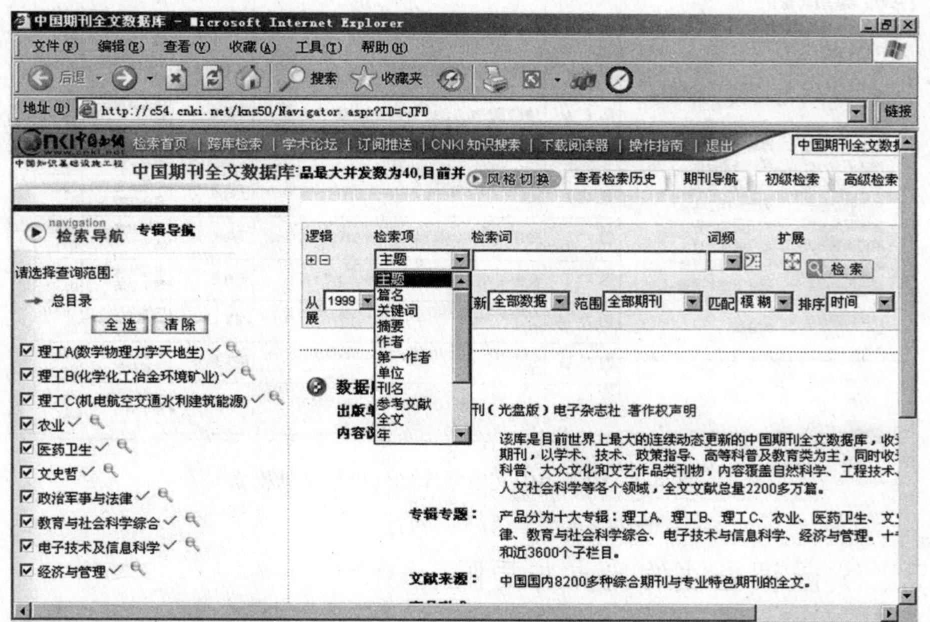
中国期刊全文数据库 - Microsoft Internet Explorer
文件(F) 编辑(E) 查看(V) 收藏(A) 工具(T) 帮助(H)
后退 搜索 收藏夹
地址(D) http://c54.cnki.net/kns50/Navigator.aspx?ID=CJFD
链接
检索首页 | 跨库检索 | 学术论坛 | 订阅推送 | CNKI 知识搜索 | 下载阅读器 | 操作指南 | 退出
中国期刊全文数据库最大并发数为40,目前并
风格切换 查看检索历史 期刊导航 初级检索 高级检索
navigation 检索导航 专辑导航
请选择查询范围:
总目录
全选 清除
理工A(数学物理力学天地生)
理工B(化学化工冶金环境矿业)
理工C(机电航空交通水利建筑能源)
农业
医药卫生
文史哲
政治军事与法律
教育与社会科学综合
电子技术及信息科学
经济与管理
逻辑 检索项 检索词 词频 扩展
主题 检索
主题
篇名
关键词
摘要
作者
第一作者
单位
刊名
参考文献
全文
年
从 1999 更新 全部数据 范围 全部期刊 匹配 模糊 排序 时间
刊(光盘版)电子杂志社 著作权声明
该库是目前世界上最大的连续动态更新的中国期刊全文数据库,收期刊,以学术、技术、政策指导、高等科普及教育类为主,同时收科普、大众文化和文艺作品类刊物,内容覆盖自然科学、工程技术、人文社会科学等各个领域,全文文献总量2200多万篇。
专辑专题: 产品分为十大专辑:理工A、理工B、理工C、农业、医药卫生、文律、教育与社会科学综合、电子技术与信息科学、经济与管理。十和近3600个子栏目。
文献来源: 中国国内8200多种综合期刊与专业特色期刊的全文。

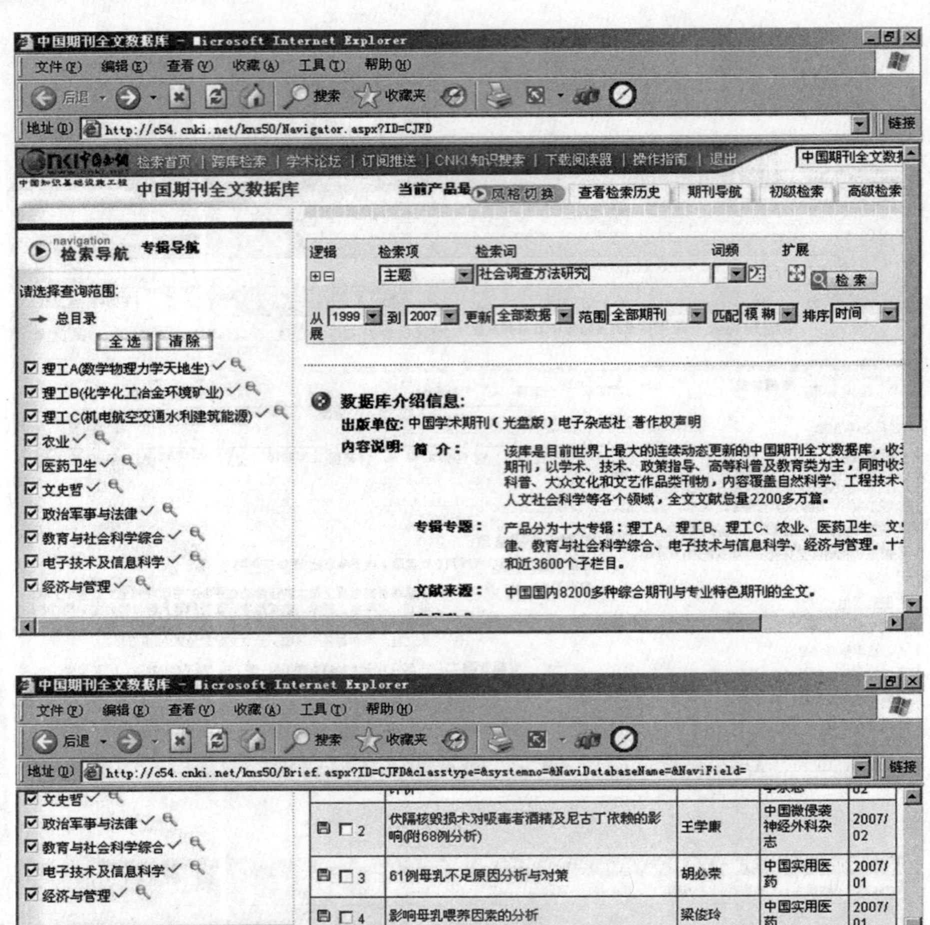

图 4-1 图书馆中文数据库如何进行文献检索

五、文献调查法的优点与局限

1. 文献调查法的优点

（1）文献调查省时、省钱，效率高。它可以用比较少的人力、经费和时间，获得比其他调查方法更多的信息。因而它是一种高效率的调查方法。

（2）文献调查可以超越时空条件的限制，收集古今中外有关文献资料，了解到广泛的情报信息。

（3）文献调查不受调查人员和被调查者主观因素的干扰。因为文献资料大多是文字记载下来，既不会对调查者的主观好恶做出任何反映，也不会出现实地调查中经常发生的因被调查者心理因素而引起的调查误差。

随着计算机、网络等技术的发展，网络信息越来越丰富，文献调查法的上述种种优点也越来越突出。

2. 文献调查法的局限

（1）时效性差。文献调查所获取的主要是历史资料，过时资料比较多，社会经济生活正在发生的新问题、新现象往往难以得到及时反映，经常出现落后于现实的情况。

（2）资料缺乏具体性、生动性。因文献调查获取的主要是书面信息，是纸上的东西。即使内容真实、可靠，也会觉得“纸上得来终觉浅”。

（3）文献的客观性和真实性往往难以保证，因为任何文献都是一定时代、一定社会条件下的产物，都会受到撰写者个人种种因素的影响和制约。所以，文献内容与客观真实情况之间总会存在一定的差异。

补充知识：怎样撰写文献综述？

一、何谓文献综述？

文献综述是对某一学科、专业或专题的大量文献进行整理筛选、分析研究和综合提炼而成的一种学术论文，是高度浓缩的文献产品。

根据其涉及的内容范围不同，综述可分为综合性综述和专题性综述两种类型。所谓综合性综述是以一个学科或专业为对象，而专题性综述则是以一个论题为对象的。学生毕业论文主要为专题性综述。

文献综述反映当前某一领域中某分支学科或重要专题的历史现状、最新进展、学术见解和建议，它往往能反映出有关问题的新动态、新趋势、新水平、新原理和新技术等。

文献综述是针对某一研究领域分析和描述前人已经做了哪些工作，进展到何种程度，要求对国内外相关研究的动态、前沿性问题做出较详细的综述，并提供参考文献。作者一般不在其中发表个人见解和建议，也不做任何评论，只是客观概括地反映事实。

二、撰写文献综述的意义

（1）通过搜集文献资料过程，可进一步熟悉文献的查找方法和资料的积累方法，在查找的过程中同时扩大了知识面。

（2）查找文献资料、写文献综述是科研选题的第一步，因此学习文献综述的撰写也是为今后科研活动打基础的过程。

（3）通过综述的写作过程，能提高归纳、分析、综合能力，有利于独立工作能力和科研能力的提高。

三、文献资料的搜集

（1）利用有关的检索工具（包括目录、文摘和索引等）搜集文献资料。

（2）利用国际联机检索系统搜集文献资料。

（3）利用原始文献（包括专业期刊、科技报告、专利文献、学位论文、会议文献、专著和标准等）搜集文献资料。

（4）利用三次文献（包括综述、述评、百科全书、年鉴和手册等）搜集文献资料。

（5）通过 Interent 和光盘数据库搜集文献资料。

四、撰写文献综述时应注意以下问题

（1）搜集文献应尽量全。掌握全面、大量的文献资料是写好综述的前提，否则，随便搜集一点资料就动手撰写是不可能写出好的综述的，甚至写出的文章根本不能称为综述。

（2）注意引用文献的代表性、可靠性和科学性。在搜集到的文献中可能有的文献观点雷同，有的文献在可靠性及科学性方面存在着差异，因此在引用文献时应注意选用代表性、可靠性和科学性较好的文献。

（3）要围绕主题对文献的各种观点进行比较分析，不要教科书式地将有关的理论和学派观点简要地汇总陈述一遍。

（4）文献综述在逻辑上要合理，即做到由远而近先引用关系较远的文献，最后才是关联最密切的文献。

（5）评述（特别是批评前人不足时）要引用原作者的原文（防止对原作者论点的误解），不要贬低别人抬高自己，不能从二手材料来判定原作者的“错误”。

（6）文献综述结果要说清前人工作的不足，衬托出作进一步研究的必要性和理论价值。

（7）采用了文献中的观点和内容应注明来源，模型、图表、数据应注明出处，不要含糊不清。

（8）文献综述最后要有简要总结，表明前人为该领域研究打下的工作基础。

（9）所有提到的参考文献都应和所研究问题直接相关。

（10）文献综述所用的文献，应主要选自学术期刊或学术会议。

（11）所引用的文献应是亲自读过的原著全文，不可只根据摘要即加以引用，更不能引用由文献引用的内容而并未见到被引用的原文，因为这往往是造成误解或曲解原意的重要原因，有时可给综述的科学价值造成不可弥补的损失。

五、文献综述的结构

文献综述主体部分的格式一般由前言、主题、结语三大部分组成，看起来和科技论文相似，但论述的重点不同。

一篇文献综述正文部分的写作框架如下。

（1）前言或简介（问题的提出、背景、动机等）。

（2）参考文献的来源及其主要的观点或学术流派、技术路线介绍。

（3）各种观点的评价或各个学术流派、技术路线的发展趋势。

（4）结语：（值得关注的若干问题和目前该领域尚需探索的重大空白等）。

第二节 观察法

观察是一笔财富，就看你能否成功地挖掘它的价值了！它是一切认识和科学研究的起点。

观察可分为两类，即实验室观察和实地观察。对于自然现象的研究，既可在自然环境下观察，也可在实验室观察。随着科学技术的发展，实验室观察具有越来越重要的作用。对于社会现象的研究，有些课题（如某些心理学、教育学课题）可以在实验室观察，但是，更大量的课题却只能在实地观察。因此，这里着重探讨实地观察的有关问题。

一、观察法的概念和种类

观察法，就是观察者通过运用自己的感觉器官或借助科学观察工具有目的、有计划地对自然状态下发生的现象或行为进行系统、连续的考察、记录、分析，从而获取事实材料的研究方法。

社会调查基本方法的观察法不同于日常生活中的观察，它具有以下一些特点：①它是观察者有目的、有计划的认识活动；②它的观察过程是一个积极的、能动的、带有一定主观色彩的反应过程；③它的观察对象应该是处于自然状态下的社会现象。

观察法适合的情况：①被调查者的合作率较低；②对调查对象缺乏明确了解；③陌生地方搜集信息遇到障碍。

二、观察法的类型

从不同的角度出发可将观察法分为以下三种类型。

（一）按照观察者参与观察活动的程度不同分类

按照观察者参与观察活动的程度不同分为完全参与观察、不完全参与观察和非参与观察。

（1）完全参与观察，就是观察者往往隐瞒或者改变自己的真实身份，作为其中一个成员完全参与到被观察者群体之中，长期生活在被调查群体中进行观察。

（2）不完全参与观察，就是观察者一般不隐瞒或者不改变自己的真实身份，只有在调查时置身于调查事项中取得资料的一种方法。

（3）非参与观察（也称局外观察），即观察者以旁观者的身份，置身于被调查群体之外进行的观察。

（二）按照观察结果的标准化程度分类

按照观察结果的标准化程度，可分为标准观察和非标准观察。

（1）标准观察，也称有控制观察或系统观察，就是观察者根据观察目的，设计统一的观察项目和要求、印制统一的观察表格或卡片、规定统一的观察程序和记录方法的观察。标准观察，可获得统一、系统、翔实的观察材料，可对观察数据进行定量分析和对比研究。

（2）非标准观察，也称无控制观察或简单观察，就是观察者只有一个总的观察目的和要求、一个大致的观察内容和范围，而没有统一的观察项目或标准的观察。非标准观察，比较灵活，简便易行；但是，观察的标准化程度低，观察所得的材料比较零碎、分散、缺乏系统性，因而很难进行定量分析和对比研究。

（三）按照观察对象的状况不同分类

按照观察对象的状况不同，观察法可分为直接观察和间接观察。

（1）直接观察，就是对当前正在发生的社会现象所进行的观察。

（2）间接观察，又称实物观察，就是通过对物化的社会现象的观察来追寻、探求过去曾经出现过的社会情况。

三、观察方案设计

要进行一次成功的观察调查，也必须设计一个切实可行的方案，这一方案应该包括以下内容。

1. 确定观察目标

确定观察目标也就是解决“观察谁”的问题。即观察对象是对无意识现象的观察还是对人的观察。一般来说，一次观察调查，可能既包括前者，也包括后者。例如，对商场服务状况的观察，可能既包括对人（售货员）的观察，也包括对商场环境（清洁程度、物品摆放、店堂美化等）的观察。在观察目标较多的情况下，应该确定重点观察对象，集中主要精力和时间进行观察。

2. 确定观察内容

确定观察内容也就是解决“观察什么”的问题。一般来说，观察内容应该包括三部分：第一，环境状况。这主要是指对人进行观察时，要观察对方所处的自然条件和社会环境，因为这些环境状况对人的言行有很大影响。第二，人物活动。主要是指对有意识现象——“人”观察时，应该注意观察人的言谈举止、行为习惯、情绪变化、素质高低等。第三，影响因素。即事先分析出哪些因素会影响观察对象。这是观察的重要内容，因为它直接影响对调查结果的分析是否全面、准确，是否有价值。

3. 确定观察方式

确定观察方式也就是解决“如何观察”的问题。即要确定是采用参与观察还是非参与观察。若是参与观察，是完全参与还是部分参与。还要根据调查内容确定是控制观察还是无控制观察。确定观察方式，要依据观察目标、内容的性质以及现实的可能和需要来确定。

四、观察法的记录技术

在使用观察法进行调查时，良好的记录技术，可以及时记下转瞬即逝的宝贵信息，加快调查工作的进程，便于资料的整理及分析。记录技术包括以下五种。

（1）观察卡片。观察卡片（或观察表）的结构与调查问卷的结构基本相同。根据观察主题，列出一些重要的能说明问题的项目，列出每个项目中可能出现的各种情况。

（2）符号。用一些特殊符号代表在观察中出现的各种情况，不需要用文字叙述，这样既可以加快记录的速度，还便于资料整理。

（3）速记。这是用一套简便易写的线段、圈点等符号系统来代表文字，进行记录的方法。

（4）记忆。这是采取事后追忆的方式进行的记录，通常用于调查时间紧迫或不宜现场记录的情况。在调查敏感性问题时，靠事后追忆记录也可减轻被调查者的顾虑。但由于人的大脑不可能准确、全面地储存很多信息，所以，事后应及时根据记忆记录，防止遗忘重要信息。

（5）机械记录。这是指在调查中运用录音、录像、照相、各种专用仪器等手段进行的记录。这种记录方法能详尽记录所观察的事实，免去观察者的负担，但易引起被观察者的顾虑，使调查结果失去真实性。

五、观察法的一般原则

在观察过程中，要保证观察顺利实施并取得良好的观察效果，应掌握一些基本原则，注意一些方法和技巧。

（1）客观性原则。观察的客观性，是观察法首要的、最基本的原则，因为只有按照客观事物本来的面目进行观察，才能正确认识事物。

（2）全面性原则。观察的全面性，是观察客观性的内在要求，只有从不同侧面、不同角度、不同层次进行多方面观察，才能了解客观事物的全貌。

（3）深入性原则。在实际观察中，要坚持观察的客观性和全面性，就必须进行深入、细致的观察，因为社会生活本身纷繁复杂、千变万化，许多社会现象不是一下子就能观察清楚的。

（4）持久性原则。对于许多复杂的社会现象来说，要得到正确的调查结论，往往需要坚持长达数日、数月、数年甚至更长时间的实地观察。因为事物本质暴露有一个过程。

（5）法律和道德原则。在观察中，一定要遵守宪法和其他法律的有关规定，绝不可强迫被观察者干他们不愿干的事情。此外，观察还应该遵守一般的道德规范，绝不可在违背被观察者意愿的情况下，强求观察别人的私生活，或偷看别人不愿让人观察的事物或现象。特别是在少数民族地区调查，更要严格遵守少数民族的风俗习惯和宗教戒律。

六、观察法的优点与缺点

1. 观察法的优点

（1）直观、可靠。观察活动一般是在被观察者没有觉察到的情况下进行，被观察者能够保持正常的活动规律，从而收集到的资料比较客观、真实，准确性高。

（2）简便、灵活。观察法的操作比较简便，主要依赖观察者的眼、耳等感觉器官，且灵活性较强，可以随时随地进行，观察人员可多可少，观察时间可长可短。

（3）适用性强。由于观察法一般不依赖语言交流，特别适用于对无法或难以进行语言交流的市场现象进行调查，有利于排除语言交流或人际交往中可能发生的种种误会或干扰。对于不同语种的人、聋哑人、婴幼儿等无语言沟通能力的调查对象，以及不愿意接受访谈、拒绝回答问题的调查对象，观察法是唯一有效的、最为简便的调查方法。因此，它是一种使用最为广泛的调查方法。

2. 观察法的缺点

（1）观察法的最大缺点是它的表面性和偶然性。观察者所观察到的都是事物的表面现象或外部联系，而且都是特定时间、地点、条件下的社会现象，往往带有一定的偶然性。

（2）观察法一般只能反映客观事实的发生过程，而无法说明事件发生的原因和动机。

（3）观察的对象和范围有很大的局限性。观察对象有局限性，有许多社会现象不能够或不宜运用实地观察。例如，保密性的社会现象就无法进行实地观察，各种隐秘社会现象和个人隐私也不能或不宜运用实地观察。

（4）观察法调查时间较长，调查费用较高。因此，在实施时，会受到时间、空间和经费的限制，较多地应用小范围的社会调查。

（5）观察不可避免地会产生一定的观察误差，而且观察结果往往取决于观察者的主观状况。特别是观察法所获得的资料，往往带有一定的主观色彩。这是观察法无法克服的另一重要缺陷。

（6）观察获得的资料往往不便于进行定量研究等，这也是观察法难以避免的缺点。

七、观察法中应该注意的问题

实践证明，要搞好观察应该注意以下一些问题。

（1）选好观察对象和环境。要使观察结果具有典型意义，就应选择那些典型环境中的典型对象作为观察重点。

（2）选准观察时间和场合。观察要注意选择最佳观察时间和最佳观察场合。

（3）与被观察者建立良好的人际关系。

（4）尽可能减少观察活动对被观察者的影响。

（5）把观察与思考紧密结合起来。

（6）及时做好观察记录。实地观察，一般都应做观察记录。记录的方法最好是同步记录，即在现场观察的同时记录下观察情况；如果不宜做同步记录，就应在观察后尽快追记。

（7）准备或制作记录工具。

第三节 访问调查法

一、什么是访问调查法

访问调查法，就是访问者直接面对被调查者，通过口头交谈、提问，直接向被调查者了解社会情况或探讨社会问题的调查方法。

在访问调查中，整个调查过程是访问者与被访问者互相影响、互相作用的过程，是一种双向传导过程。调查对象都是有思想、有感情、有心理活动的活生生的人，因此，访谈过程，首先是一种人与人之间的交往过程，调查者只有在人际交往中，与被调查者建立基本的信任和一定的感情，并根据对方的具体情况采取恰当的方式进行访谈，才能使被调查者积极提供他所掌握的信息。这说明，要取得访问调查的成功。访问者不仅要认真做好访谈前的各项准备工作，而且要善于人际交往，熟练掌握访谈技巧，并有效控制整个访谈过程。

在面访调查中，调查人员可以直接了解被调查者对调查问题的态度、观点、数据，而且可以观察到被调查者的表情、举止和调查现场的环境，这就为判断调查结果的准确程度提供了一定的依据。

二、访问调查法的种类

（一）按访问调查的内容和结构是否统一，分为标准化访问和非标准化访问

（1）标准化访问，也称结构性访问，就是按照调查人员事先设计好的，有固定标准的标准化问卷或调查表所进行的访问。

标准化访问的最大好处是，便于对访问结果进行统计和定量分析，便于对不同受访者的回答进行对比研究。

（2）非标准化访问，也称非结构性访问，就是调查人员事先不制作统一的问卷或调查表，也没有规定统一的面访程序，就是按照一定的调查目的和一个粗线条的调查提纲，由调查人员和受访者自由交谈，从而获取有关资料的访问。

非标准化访问，有利于充分发挥访问者和受访者的主动性、创造性，有利于适应千变万化的客观情况，有利于调查原设计方案中没有考虑到的新情况、新问题，有利于对社会问题进行较深入的探讨。

（二）按访问调查的方式，分为直接访问和间接访问

（1）直接访问，就是访问者与受访问者面对面的访谈。这种访问方法，又可分为“走出去”和“请进来”两种具体方式。

“走出去”就是访问者走到受访者中间去，就地进行访问；“请进来”就是将受访者请到访问者安排的地方来，然后再进行访问。一般地说，“走出去”的方式效果更好，能获得更多、更生动具体的社会信息。

（2）间接访问，就是访问者通过电话、网络等工具对受访者进行访问。

（三）根据参加访问的被调查者人数不同，分为个人访问和集体访问

（1）个人访问，就是指调查人员就某一个专门的问题，有目的地选择一些在这方面有特殊经历或特殊经验的人进行访问，以获取比较详尽和丰富资料的方法。这是最方便、最灵活的访问调查法。个人访问的好处是可以对调查问题进行较深入地询问，访谈主题集中，有针对性，可以获得较丰富的信息。无疑个别采访需要较多的人力、物力、财力，而且个别采访是一件有一定难度的工作，访谈效果与调查人员的访谈能力、访谈技巧、社会经历和社会经验都有很大的关系，缺乏经历和经验、素质不高的调查员很难胜任。

（2）集体访问，也叫集体座谈，就是指调查者邀请若干被调查者，由一个经过训练的主持人，以一种无结构的自然会议座谈形式，同一个小组的被调查者交谈，从而获取对一些有关问题的深入了解的调查方法。

三、访问调查的程序与技巧

访问调查是一种有目的、有计划的研究活动。要进行成功的访问调查，调查者必须按照一定的程序和步骤进行，而且在访问过程的各个环节上，熟练地掌握和运用各种访谈技巧。

（一）准备阶段

准备工作进行得如何，直接关系整个调查的成败。因此，对准备工作不可忽视。访问前的准备工作主要包括以下内容。

1. 制订访问计划

制订访问计划是保证访问能够顺利进行的前提，访问计划应对访问中涉及的主要问题做出明确规定。例如，调查的目的和要求；调查的对象及具体反映调查内容的访谈问题；确定访问调查的方法和类型；编写访问调查提纲；组织分工情况；等等。如果调查结果主要进行定量分析，应采用标准式面访。如果主要进行定性分析，应采用非标准式面访，但需要列出粗略的调查问题，以保证收到较好的调查效果。

2. 设计调查问卷或提纲

在结构性访问中，必须事先设计好调查问卷。调查问卷的形式可以有开放式问题，也可以有封闭式问题。由于这份问卷不是被调查者自己填写，而是由调查员以口头提问的方式提出，所以问题的设计要注重表述的口语化。除了按事先顺序排列的访问题目、答案选项外，也包括访问的相关资料，如被调查者的个人基本资料、访谈时间、地点等。

3. 了解调查对象，选择被调查者

在访问调查中，被调查者的选择是非常重要的一环，因为访问调查的信息资料是由被调查者提供的，因此，它对访问最终的成功与否有直接的关系。

首先应该根据访问调查研究的目的，确定访问调查的总体范围，了解调查对象的文化背景、生活方式和生活环境等；其次采用一定的方法选取所需的、有代表性的样本（一般来讲，探索性研究采用较小的样本，验证性研究则需要较多样本）；最终选择确定具体的被调查者。

4. 培训调查员

访问调查需要调查员与被调查者的沟通和交流才能完成任务。因此，在访问调查中，调查人员的能力和素质如何也直接关系到访问调查的成功。一般说来，培训调查员应该从以下几个方面入手：①使调查员明确访问调查的目的和性质；②使调查员熟悉访问调查的类型，具有选择访问调查类型的能力；③使调查员掌握访问调查的方法，并且熟悉访谈的技巧；④使调查员掌握收集、判断、分析访谈资料的能力。

为了使访问过程标准化，研究人员通常将培训内容打印成“访问手册”，说明访谈的程序和步骤、重点、要领等，供调查员随时参考。

5. 确定访问的时间，地点，并事先通知被调查者

这样，被调查者事先会有所准备，便于取得被调查者的配合，使调查能成功进行。

6. 准备必要的工具

例如，调查的介绍信、调查地区的地图、调查问卷、表格、记录工具（笔记本或录音录像设备等）。

（二）访问阶段

1. 接近被调查者

访问的第一个环节是接近被调查者。

接近被调查者的第一个问题，是如何称呼对方的问题。称呼恰当，就为接近受访者开了一个好头；称呼搞错了，就会闹笑话，甚至引起对方反感，影响访问的正常进行。因此调查员对被调查者的称呼，要入乡随俗、亲切自然，既要尊重恭敬，又要恰如其分，调查员应根据实际情况灵活使用。

接下来可以自我介绍，向被调查者说明来意，必要的话，可以出示自己的有关证件，如盖有公章的介绍信，递上自己的名片，佩戴代表身份的标识等，以消除被调查者的疑虑，取得信任，以求得理解和支持，双方建立起融洽的关系。在自我介绍之后，进一步阐述访问调查的目的和意义，以引起被调查者的兴趣。

总之，接近被调查者必须首先考虑对方的思想、感情和心理承受能力，绝不可只图自己的简单和方便；必须以平等、友好的态度和恰当的方式去接近对方。

2. 提问

提问是访问调查的主要手段和环节，它在访谈过程中占有重要地位。从一定意义上说，访谈技巧首先是提问的技巧。

1）提问的方式

提问的方式可多种多样，既可开门见山，直来直去；也可以投石问路，先作试探；或耐心开导，循循善诱等。究竟采取何种方式提出问题，主要应该考虑以下三方面的因素：第一，要考虑问题本身的性质和特点，比较尖锐、复杂、敏感的问题，应以谨慎、迂回的方式提出。反之，则可大胆，正面提出。第二，考虑被访者的具体情况。对思想上有顾虑，性格内向或理解能力较差的被访者，应循循善诱，耐心开导。反之，则可单刀直入提出问题。第三，根据访问者与被访者的关系。双方互不熟悉，还没有建立信任关系的，应耐心、慎重地提出问题。反之，则直率、简洁地提出问题。

提出问题以后，如果被调查者没有正确理解和正确回答提出的问题，还需要进行必要的引导。引导的作用在于排除访问过程的干扰，使访谈按预定计划顺利进行。被调查者的回答滔滔不绝、离题太远时，或答非所问、理解不正确时，都需要引导。

2）提问的语言

提问的语言应努力做到“一短三化”。“一短”就是提问话语应尽量简短。成功的访谈，应该是用简短的提问换取充分的回答，而不应该是用冗长的提问换取简短的回答。“三化”就是提问语言应通俗化、口语化和尽可能地方化，要尽量避免使用学术术语、书面语言和种种“官话”。此外，提问时讲话速度要适中。速度太快，可能听不清楚；速度太慢，思想容易“开小差”——想其他事情，结果还是听不明白。

3. 倾听

访谈技巧，首先是提问的技巧，同时也包括倾听回答的技巧。因为调查员只有通过倾听被调查者的回答，才能够确切地了解他们的真实想法。

对调查员来说，在访问调查过程中，既要从被调查者的陈述中听出他们对问题的看法、态度，也要听出被调查者谈话中的“言外之意”。只有当调查员全身心地投入去倾听被调查者的回答，才能使访问调查达到理想的效果。“善问”和“会听”，是一个熟练的调查员不可缺少的两个方面。

对于访问调查过程中的倾听，有的专家提出了三个层次：表面地听、消极地听和有效地听。

（1）表面地听，即半听半不听，耳朵在听别人讲话，脑子在想别的事。这种情况下，调查员无法把握被调查者的谈话内容，还会使被调查者感到对方对自己的回答不重视或者对回答内容不感兴趣或者不尊重自己，进而影响访问调查的质量。

（2）消极地听，即调查员被动地听到了一些被调查者的陈述，但没有动脑筋去理解、记忆，因而只记得其“言”，而不理解其“意”，容易忽视一些重要的，值得进一步了解的问题。这样使得访问调查的内容流于表面现象，同样影响访问结果和质量。

（3）有效地听，即积极地、主动地、专心地听，指调查员在访问过程中，将自己全部的注意力集中在被调查者身上，通过目光、语气、神情、动作、态度等非言语行为给予对方真诚的关注。在这样的倾听中，调查员给对方的不仅是平等和尊重，而且向对方表达了一种信息：“您的回答对我们的研究很有价值。”在这样的气氛中，被调查者就能够敞开心扉，畅所欲言。只有这种有效地听，才能称为“会听”。

4. 记录

访问调查，一般都要做记录。记录有两种方式，即当场记录和事后追记。然而有的受访者对当场记录有顾虑；有的则相反，你记得越认真他谈得越起劲。对前者，宜于事后追记；对后者，则应尽可能当场记录。究竟采用哪种方式，应从实际出发，灵活掌握。

标准化访问的记录比较好办，按照规定的记录方式，把受访者的回答记录在事先设计好的表格、问卷、卡片上就行了。非标准化访问的记录则比较困难，为了做到访谈、记录两不误，可以在征得对方同意的前提下，用录音机录音，事后再进行整理。由于录音最终还是要用笔记下来，所以，笔记是各种访问记录最基本的形式。

笔记有三种方法：①速记，即用速记法把对方的回答全部记下来，事后再对速记内容进行翻译和整理。②详记，即用文字当场做详细记录，这样不需翻译，任何人都可看懂记录。这种记录方式往往记录不全，因为记录速度往往跟不上讲话的速度。③简记，即用一些特定的符号或缩略语来做记录，事后再将内容补充完整。

为了提高记录的可靠性、准确性，同时也为了消除受访者的疑虑，在访问过程中要边问、边听、边记，在访谈结束前最好将访谈记录的主要内容，特别是那些容易发生差错的部分念给受访者听，请他复核、更正或补充。在访谈结束后，应尽快整理访谈记录，根据记忆及时发现和解决错记、漏记等问题，对记录中所使用的符号、缩写做出解释或说明，并努力消除一切错字或不清楚的字。

5. 引导和追询

访谈过程除了提出问题和倾听回答外，有时还需要引导和追询。

（1）引导。与提问不同，引导不是提出新问题，而是帮助被调查者正确理解和回答已提出的问题。引导是提问的延伸或补充，是访谈过程中不可缺少的手段或环节。

在什么情况下引导呢？一般地说，当受访者对所提问题理解不正确、答非所问、文不对题的时候；当受访者顾虑重重、吞吞吐吐、欲言又止的时候；当受访者一时语塞、对所提问题想不起来的时候；当受访者口若悬河、滔滔不绝，而又漫无边际、离题太远的时候；当访谈过程被迫中断又重新开始的时候……总之，当访谈遇到障碍不能顺利进行下去或偏离原定计划的时候，就应及时引导。

（2）追询。追询不同于提问，也不同于引导，它不是提出新问题，也不是排除回答中的障碍，而是为了促使受访者更真实、具体、准确、完整地回答问题，是对被调查者所进行的更深入的适度的提问。在访谈过程中，追询往往也是必要的环节和手段。

在什么情况下追询呢？一般来说，当受访者明显说谎、不肯吐露真情的时候；当受访者回答前后矛盾、不能自圆其说的时候；当受访者回答含混不清、模棱两可的时候；当受访者回答过于笼统、很不准确的时候；当受访者回答残缺不全、不够完整的时候……总之，当受访者的回答没有真实、具体、准确、完整地说明问题的时候，就要追询。

追问有多种方法。有正面追问，直接指出回答不真实、不准确、不完整的地方，请对方补充回答；有侧面追问，即换一个角度或提法来追问相同的问题；有系统追问，即从何时、何地、何人、何事等系统地追问下去；有反激追问，即"激将"追问，看对方在激将的情况下有何表现，如何回答。不管用哪种方法追问，其目的都是使对方更真实、更具体、更准确、更完整地回答问题。

需要指出的是，在一般情况下，追问要特别掌握"适度"，即追问所使用的语言要平缓、温和，不能使被调查者感到难堪或尴尬，不破坏调查的气氛，否则，调查也会无法进行。

6. 重视非语言交流

在访谈的过程中，除了语言交流和引导以外，还可进行非语言控制。因为人的外貌、行为、面部表情、目光等非语言因素，也能传达一定的信息。因此，在调查过程中，既要重视语言交流技巧，也要重视非语言交流技巧。

首先是表情。例如，调查人员可以用微笑、点头鼓励被调查者继续讲下去，用略微严肃的表情表示对这个问题很重视。但要注意不能在整个访问过程中一直表情十分严肃，因为这会使被调查者产生一种紧张感，影响对问题的回答。

其次是目光。因为眼睛是"心灵的窗户"，通过目光可以表达各种思想和感情。例如，在听对方讲话时，时常与其交流目光，表示你正全神贯注地听他讲话。但要注意又不能一直目不转睛地盯着对方，因为这会使对方感到紧张、拘谨。

最后是动作姿态。例如，边听边点头表示赞叹、同意对方的观点；不时往笔记本上记录几句表示很重视对方的谈话内容；还要注意听对方讲话时不能东张西望，做小动作，因为这会使对方觉得自己的讲话不受重视，从而失去谈下去的兴趣。

（三）结束阶段

这是访问调查的最后一个环节，但同样十分重要。何时结束访问主要根据访谈内容、访谈气氛、访谈时间三个要素决定。

就访谈内容而言，内容不多，可以全部调查完后再结束访问；如果访问内容较多，则应分两次或多次完成。就访谈气氛而言，如果感觉气氛较为融洽愉快，访谈时间略长也无妨；如果感觉气氛不很融洽或被调查者表现出厌烦、疲劳，则应尽快结束访问。就访谈时间而言，一次访问的时间不宜过长，时间长短的掌握以不妨碍被调查者的正常生活和工作秩序为原则。

访谈结束时，还应善始善终，对被调查者对调查工作的支持、配合表示感谢，通过访谈建立或加深了友谊；同时为以后可能还会有的调查做好铺垫，说明今后可能还要登门请教。如果一次访谈没有完成调查任务，还应具体约定再次访问的时间、地点，简要说明下次访谈的内容，以便对方做好思想和材料准备。

四、访问调查法的评价

（一）访问调查法的优点

（1）有较高的回答率。在常用的几种社会调查方法中，面访调查的回答率较高。这是因为被调查者可通过调查人员的解释和启发来帮助完成调查任务。

（2）数据比较准确。在面访调查中，对有疑问的数据可以当场向被调查者核实，如果发现对方误解调查项目或问题可以马上进行说明和纠正。还可以通过观察被调查者的表情和周围的环境来判断数据的真实性。这些都使面访调查的结果有可能比其他调查方法更加准确。

（3）可使用较复杂的问卷。在面访调查中，由于调查时是由调查人员询问，对方回答，所以只要调查人员素质较高，经过良好训练，就可以使用较复杂的问卷对某些问题进行深入调查。

（4）能广泛了解各种社会现象。访问调查是一种口头调查，它既可了解当时当地正在发生的社会现象，又可询问过去和外域曾经发生过的社会现象；既可调查事实、行为方面的问题，又可询问观念、感情方面的问题。在调查内容的广泛性上，访问调查法大大优于实地观察法。

（5）能灵活处理访谈过程中的问题。访问调查是面对面的直接调查，它可以根据访问对象和访谈过程的具体情况，采取灵活多样的方法，有针对性地做工作，排除各种可能出现的干扰，能有效控制访谈过程。实地观察和问卷调查就不可能有这样的灵活性或适应性。

（二）访问调查法的缺点

（1）调查成本高、周期长。在几种社会调查方法中，面访调查的费用是最高的。访问调查费人力、费财力、费时间。访问调查一般都需要较多的访问人员，需要专门培训。访问时，还要动员访问对象所在单位和访问对象给予合作，访谈过程还要花费更多的时间。因此，调查要求时间较为紧迫的项目，一般不宜采用面访调查。

（2）某些特殊群体的访问成功率低。例如，某些高收入或社会地位较高的特殊阶层，面访调查成功率不高；某些居民小区，由于安全等原因，一般不允许调查员入户。

（3）一定的主观性。访问调查的结果和质量，在很大程度上取决于访问者的素质，取决于受访者的合作态度和回答能力。因此，对访谈结果作判断时，一定要充分考虑访问者和受访者主观状况这一重要因素。

访问调查法尽管有种种缺点，但它与实地观察法一样，都是一种基础性的调查方法。社会调查的其他一些方法，如集体访谈法、德尔菲法、问卷调查法等，实质上都是访问调查法的延伸和发展。

五、访问调查中的敏感性问题与随机化回答技术

（一）敏感性问题

敏感性问题是指涉及私生活的问题以及大多数人认为不便于在公开场合表态或陈述

的问题，如私人财产、偷税漏税、不轨行为、性问题、考试作弊情况等。进行这类问题调查时，如不注意方式、方法、措词等，就会使拒答率相当高，或者得不到真实的答案，从而导致调查失败。

（二）随机化回答技术

随机化回答技术（randomized response technique，RRT）是20世纪60年代以来兴起的一种对敏感问题调查的技术。当调查的主要目的在于估计某种行为（如婚外性关系、青少年妊娠）的概率时，随机化回答模型是比较理想的方法。所谓随机化回答模型就是采用一种既能保护被调查者个人秘密，又能使其讲实话，并在敏感性问题调查中获得某类人数所占比例或某敏感指标均值的估计量的方法。

随机化回答技术的基本特征是：被调查者对调查的问题采取随机回答的方式，调查人员无法从被调查者的回答中得知对方是否具有某种特征，从而使被调查者减少顾虑，提供真实情况。在得到调查结果后，调查人员利用概率原理对总体进行推算，得到相应的估计值，从而达到调查的目的。

采用随机化回答技术进行调查，要求调查人员充分理解该方法，并掌握其操作技术，一般要对调查人员进行专门培训，讲授方法的思路、原理、注意事项，使调查人员能熟练运用。同时，在调查开始之前，应允许被调查者检查调查用的卡片，打消对方的顾虑，使其明白这种方法并没有骗人的内容，增加对方对调查活动的信任，了解调查人员的记录方式，使其确定这种调查方法能保护被访者的个人秘密。

（三）沃纳随机化回答模型

沃纳（Warner）于1965年首先提出，这一调查模型的基本思想是：为了调查某个敏感问题。同时列出两个存在相关关系的问题制成卡片，被调查者随机抽取卡片进行回答，回答后，卡片不退还调查人员。因此，调查人员不知道被调查者在回答那一个问题，而达到对被调查者个人秘密进行保护的目的。

模型设计特点：向被调查者显示两个与敏感性问题（具有特征A）有关，但完全对立的问题。即

问题一：“你具有特征A吗？”“你曾偷税漏税吗？”

问题二：“你不具有特征A吗？”“你不曾偷税漏税吗？”

沃纳随机化回答模型实施步骤如下。

第一步，以预定的比例（在制作卡片时，两种卡片的比例是知道的）混合后放入一盒子中，调查时，被调查者从盒中任拿一张卡片，根据卡片上的问题如实进行回答。

第二步，回答完后，仍将卡片放回盒子，供其他被调查者使用。

第三步，规定两个问题的答案只有“肯定（是）”和“否定（否）”两种。

第四步，通过设计一种随机化装置，使被调查者以概率P回答第一个问题，以概率（$1-P$）回答第二个问题。

假如要调查本企业在市场竞争中是否采用过非法获取别的企业商业秘密的做法，考虑到有这种行为的企业不愿承认，因此可以采用随机化回答技术。方法是：先设计两个相关问题，将两个问题分别写在两张卡片上，两种卡片可用A、B表示，即

卡片A：“本企业在市场竞争中采用过非法获取别的企业商业秘密的做法。”

卡片 B：“本企业在市场竞争中没有采用过非法获取别的企业的商业秘密的做法。”

被调查者随机抽取一张卡片上的问题回答，调查员不知道对方回答的是哪类卡片上的问题。因此无法从对方的回答中获知其是否有非法获取商业秘密的行为，促使对方做出真实回答。

在制作卡片时，调查者对两种卡片的比例是知道的，卡片 A 占的比例为 P（注意 P 不能为$\frac{1}{2}$），卡片 B 占的比例为（1–P）。设具有卡片 A 特征人数（或单位）的比例为π_A，样本容量为 n，其中回答“是”的人数为n_1（n_1既包括抽中卡片 A 回答“是”，也包括抽中卡片 B 回答“是”）。因此，回答“是”的人数的比例为

$$\frac{n_1}{n} = P(\pi_A) + (1-P)(1-\pi_A)$$

$$= \pi_A(2P-1) + (1-P)$$

π_A的估计值为

$$\hat{\pi}_A = \frac{1}{(2P-1)}\left(\frac{n_1}{n}\right) - \left(\frac{1-P}{2P-1}\right)$$

π_A的方差估计量为

$$V(\hat{\pi}_A) = \frac{\hat{\pi}_A(1-\hat{\pi}_A)}{n} + \frac{P(1-P)}{n(2P-1)^2}$$

这样，就可以对具有卡片 A 特征人数的比例（或单位）进行推算，完成对敏感性问题的调查。

（四）西蒙斯随机化回答模型

沃纳模型在调查敏感性问题时，两种卡片上的问题是相互关联的，都具有敏感性。被调查者可能仍比较警惕，心存戒心，从而不予配合。而且，沃纳模型还有一个缺点，卡片 A 和卡片 B 的数量不能相等，即不能各占$\frac{1}{2}$。否则，无法用公式推算。因此，在沃纳模型的基础上，西蒙斯（Simmons）进行了改进，提出了西蒙斯模型。

在西蒙斯模型中，A，B 两种问题只有 A 仍为敏感性问题，而 B 则是和 A 完全无关的非敏感性问题，如“您是属马的吗”“您上个月到外地出差了吗”等。这样，更能使被调查者清除顾虑，提高调查结果的真实性和准确性。

例如，仍为前例，要调查企业在市场竞争中是否采用过非法获取别的企业商业秘密的做法，用西蒙斯模型设计 A、B 两种卡片。

卡片 A：“本企业在市场竞争中采用过非法获取别的企业商业秘密的做法。”

卡片 B：“本企业是国有独资企业。”

设卡片 A 的比例为 P（可以为 1/2），卡片 B 的比例为（1–P），总体中具有特征 A 企业的比例为π_A，整体中具有特征 B 企业的比例为π_B，n 为样本容量，n_1为回答“是”

的人数，则调查中回答“是”的人数比例为

$$\frac{n_1}{n}=P(\pi_A)+(1-P)\pi_B$$

π_A的估计值为

$$\hat{\pi}_A=\frac{\left[\frac{n_1}{n}-(1-P)\pi_B\right]}{P}$$

π_A的方差估计量为

$$V(\hat{\pi}_A)=\frac{1}{nP^2}\left(\frac{n_1}{n}\right)\left(1-\frac{n_1}{n}\right)$$

这样，可以完成对具有卡片 A 特征的单位比例的推算。

需要特别注意的是，在西蒙斯模型中，具有卡片 B 特征的比例π_B必须是已知的或容易调查统计的。否则，就会出现原来需要调查的问题没有完成，又出现了新的问题，使调查无谓地增加难度。

【例 4-1】 某计算机软件公司分别采用沃纳模型和西蒙斯模型对使用盗版软件的人数比例进行访问调查。

采用沃纳模型时，该公司设计了以下两种卡片，即

卡片 A：我使用的是盗版软件。

卡片 B：我使用的是正版软件。

采用西蒙斯模型时设计了以下两种卡片，即

卡片 A：我使用的是盗版软件。

卡片 B：我上星期去美术馆看了毕加索画展。

已知卡片 A 的比例为$\frac{3}{5}$，样本容量为 500 人；上星期观看毕加索画展的人数比例为$\frac{1}{10}$。调查结果回答“是”的共有 260 人，试用 95%的把握程度计算使用盗版软件人数比例的置信区间。

解　（1）用沃纳模型计算。已知，$P=\frac{3}{5}$，n=500，n_1=260，t=1.96，则

$$\begin{aligned}\hat{\pi}_A&=\frac{1}{(2P-1)}\left(\frac{n_1}{n}\right)-\left(\frac{1-P}{2P-1}\right)\\&=\frac{1}{\left(2\times\frac{3}{5}-1\right)}\times\frac{260}{500}-\frac{1-\frac{3}{5}}{\left(2\times\frac{3}{5}-1\right)}\\&=2.6-2\\&=0.6\end{aligned}$$

即使用盗版软件人数比例的点估计值为60%。

$$V(\hat{\pi}_A)=\frac{\hat{\pi}_A(1-\hat{\pi}_A)}{n}+\frac{P(1-P)}{n(2P-1)^2}$$

$$=\frac{0.6(1-0.6)}{500}+\frac{\frac{3}{5}\left(1-\frac{3}{5}\right)}{500\left(2\times\frac{3}{5}-1\right)^2}$$

$$=0.000\,48+0.012$$

$$=0.012\,48$$

$$\hat{\pi}_A\pm t\sqrt{V(\hat{\pi}_A)}=0.6\pm1.96\sqrt{0.012\,48}$$

$$=0.6\pm0.219$$

则有总体 π_A 的置信区间为

$$0.381\leqslant\pi_A\leqslant0.819$$

即有95%的把握程度推断，使用盗版软件的人数比例为38.1%～81.9%。

（2）用西蒙斯模型计算。已知 $P=\frac{3}{5}$，n=500，n_1=260，$\pi_B=\frac{1}{10}$，t=1.96，则

$$\hat{\pi}_A=\frac{\left[\frac{n_1}{n}-(1-P)\pi_B\right]}{P}$$

$$=\frac{\left[\frac{260}{500}-\left(1-\frac{3}{5}\right)\times\frac{1}{10}\right]}{\frac{3}{5}}$$

$$=0.8$$

π_A 的方差估计量为

$$V(\hat{\pi}_A)=\frac{1}{nP^2}\left(\frac{n_1}{n}\right)\left(1-\frac{n_1}{n}\right)$$

$$=\frac{1}{500\times\left(\frac{3}{5}\right)^2}\left(\frac{260}{500}\right)\left(1-\frac{260}{500}\right)$$

$$=0.001\,38$$

$$\hat{\pi}_A\pm t\sqrt{V(\hat{\pi}_A)}=0.8\pm1.96\sqrt{0.001\,38}$$

$$=0.8\pm0.0728$$

则有总体π_A的置信区间为

$$0.7272 \leqslant \pi_A \leqslant 0.8728$$

即有95%的把握程度推断，使用盗版软件的人数比例为72.72%～87.28%。

第四节 集体访问法

一、集体访问法的特点

集体访问法的特点在于，它不是一个一个地访问被调查者，而是同时访问若干个被调查者，即通过与若干个被调查者的集体座谈来了解相关信息，因此小组座谈法要想取得预期效果，不仅要求调查者事前做好准备工作，还要求调查者有主持会议和驾驭会议的能力。

集体访问法资料收集快、效率高；取得的资料较为广泛，深入；将调查与讨论相结合、结构灵活。其局限性在于容易形成“团体压力”进而形成判断错误；对主持人的要求较高，既要熟练掌握访谈技巧，又要具有驾驭会议的能力。有一些讨论涉及隐私、保密等敏感性问题，由于与会人员较多，不便深入讨论，影响调查结果的质量。

采用集体访问法应把握以下要点。

（1）明确会议主题，设计调查提纲。主题要事先明确，且要简明、集中，最好一个会议只有一个调查主题，还应是到会者共同关心和了解的问题，这样才能调动每个到会者参与调查讨论的积极性。

（2）确定会议规模和人员。调查会议的规模大小，取决于客观需要和调查者驾驭会议的能力，一般以8～12人为宜。

（3）选择会议的场所和时间。会议的场所和时间应该方便大多数与会者，还应有一个比较安静、轻松的环境，使与会者能充分发表意见，会议的时间一般可控制在1～3小时为宜。

（4）把握会议的主题。集体访问法由于参加的人员较多，很容易出现谈论的主题逐渐“脱轨”，离题越来越远的问题，这时，会议的主持人应及时把讨论的问题引入正轨，把与会者的兴奋中心转为会议主题，使会议始终在组织者的把握和控制之中。

集体访问法是访问调查法的延伸，因此对访问调查法的评价一般也适用于集体访问法。比较有代表性的有头脑风暴法（brain storming）和德尔菲法。

二、头脑风暴法

头脑风暴法的发明者是现代创造学的创始人、美国学者阿历克斯·奥斯本，其于1938年首次提出头脑风暴法。头脑风暴原指精神病患者头脑中短时间出现的思维紊乱现象，病人会产生大量的胡思乱想。奥斯本借用这个概念来比喻思维高度活跃，打破常规的思维方式而产生大量创造性设想的状况。

头脑风暴法的特点是让与会者敞开思想，使各种设想在相互碰撞中激起脑海的创造性风暴，其可分为直接头脑风暴法和质疑头脑风暴法。前者是在专家群体决策基础上尽可能激发创造性，产生尽可能多的设想的方法；后者则是对前者提出的设想，方案逐一质疑，发现其现实可行性的方法。这是一种集体开发创造性思维的方法。

（一）头脑风暴法的基本程序

头脑风暴法的基本程序：头脑风暴法力图通过一定的讨论程序与规则来保证创造性讨论的有效性，由此，讨论程序构成了头脑风暴法能否有效实施的关键因素，从程序来说，组织头脑风暴法关键在于以下六个环节。

（1）确定议题。一个好的头脑风暴法从对问题的准确阐明开始。因此，必须在会前确定一个目标，使与会者明确通过这次会议需要解决什么问题，同时不要限制可能的解决方案的范围。一般而言，比较具体的议题能使与会者较快产生设想，主持人也较容易掌握；比较抽象和宏观的议题引发设想的时间较长，但设想的创造性也可能较强。

（2）会前准备。为了使头脑风暴畅谈会的效率较高，效果较好，可在会前做一点准备工作。例如，收集一些资料预先给大家参考，以便与会者了解与议题有关的背景材料和外界动态。就参与者而言，在开会之前，对于要解决的问题一定要有所了解。会场可进行适当布置，座位排成圆环形的环境往往比教室式的环境更为有利。此外，在头脑风暴畅谈会正式开始前还可以出一些创造力测验题供大家思考，以便活跃气氛，促进思维。

（3）确定人选。一般以 8～12 人为宜，也可略有增减（5～15 人）。与会者人数太少不利于交流信息，激发思维；而人数太多则不容易掌握，并且每个人发言的机会相对减少，也会影响会场气氛。只有在特殊情况下，与会者的人数可不受上述限制。

（4）明确分工。要推定一名主持人，1～2 名记录员（秘书）。主持人的作用是在头脑风暴畅谈会开始时重申讨论的议题和纪律，在会议进程中启发引导，掌握进程。例如，通报会议进展情况，归纳某些发言的核心内容，提出自己的设想，活跃会场气氛，或者让大家静下来认真思索片刻再组织下一个发言高潮等。记录员应将与会者的所有设想都及时编号，简要记录，最好写在黑板等醒目处，让与会者能够看清。记录员也应随时提出自己的设想，切忌持旁观态度。

（5）规定纪律。根据头脑风暴法的原则，可规定几条纪律，要求与会者遵守。例如，要集中注意力积极投入，不消极旁观；不要私下议论，以免影响他人的思考；发言要针对目标，开门见山，不要客套，也不必做过多的解释；与会之间相互尊重，平等相待，切忌相互褒贬；等等。

（6）掌握时间。会议时间由主持人掌握，不宜在会前定死。一般来说，以几十分钟为宜。时间太短与会者难以畅所欲言，太长则容易产生疲劳感，影响会议效果。经验表明，创造性较强的设想一般要在会议开始 10～15 分钟后逐渐产生。美国创造学家帕内斯指出，会议时间最好安排在 30～45 分钟。倘若需要更长时间，就应把议题分解成几个小问题分别进行专题讨论。

（二）头脑风暴法的成功要点

一次成功的头脑风暴除了在程序上的要求之外，更为关键是探讨方式、心态上的转变，概言之，即充分、非评价性的、无偏见的交流，具体而言，则可归纳以下六点。

1. 自由畅谈

参加者不应该受任何条条框框限制，放松思想，让思维自由驰骋。从不同角度、不同层次、不同方位，大胆地展开想象，尽可能地标新立异，与众不同，提出独创性的想法。

2. 延迟评判

头脑风暴法必须坚持当场不对任何设想做出评价的原则。既不能肯定某个设想，又不能否定某个设想，也不能对某个设想发表评论性的意见。一切评价和判断都要延迟到会议结束以后才能进行。这样做一方面是为了防止评判约束与会者的积极思维，破坏自由畅谈的有利气氛；另一方面是为了集中精力先开发设想，避免把应该在后阶段做的工作提前进行，影响创造性设想的大量产生。

3. 禁止批评

绝对禁止批评是头脑风暴法应该遵循的一个重要原则。参加头脑风暴会议的每个人都不得对别人的设想提出批评意见，因为批评对创造性思维无疑会产生抑制作用。同时，发言人的自我批评也在禁止之列。有些人习惯于用一些自谦之词，这些自我批评性质的说法同样会破坏会场气氛，影响自由畅想。

4. 追求数量

头脑风暴会议的目标是获得尽可能多的设想，追求数量是它的首要任务。参加会议的每个人都要抓紧时间多思考，多提设想。至于设想的质量问题，自可留到会后的设想处理阶段去解决。在某种意义上，设想的质量和数量密切相关，产生的设想越多，其中的创造性设想就可能越多。

5. 会后的设想处理

通过组织头脑风暴畅谈会，往往能获得大量与议题有关的设想。至此任务只完成了一半。更重要的是对已获得的设想进行整理、分析，以便选出有价值的创造性设想来加以开发实施。这个工作就是设想处理。

头脑风暴法的设想处理通常安排在头脑风暴畅谈会的次日进行。在此以前，主持人或记录员（秘书）应设法收集与会者在会后产生的新设想，以便一并进行评价处理。设想处理的方式有两种。一种是专家评审，可聘请有关专家及畅谈会与会者代表若干人（5人左右为宜）承担这项工作。另一种是二次会议评审，即由头脑风暴畅谈会的参加者共同举行第二次会议，集体进行设想的评价处理工作。

6. 避免误区

头脑风暴是一种技能，一种艺术，头脑风暴的技能需要不断提高。如果想使头脑风暴保持高的绩效，必须每个月进行不止一次的头脑风暴会议。有活力的头脑风暴会议倾向于遵循一系列陡峭的“智能”曲线，开始动量缓慢地积聚，然后非常快，接着又开始进入平缓的时期。头脑风暴主持人应该懂得通过小心地提及并培育一个正在出现的话题，让创意在陡峭的“智能”曲线阶段自由形成。

头脑风暴提供了一种有效的就特定主题集中注意力与思想进行创造性沟通的方式，无论是对于学术主题探讨或日常事务的解决，不失为一种可资借鉴的途径。唯需谨记的是使用者切不可拘泥于特定的形式，因为头脑风暴法是一种生动灵活的技法，应用这一技法的时候，完全可以并且应该根据与会者情况以及时间、地点、条件和主题的变化而有所变化，有所创新。不必一个人冥思苦想，孤独“求索”了。

三、德尔菲法

德尔菲是古希腊一座城市的名称，阿波罗神殿的所在地。由于阿波罗神殿的神谕威信极高，该城就被认为是预言家们活动的场所。20 世纪 40 年代，美国兰德公司研究人员设计出一种综合多名专家经验与主观判断的方法，由于其预测的准确性较高，所以被称为德尔菲法，20 世纪 60 年代以后被广泛应用于各个领域的综合评价实践。

德尔菲法在具体操作中遵循四个基本程序。

第一，预测机构将要预测的问题写成含义明确的调查提纲，分别送给经过选择的专家，请他们用书面形式做出回答。

第二，专家们在背靠背、互不通气的情况下，各自独立提出自己的回答。然后将自己的预测意见，以无记名方式反馈给预测机构。

第三，预测机构汇总专家们的意见，进行定量分析，然后将统计分析结果反馈给专家。

第四，专家们根据反馈资料，重新考虑原先的预测意见，既可改变自己的看法，也可坚持原来的意见。然后，再以书面形式反馈给预测机构。这样，循环往复，经过 3～4 轮反馈，预测意见就逐渐趋向集中，最后形成集体预测结论。

德尔菲法的特点如下：

（1）匿名性。因为采用这种方法时所有专家组成员不直接见面，只是通过函件交流，这样就可以消除权威的影响。这是该方法的主要特征。匿名是德尔菲法的极其重要的特点，从事预测的专家彼此互不知道其他有哪些人参加预测，他们是在完全匿名的情况下交流思想的。后来改进的德尔菲法允许专家开会进行专题讨论。

（2）反馈性。该方法需要经过 3～4 轮的信息反馈，在每次反馈中调查组和专家组都可以进行深入研究，使得最终结果基本能够反映专家的基本想法和对信息的认识，所以结果较为客观、可信。小组成员的交流是通过回答组织者的问题来实现的，一般要经过若干轮反馈才能完成预测。

（3）统计性。最典型的小组预测结果是反映多数人的观点，少数派的观点至多概括地提及一下，但是并没有表示出小组的不同意见的状况。而统计回答却不是这样，它报告 1 个中位数和 2 个四分点，其中一半落在 2 个四分点之内，一半落在 2 个四分点之外。这样，每种观点都包括在这样的统计中，避免了专家会议法只反映多数人观点的缺点。

第五节　电话调查和计算机辅助电话调查

电话调查主要是利用电话作为媒介，与被访者进行信息交流，从而达到资料收集的目的。调查员被集中在某个场所或专门的电话访问间，在固定的时间内进行工作，督导现场管理。电话调查适用于一些简单的访问，一般不超过 10 分钟。这种调查方法在电话普及率很高的国家很常用，在我国只适用于电话普及率高的人口总体，特别是大、中城市和电力电信、金融保险、外贸旅游、高等院校、科研院所等行业或单位电话普及率更高，因而在这些地区、部门或单位开展电话访问已成为现实可能。电话调查速度快，范围广，费用低、回答率高、误差小，可以解除对陌生人的心理压力。在电话中回答问题一般较坦率，适用于不习惯面谈的人，但电话调查时间短，答案简单，难以深入，受电话设备的限制。

一、电话调查的发展

蛰伏期（1929～1940 年）：1929 年盖普洛以造府访问的方法，进行一项广播收听率的调查，同时以电话访问作验证，发现造府访问与电话访问的调查发现几乎具一致性。

萌芽期（1941～1960 年）：电话普及率上升，由 37%提升至 78%，因美国缘故，电话调查逐渐在检讨公共政策和行销两方面扮演起重要的角色。

蓬勃期（1961 年迄今）：进入 20 世纪 60 年代之后，以电话访问为主的正式研究纷纷出现探讨电话民意调查的专书。

电话调查分为传统电话调查和计算机辅助电话调查。

二、传统电话调查的含义

传统电话调查就是选取一定的调查样本，通过拨打电话的方式，访问问卷上所列出的一系列问题，在访问过程中用笔记下答案。调查员被集中在某个场所或专门的电话访问间，在固定的时间内开始拨打电话手机数据，现场有督导员对访问员进行访问监督和抽样控制。

电话访问在欧美等西方发达国家早已有之，由于这些国家的电话普及率高，再加上电话访问本身具有省时、省力、简单易行等优势，这种方法很快受到业内人士的重视。电话访问的使用率在美国则超过了入户访问，已经超过了 60%。有统计表明，电话访问在中国民意测验和市场调查中的使用率也已经达到了 40%，仅次于入户访问。

（一）传统电话调查的特征

（1）信息反馈快。这是电话调查的突出优点。如果采用面访调查，调查员要对居住在不同地域的被调查者逐一登门访问，登记时，效果还不一定好，然而电话调查是访问员在固定的时间通过拨打电话对受访者进行调查，因此受访者对于问题的回答速度通常较快，中间思考的时间较少，大大缩短了调查时间，提高了调查活动的效率。

（2）费用低。在电话调查过程中不存在访问交通费、受访者礼品费等调查费用，因而节约了调查成本。在美国有市场调查专家做过测算，同样项目的调查，电话调查的费用只有面访调查的 1/3。在几种调查方法中，电话调查的费用是较低的。

（3）辐射范围广。电话调查一般不受受访者地域的限制，调查范围较传统入户访问更广。对于那些可能不易接触的调查对象，如有些高收入或高地位的特殊阶层或各种名人，面访调查很难成功，而电话调查通过随机拨号的方法有可能取得成功。

（4）在涉及一些敏感性问题时调查更容易。由于电话调查双方没有面对面，能减轻甚至消除被调查者的心理负担，在调查敏感性问题或某些特殊商品（如卫生巾、美胸品等）时，对方更能畅所欲言，效果较好。

（5）能较好地确保调查数据的质量。采用电话调查的调查问卷一般内容较少，同时容易对问题立刻做出判断，因此访问员可以通过电话对调查进度和问题回答的质量进行现场控制，保证了调查数据的有效性。

（6）调查难以包含全部目标总体单位，样本的代表性难以判断。在我国，电话的普及率还没有达到令电话调查满意的程度，尤其是农村和偏远山区电话还较少，这就使电话调查只局限于拥有电话的群体，因此，样本的代表性值得调查的组织者重点研究。

（7）电话调查的采访时间受到限制，内容难以深入。因此，一些从事电话调查的专家认为，电话调查的时间一般应控制在10分钟左右，时间过长可能会引起对方的反感，受到时间的限制，电话调查的问题一般都不太复杂，难以进行深入的调查，影响整个调查活动的深度。

（8）电话调查的回答率比面访调查低。在面访调查中，面对面的交流有利于对调查活动及内容进行宣传和解释，回答率较高，而电话调查只通过电话交流，对方一旦不愿接受调查挂上电话，调查就难以进行，因此，回答率比面访调查要低。

（二）传统电话调查的注意事项

（1）关于调查内容和数量问题。调查内容主题突出，问题数量不宜过多，设计好简明易懂的调查问卷。因电话调查的时间一般控制在15分钟之内，所以调查内容的主题要突出，问题设计需要尽可能简明扼要；同时，由于受通话时间和记忆规律的约束，大多采用封闭式选择题提问，尽量避免半开放式或全开放式问题的出现，以减少受访者回答的难度。同时，调查问题宜少不宜多，问题过多，容易引起对方的厌烦情绪，影响调查效果。

（2）关于抽样框问题。抽样框即包含全部总体单位的一个框架。在电话调查中，可以作为抽样框的可以是载有企业电话号码的企业名录簿，或包含大部分机关团体的电话号码簿等。但居民的电话大部分没有载入电话簿，因此，这种方法主要用来调查企业、机关、团体等单位。

（3）关于抽取样本问题。由于一些有特殊身份的人往往不在电话号码簿上公开自己的电话号码，同时，许多居民，特别是贫困居民，根本就没有家庭电话，所以根据电话号码簿抽取的样本，其代表性是不完全的，根据这种样本的调查资料来推断总体也会有一定的局限性。只有充分考虑到样本代表的不完全性和推断总体的局限性，才能对电话访问的结果做出客观、公正的评价。

（4）关于记录方式问题。电话访问由于时间有限，为了提高记录速度和质量，一般应事先把记录方式设计在调查问卷上，最好是录入专门用来配合电话访问的计算机里。这样，在电话访问过程中就能迅速、准确地记录下受访者的回答。为了便于记录，电话访问应尽可能采取封闭回答方式，对于某些开放式回答问题，也应事先设计出记录要点。

（5）关于拒绝回答问题。面对面的访问，访问者只要进入了受访者的单位或家庭，一般都会访谈下去，而不会轻易被撵走。电话访问则不同，只要受访者不高兴、不愿交谈，就能轻易把电话挂掉。这是电话访问的一大缺陷，也是电话访问回答率较低的重要原因。解决这个问题有三种方法：一是再次电话访问，必要时改为登门访问；二是准备一批备用样本，以便及时替补不在家者和拒绝回答者；三是放弃。

（6）关于访问员问题。电话访问对访问员要求很高。它要求访问员非常熟悉问卷中的问题和回答方式，特别是要有较强的公关能力，能在电话接通后的简短交谈中说明来意，使受访者乐于接受访问，并能引导对方回答完所有问题。为此，访问员必须口齿清楚、语气亲切、善于攀谈，要能及时发现、妥善处理电话访谈过程中可能出现的种种问题。

三、计算机辅助电话调查

计算机辅助电话访问（computer assisted telephone interviewing，CATI），是由电话、计算机、访问员三种资源组成一体的访问系统，使用一份按计算机设计方法设计的问卷，用电话向受访者进行访问。计算机问卷可以利用大型机、微型机或个人用计算机来设计生成，访问员坐在 CRT 终端（与总控计算机相连的带屏幕和键盘的终端设备）对面，头戴小型耳机式电话。CRT 代替了问卷、答案纸和铅笔。通过计算机拨打所要的号码，电话接通之后，访问员就读出 CRT 屏幕上显示出的问答题并直接将受访者的回答（用号码表示）用键盘记入计算机的记忆库之中。

（一）CATI 的历史

早在 1927 年，柯乐利调查公司（Crossley Survey，Inc.）就在 44 个城市完成了三万个电话样本的访问，进行广播收听率的调研。这应当算是较早采用电话方式进行调研的了。

1970 年，CATI 在美国出现。访员在电话访问时，能够同步将数据录入电脑，并且实现对数据录入和统计的同步整合。

1975 年，加利福尼亚大学洛杉矶分校（University of California at Los Angeles）将 CATI 系统应用于教学研究。

CATI 在欧美发达国家已发展了 30 多个年头，许多国家半数以上的访问均通过 CATI 完成，有些国家 CATI 访问量甚至高达 95%。据资料显示，美国的一家市场研究公司 CATI 的访问坐席竟多达 550 个。CATI 技术在国外之所以如此流行，一方面得益于电话的高普及率，另一方面也是迫于城市入户访问成功率越来越低的现状。

在中国，直到 1987 年，电话调查才开始被一些专业调查机构使用，主要用于民意测验和媒体接触率的研究。1999 年，四川卫视利用当地的电话网络进行收视覆盖率调查。2000 年春节，央视春节晚会对收视率进行了即时调查。

进入 2004 年，CATI 在中国也已获得了较为广泛的应用，专业市场研究机构、高等院校、政府机关、社会科学院、卫生机构、大型企业、呼叫中心等都出现了 CATI 系统的身影。CATI 被它们应用于品牌知名度研究、产品渗透率研究、品牌市场占有率研究、产品广告到达率研究、广告投放后的效果跟踪研究、消费习惯研究、消费者生活形态研究、顾客满意度调查、服务质量跟踪调查、产品（担保）登记、家庭用品测试、选举民意测验、健康问题调查，以及客户回访、电话营销等诸多领域。

（二）CATI 访问的特征

（1）摆脱了地理位置的限制。它使访问样本抽样不再受到地理位置的限制。即使是偏远山区，也同样可以被访问到。可以帮助我们访问到一些我们很难见到面的被访者，如夫妻工作都非常繁忙的家庭、个体户、生活在偏远地区的人等。电话号码通过计算机的随机组号解决了电话号码的来源。

（2）访问工作变得容易控制。由于访问员被集中在一个房间里，访问工作的变更、调整变得更加轻松。例如，问卷、样本、配额的更改，只需在一台计算机上进行简单操作即可，无需再次对问卷进行更正、印刷，也可及时通知提醒访问员，另外一些安排繁琐行程的烦恼也就此消失。

计算机的“严密”“客观”帮助访问员减少了很多人为的操作错误。系统强大的监控功能也使访问员作弊的可能大大降低。自动拨号更避免了按错键的出现。

（3）访问工作效率更高。市场调查全过程，如抽样、问卷设计、执行、配额、样本监控、录入、统计，都实现了高度智能化，而且在访问进行中可以随时获得所需的各种访问数据和管理数据。

因为有了这样一个“聪明”助手的帮忙，访问员可以将更多的精力投入到与被访者的沟通上了，成功率相应提升。

（4）降低调研成本。节省了差旅、礼品、场地费、纸张、印刷等费用。

（5）提高访问效率。访问中，访员无需再为很多复杂的注意事项而分心，可以将注意力完全放在与被访者的交流沟通。忙着翻卷找题的现象就此消失。由于实现了电脑自动拨号，拨号效率也提高将近一倍。

（6）使访问更科学。高度智能化，可以使人脑很难完成的复杂访问变得可行易行。例如，问卷、问题、选项的复杂抽取；多重条件决定的跳题；数值、权重计算等。

通过即时性的话务统计、样本统计和答卷统计，可尽早发现项目中存在的问题，及时进行调整，保证项目顺利进行。同时对激发访问员的工作积极性，维持一个更加精干的访员队伍也会起到不小作用。

访问数据得到更好地保存，实现知识资本的积累，每次访问后的样本，不会再被白白浪费，系统会把它们自动记录下来，可供今后研究使用。

较好的或常用的问题模型可保存在系统里，以备随时调用，使知识得以更好积累和再利用。

（7）速度快。CATI 访问中，可以利用计算机过滤受访者，确定合格的受访者，明显提高人工拨号的受访者确认率，另外数据库可在访问结束后通过计算机立即生成，不像传统电话访问方式那样要人工进行开放题编码、对问卷答案进行人工录入，这样就大大提高了调查执行的速度。

（8）访问员计算机操作素质要求高。在 CATI 访问中，访问员都需借助计算机完成访问任务，在访问过程中访问员的操作必须十分熟练，这样才能很顺利地配合受访者的回答。这就要求访问员不仅要有一般传统访问的知识和技巧，计算机的操作也要熟练。在一般的 CATI 访问中，选择在校大学生作为访问员的情况较为常见，因为他们一般都有相当的计算机基础和培训接受能力。

（三）CATI 访问的操作流程

CATI 访问作为一种借助计算机和电话等终端设备进行调查的方式，运作程序与一般的电话访问和网上调查必然存在较大的差距。具体而言，它一般包括以下三个主要步骤。

（1）进入系统。经过培训之后的访问员进入 CATI 调查访问程序之后，输入自己的代号及相关密码，确定调查主题就可以进入 CATI 访问系统。随后访问员可以开始“拨号”，CATI 系统将随机产生一个电话号码，自动拨号之后有时会遇到无法访问的情况，如电话占线、无人接听、空号等，遇到这种情况，访问员不能将该样本直接舍弃，而应将拨号失败的原因进行详细记录，并报告现场督导员。

（2）电话访谈。访问员进入 CATI 系统后，电脑屏幕上会出现访问的主画面，包括问卷中各题的访问状况、访问题目及各种视窗。访问员开始访问前，首先需要作自我介绍并向受访者说明自己的访问目的。访问进行中，若受访者出现拒绝访问的情况，访问员应通过电脑记录受访者拒访的原因。

（3）访问结束。每一个访问完成后，访问员需要对受访者道谢，之后通过系统程序中的“完成”直接结束。另外，当访问员完成当天所有的访问后，应通过系统的“签退”和“确定”命令退出系统，保存所有访问记录。至此整个 CATI 访问的程序就结束了。

（四）CATI 访问的注意事项

在进行 CATI 访问时，访问员需要注意以下问题。

（1）保持立场中立。访问员在访问过程中需要始终保持立场中立，不能出现任何诱导受访者回答的信号和语言，以免影响调查结果的真实性，这一点在其他访问方式中同样显得非常重要。由于 CATI 访问的时间较短，同时访问员提问时自由发挥的空间较小，所以在进行 CATI 问卷设计时，我们需要尽可能将访问员提问的语言全面地放进问卷中来，使访问员在访问过程中只需要对照问卷读出相应语言就可以完成访问，从而避免了访问员自由发挥而导致调查结果失真的情况。

（2）不轻易放弃访问机会。合格受访者如果当时不便接受访问，如时间有冲突等，访问员可以另约时间进行访问，而不能轻易放弃该样本的访问机会。这一方面减少了受访者遴选的难度，同时对于减少抽样误差也会产生积极的影响。在传统电话访问中，这也是需要注意的一个问题。

（3）灵活控制访问过程。访问过程中，访问员如果遇到受访者要求更换他人进行访问的情况，访问员应该尽量说服其继续接受访问，因为中途更换受访者就会破坏随机抽样原则，使调查结果出现偏差。因此，当访问员接通电话以后，如果家庭或组织中第一个接听电话的人就是符合条件的受访者，就不要再让其推荐他人来接受访问，如果受访者必须换人接受访问，访问员需要从头开始访问并废弃中途中止访问的答案。

第六节　网络调查

随着信息技术的发展，电脑和网络越来越频繁地出现在人们的眼前，渐渐地在人们的生活中占据了一个很重要的地位。于是，在传统的面对面的社会调查中衍生出了一个新兴的网上调查，这种通过网络的调查方式极大地扩大了我们做社会调查的人群数及地域度，让更多的人能够参与到该社会调查的活动中来，这样既节省了人力、物力，还能够使该调查数据更符合现今的市场状况。

一、网络调查的概念

网络调查，又称在线调查，是传统调查方法在新的信息传播媒体上的应用，是指通过互联网及其调查系统把传统的调查、分析方法在线化、智能化。它是指在互联网上针对特定的问题进行的调查设计、收集资料和数据分析等活动。

互联网作为一种信息沟通渠道，它的特点在于开放性、自由性、平等性、广泛性和直接性等。由于这些特点，网络调查具有传统调查所不可比拟的优势。

第一，网络调查成本低。网络调查与面访、邮寄访问、电话访问等离线调查的根本区别在于采样方式不同。所以，网络调查的成本低主要指的是采样成本低。传统调查往往要耗费大量的人力、物力，而网络调查只需有一台上网的计算机，通过站点发布电子问卷或组织网上座谈，利用计算机及统计分析软件进行整理分析，省却了传统调查中的印刷问卷、派遣人员、邮寄、电话、繁重的信息采集与录入等工作与费用，既方便又便宜。据业内权威人士讲，根据经验，离线调查每一个样本的投入大概是120～150 元，所以离线调查者在抽样时，总希望尽可能地减少样本数。当然其前提是所抽取的样本数必须能把调查误差控制在允许范围之内，从而有效地降低采样的成本。网络调查就没有这种顾虑。

第二，网络调查速度快。网上信息传播速度非常快，如用 E-mail，几分钟就可把问卷发送到各地，问卷的回收也相当快。利用统计分析软件，可对调查的结果进行即时统计，整个过程非常迅速，而传统的调查要经过很长一段时间才能得出结论。离线调查三种采样方式的速度存在差别，其中以面访最快，电话访问次之，邮件访问最慢。而网络调查采样所需的时间则要少得多，约需几天或十几天。例如，2000 年 11 月 3 日，科技日报《中国将参与全球规模最大网络调查》一文称，“Planet Project 网上民意调查活动将于 11 月 15～18 日举行，持续四天，通过八种语言进行”。中国互联网发展状况统计报告（1999 年 7 月）称，CNNIC 在 1999 年 6 月 15 日至 1999 年 6 月 30 日进行了网上联机问卷调查。由这些具体调查所花费的时间可以看出：网络调查采样速度远快于面访等离线调查。这与网络调查问卷的发放、填答、提交皆不受时空限制、即时快捷相关。无论是把问卷直接放在网上，还是发送 E-mail 或网上拦截，都可以迅速把问卷大范围地呈现在被访者面前。问卷的填答虽可能会费些时间，但填答时间由自己支配。填答完毕后，问卷的提交也比较简单，只要点击一下提交键即可。

第三，网络调查隐匿性好。在调查一些涉及个人隐私的敏感问题时，离线调查尽管可以在问卷设计中通过采用委婉法、间接法、消虑法、虚拟法等手段，在问题和被访者之间增加一些缓冲因素，但无论如何，离线调查各种采样方式都会在不同程度上影响被访者的填答心理。一般而言，面访最大，电话访问次之，邮寄访问最小。而网民是在完全自愿的情况下参与调查，对调查的内容往往有一定的兴趣，因此回答问题时更加大胆、坦诚，调查结果可能比传统调查更为客观和真实。应该说，网络调查的隐匿性较离线调查高。网络调查的这一特点可使被访者在填答问卷时的心理防御机制降至最低程度，从而保证填答内容的真实性。

第四，网络具有互动性。网络调查的这一优势同样是基于网络自身的技术特性。网络的互动性赋予网络调查互动性的优势。网络调查不受时空的限制，可以 24 小时向天南海北、世界各地进行调查，抽样框相当大，调查范围也相当广泛。2000 年 11 月，3Com 中国公司举行Planet Project 网上民意调查活动。这次活动中 Planet Project 在自己的网址上设下不同题材的各种问题，围绕人类基本状况的方方面面展开，让中国民众首次与来自世界其他地区、不同年龄和性别的人同时分享和比较彼此的观点和看法。

二、网络调查应用的领域

中国最早的网络调查，是1998年7月至8月北京爱特信搜狐网络公司与北京零点调查公司联手开展的网上调查活动。此后，网络调查逐渐渗透到社会生活的许多领域，成为一种新型的调查方法。目前，网络调查主要涉及以下一些领域。

（1）社情民意调查。例如，环保意识调查、山寨文化调查、慈善事业调查、流行时尚调查、婚姻家庭调查等。随着中国网络建设和社情民意调查的发展，2007年出现了中国首家独立的在线民意调查机构——中国民意调查网。

（2）问政于民调查。随着社会民主的发展、网民素质的提高、参政议政热情的高涨，各级党委、政府领导人已越来越重视通过网络了解民意、问政于民。

（3）市场行情调查。例如，对商品的认知程度，购物的需求与行为，对商品、经销活动、售后服务的满意程度，对新产品、新服务的要求，等等。随着市场调查的发展，已出现一个大型门户调查网——中国市场调查网。

（4）网络使用情况调查。这类调查的主要目的和内容是：测量网站流量，网站使用者的数量、结构和行为。其中，测量网站流量的主要指标包括网站数、网页数、网站访问量、唯一用户数、浏览页面数、浏览时数、到达率、忠诚度、购买率等；测量网站使用者的主要指标包括使用者的数量、结构和分布，上网目的，使用网络的基本情况、行为和态度等。

三、网络调查法的特点

与传统调查方法相比较，网络调查法具有许多不同的特点。

（1）调查对象不同。传统调查方法的调查对象是一切能够理解和回答问题的正常人，是由调查者选取的、处于被动状态的受调查者；网络调查的调查对象则是全体网民，是对调研主题感兴趣的、处于主动状态的、自觉自愿的回答者。

（2）调查内容不同。传统调查方法的内容非常广泛，既可调查客观的历史、现状和行为，又可询问主观的态度和感受；网络调查方法的调查内容则狭窄一些，主要适用于有关主观态度、意愿、感受等方面的内容，而对于客观情况方面的内容则无法查证和核实。

（3）调查范围不同。传统调查方法的调查范围，受时间、空间、人手、成本等条件限制，往往比较狭窄；网络调查的调查范围则突破了上述种种限制，从理论上说，可扩展到全国乃至全世界一切有网络的地方。

（4）调查质量不同。传统调查方法的调查质量一般较低，因为调查对象的素质都是参差不齐的、被动的回答者；网络调查的调查质量一般较高，因为调查对象都是对调研主题感兴趣的、主动的回答者。

（5）调查成本不同。传统调查方法的调查成本包括设计和印刷调查工具（问卷、表格等），聘请和组织调查人员进行调查，回收、审核、录入调查结果等费用，因而一般较高；网络调查的调查成本，由于一切通过网络实施，所以大大降低。

（6）调查时效性不同。传统调查方法时效性较差，调查周期较长，从调查开始到得出调查结论一般需要几个月，甚至几年时间；网络调查则时效性较强，调查周期较短，往往只需要几天时间就可得出有意义的调查结论。

（7）调查方便性不同。传统调查方法方便性较差，它必须在调查者和被调查者都感到方便的时间才能开展调查；网络调查则方便性较强，被调查者可单独地、全天候地、自由地选择在最方便的时间回答调查所询问的问题。

（8）调查适用性不同。传统调查方法，特别是面对面的直接调查，许多敏感性、隐私性、威胁性问题都不宜进行调查；网络调查一般都是匿名调查，隐秘性强，因而适于调查各类问题，特别是敏感性、隐私性、威胁性问题。

四、网络调查应该注意的问题

实施网络问卷调查，应该注意以下两个方面的问题。

1. 主题的选择

网络调查主题，应该以主观状况为主。由于网络调查无法查证和核实客观方面的情况，所以其调查主题应该以主观态度、意愿、感受等方面的问题为主，包括某些敏感性、隐私性、威胁性问题的主观状况，而不宜围绕客观事实或行为方面的主题开展调查 。

2. 问卷的设计

（1）要尽可能简短。问卷应尽可能简短，最好是一两分钟就能答完，最多不能超过半小时，否则参与人数就会大大减少。

（2）要简明、易懂。网络问卷调查，无法当面做解释。因此，设计的问卷，无论是询问问题，还是回答方式，都应简明、易懂；某些必须使用的专业名词，都应做出易于理解的说明或图示，否则就会出现网民拒绝参与调查，或者胡乱填答的情况。

（3）要明示起止时间。网络问卷调查，从何时开始，何时截止，应在问卷上明确标示，以免有意参与者错过参与调查的时间。由于网络问卷调查大都是民意调查或市场调查 ，有较强的时效性要求，所以起止时间不宜间隔太长，否则就会大大降低调查结果的准确性和时效性。

（4）要尽可能立即显示调查结果。接受调查者能立即看到参与回答的效果，从而有利于吸引更多的网民参与。

第七节 实验调查法

实验调查作为一种科学认识方法，开始应用于自然科学领域，以后逐渐移植到社会科学领域。

一、实验调查法的含义和特点

实验调查法，是实验者有目的、有意识地通过改变某些社会环境的实践活动来认识实验对象的本质及其发展变化规律的方法。它是一种最重要的直接调查方法，也是一种最复杂、最高级的调查方法。实验调查法是有一定结构的，即不仅有明确的实验目的，而且有较严格的实验方案设计和控制，其实验结果既可以用于定量分析，也可以用于定性分析。

实验调查的基本要素是：①实验者，即实验调查的有目的、有意识的活动主体；②

实验对象，即实验调查所要认识的客体；③实验环境，即实验对象所处的社会条件的总和；④实验活动，即改变实验对象所处的社会环境的实践活动；⑤实验检测，即在实验过程中对实验对象所做的检验和测定；⑥实验调查的过程，就是这些要素相互作用、相互影响的过程；⑦实验调查的目的，则是揭示社会现象间的因果联系，认识实验对象的本质及其发展规律。

实验调查法的基本原理是：实验者假定某些自变量会导致某些因变量的变化，并以验证这种因果关系假设作为实验的主要目标。在实验开始时，先对因变量进行测量（前测），再引入自变量实施激发，然后选择其后的某一个时点对因变量进行再测（后测），比较前后两次测量的结果就可以对原理论假设完全证实或部分证实或证伪。

实验调查法的最大特点是它的实践性。实地观察、口头访问和集体访谈等直接调查方法，都不涉及改变调查对象所处的社会环境的问题。实验调查法则不同，它不仅要眼看、口问、耳听，而且要亲自动手干，即通过某种实践活动，有计划地改变实验对象所处的社会环境，并在这种实践活动的基础上对实验对象进行调查。这说明，实践性是实验调查的本质特点，没有一定的实践活动，就不能称为实验调查。

二、实验调查法的种类

按照不同的标准，实验调查法可进行多种分类。

1. 按照实验环境不同，可分为实验室实验和现场实验

实验室实验是在人工特别设置的环境下进行的实验调查。实验者根据研究目的设置实验环境，并对实验过程实行完全有效控制。

现场实验是在自然的、现实的环境下进行的实验调查。实验者只能部分地控制实验环境的变化，实验对象除了受到引入自变量的实验激发外，还会受到其他外来因素的影响。

实验室实验和现场实验相比，前者实验结果的准确率要远远高于后者。但是社会领域的实验调查，仍然大多采取现场实验的方法，这是因为实验室实验的成本高，操作复杂，而且样本规模十分有限，所以难以广泛应用。大多采用现场实验方法，因为这种实验所处的环境是现实的，其调查结论较易于应用和推广。

2. 按照实验者和实验对象对于实验激发是否知情，实验法可分为单盲实验和双盲实验

单盲实验是不让实验对象知道自己正在接受实验，由实验者实施实验激发和实验检测。目前多数实验都是这类实验。

双盲实验是不让实验对象和实验者双方知道正在进行实验，而由第三者（研究者）实施实验激发和实验检测。

之所以有单盲实验和双盲实验，是为了避免两种情况：一是实验对象出于对实验激发的欢迎或反感而有意迎合或故意不配合实验者；二是实验者和实验对象出于对实验结果的某种心理预期而影响实验检测结果的真实性和准确性。采用这两种实验方法，一般就能排除主观心理预期对实验的客观效果及其评价产生的不利影响。

3. 按照实验组织方式不同，可分为单一组实验、对照组实验和多实验组实验

单一组实验也叫连续实验，是对单一实验对象在不同的时间里进行前测与后测，比较其结果以检验假设的一种实验方法。在这种实验中，不存在与实验组平行的对照组（控制组)。同一组在引入自变量之前相当于实验中的对照组，在引入自变量之后则是实验中的实验组。检验假设所依据的不是平行的控制组与实验组的两种测量结果，而是同一个实验对象在自变量作用前和作用后的两种测量结果。

对照组实验，也叫平行组实验，是指既有实验组又有对照组（控制组）的一种实验方法。实验组即实验单位，对照组是同实验组进行对比的单位。两组在范围、特征等方面基本相同。在对照组实验中，要同时对两个观察客体（试点客体和控制客体）做前测与后测，并比较其结果以检验理论假设。例如，要检验“管理是提高生产率的要素”这一假设，以某工厂某车间为实验组，实行新的管理方法，以另一个与此相似的车间为对照组，维持旧的管理方法，在一段时间的首尾，同时对两个车间做前测与后测，再比较其结果，得出结论。

多实验组实验，就是选择若干批实验对象组成若干实验组，首先，在各自的实验环境下进行实验；其次，通过检测实验激发前后的变化，各组做出自己的实验结论；最后，对比研究各组的实验结论，做出总实验结论。

此外，按照实验目的不同，还可分为探索性实验和检验性实验；按照实验内容不同，可分为心理实验、教育实验、经济实验、政治实验、法律实验、军事实验调查等。

三、实验调查法的基本程序

实验调查法的实施程序与其他方法大致相同，分为准备、实施和资料处理三个阶段。

（一）准备阶段

准备阶段的工作主要有以下五项。

（1）确定实验课题及实验目的。在有了初步的构想后，通过查阅文献和有关访谈，对初步构想的价值和可行性进行一些探索性研究，最终明确实验的主题、大致的内容范围和所要达到的目标。

（2）提出理论假设。仔细寻找出实验的主题和内容范围所涉及的各种变量，将它们分类，并认真分析它们之间的关系，建立各种变量之间的因果模型。

（3）选取实验对象。具体来说，选择实验对象的方法有两种：主观挑选和随机抽取。前者是主观上有意识地挑选那些具有代表性的单位进行实验，适用于调查对象总体中单位较少、个体差异较大、调查人员对调查对象总体较了解的调查对象。后者是从调查对象总体中随机抽取实验对象，适用于调查对象总体中单位较多、个体之间差异较小、调查人员对调查对象总体了解较少的调查对象。

（4）选择实验方式和方法。根据实验的要求和可能，决定究竟采用哪种实验类型，如何分组，怎样控制实验过程，如何进行检测等。

（5）制订实验方案。将已确定的实验主题、内容范围、理论假设、实验对象及实验方式方法等整理成文字，说明实验的时间安排、地点和场所、实验进程、实验和测量工具等，并形成系统的、条理分明的实验方案。

（二）实施阶段

实施阶段的工作主要有以下三项。

（1）前测。用一定的方法对实验对象的各种因变量做详细的测量，并做详细记录。如果是有对照组的实验，事先要做到能够控制实验环境和条件，以保证实验组与对照组的状态基本一致。

（2）引入或改变自变量，对实验组进行实验激发。在激发的过程中，要仔细观察，认真做好观察记录。

（3）后测。在经过一段时间后，选择适当时机对实验对象的各种因变量做再次详细测量，并做详细记录。

（三）资料处理阶段

资料处理阶段的工作主要有以下两项。

（1）整理分析资料。对全部观测资料进行统计分析，并对原假设进行检验，形成实验结果，据此提出理论解释和推断。

（2）撰写实验报告。

四、实验调查方案的设计

根据不同的研究目的、研究内容，设计实验方案主要有以下两种方法。

（一）单一实验组设计

单一实验组设计，就是只选择一批实验对象作为实验组，通过实验激发前后实验对象的变化来得出实验结论。它的具体步骤是：①选择实验对象；②对实验对象前检测；③实验激发，即实施改变实验对象所处自然、社会环境的实践活动；④对实验对象后检测；⑤得出实验结论，其公式是实验效应=后检测－前检测。

例如，某洗衣机厂为了扩大销售，准备改进洗衣机的外形设计，但对新设计的外形效果没有把握。因此，决定运用单一实验组设计进行实验调查。步骤如下。

（1）选择实验对象，即该厂生产的准备改变外形设计的洗衣机。

（2）前检测，即在实验活动前对实验对象进行测量。在本例中即为改变外形设计前洗衣机的月销售量，假定为 7400 台。

（3）实验激发，即改变实验环境，并使实验对象进入所设计的环境中。在本例中即为改变洗衣机的外形设计。

（4）后检测，即在实验结束后对实验对象进行测量。在本例中即为改变洗衣机的外形设计后洗衣机的月销售量，假定为 9500 台。

（5）测定实验效应。实验效应=后检测－前检测。在本例中，实验效应=9500–7400=2100 台。说明该厂洗衣机改变外形设计后销售量增加了 2100 台。如果经分析无其他因素影响，便可以做出该厂洗衣机应采用新型外观设计的决定。

单一实验组设计只要选择一组实验对象就可开展实验调查，因此是最简单的实验设计。同时，也是最基本的实验设计，任何其他实验设计都离不开“选择实验对象—前检测—实验激发—后检测—测定实验效应”这一基本程序。因此，这种设计应用非常广泛。

需要注意的是：单一实验组设计得出的实验结论，可能正确，也可能不完全正确。因为在实验过程中，特别是在现场实验过程中，人们无法把实验对象与社会隔绝开来，无法完全排除种种非实验因素对实验过程及其结果的影响。这样，把实验对象前后检测之间的变化全部看成实验激发的结果，是不完全正确的。因此，只有在有效排除各种非实验因素的干扰和影响以后，单一实验组实验的全部效应才能看成是实验激发的结果。

（二）实验组对照组设计

实验组对照组设计，就是选择一批相同或相似的实验对象分别组成实验组和对照组，并使它们处于相似的实验环境中；然后，对实验组给予实验激发，对对照组不给予实验激发；最后，对实验组和对照组前后检测的变化进行对比，并得出实验结论。它的具体步骤类似于单一实验组设计。仍以改变洗衣机外形设计为例，其实验步骤如表 4-1 所示。

表 4-1　洗衣机外形设计改变实验步骤

实验步骤	实验组	对照组
（1）选择对象	改变外形设计后的洗衣机	原外形洗衣机
（2）控制实验环境	选择若干商场出售	与实验组相同或相仿的商场
（3）前检测	由于新外形洗衣机无初始值，可用原外形洗衣机月销售量的一半为前检测值 A_1=7400/2=3700（台）	由于新外形洗衣机投放市场，假定新、旧外形洗衣机各占一半的市场份额，所以其前检测值为 B_1=7400/2=3700（台）
（4）实验激发	改变洗衣机外形设计	洗衣机外形不变
（5）后检测	实验期新外形洗衣机月销售量为 5700 台，即 A_2=5700（台）	实验期原外形洗衣机月销售量为 4200 台，即 B_2=4200（台）
（6）测定实验效应	$A=A_2-A_1$=5700–3700 =2000（台）	$B=B_2-B_1$=4200–3700 =500（台）

实验效应=$A-B$=2000–500=1500 台。

与单一实验组实验相比较，实验组对照组实验的结论发生了很大变化。因为在单一实验组实验中，实验组后检测与前检测之间的差值 7%，全部被看成实验激发即实施技术改造的结果，而完全忽视了非实验因素对实验过程及其结果的影响。实验组对照组实验则不同，由于对照组没有实施技术改造，它的后检测与前检测之间的差值 3%，显然是由技术改造之外的因素（如能源供应增加、供销渠道改善、职工技术熟练程度提高等）引起的非实验效应。一般地说，引起对照组资金利税率发生变化的非实验因素对实验组也发生作用。因此，实验组的实验效应（即 7%），实际上是实验效应与非实验效应之和。如果按对照组非实验效应为 3%计算，那么，实验组的实验效应实际上只是 7% –3%=4%。

这个例子说明，实验组对照组实验的最大优点在于，它能大致离析出实验效应与非实验效应的范围或程度，从而使对实验效应的评价更客观、更准确。但是，在现场实验调查中，这种实验的最大困难是实验组和对照组的实验对象、实验环境的选择很难完全匹配或基本相似。因此，要准确评价实验效应，还必须采用其他调查方法做更深入、更细致的研究。

（三）多实验组设计

多实验组设计，就是选择若干批实验对象组成若干实验组，首先，在各自的实验环境下进行实验；其次，通过检测实验激发前后的变化，各组做出自己的实验结论；最后，对比研究各组的实验结论，做出总实验结论。

多实验组设计的组织工作比较复杂，但是，得出的实验结论往往比较客观、准确。因此，它在实际工作中用途非常广泛。中国政府在制定重大方针政策时，就往往采取多实验组对比方法进行实验，一般都取得了较好的效果。

五、实验调查法的优点与局限性

1. 实验调查法的优点

（1）可以探索不明确的因果关系。在实验调查中，通过尽可能排除外来因素的影响，可以有效地研究事物之间的因果关系，认识事物的本质及其发展规律。

（2）实验结论具有较强的说服力。因为实验调查法所做的实验是可以重复的，在实验对象、实验环境等实验因素大致相同的情况下，重复试验，实验结果会重复发生、重复出现，因此，具有较强的说服力。

2. 实验调查法的局限性

（1）实验调查法仅限于对现实社会经济变量之间关系的分析，而无法研究过去和未来的情况，有一定限制性。

（2）时间长、费用高。社会实验一般持续的时间较长，难以满足在社会调查中短时间内取得结论的要求，且实验过程难度较大，费用也相对较高。

（3）保密性差。在市场经济条件下，如果研究计划泄露，竞争对手有可能“故意破坏”现场实验，使实验得到错误的结果。

六、实验调查法的应用和案例

实验调查法的应用范围十分广泛，任何商品在改变包装、设计、价格、广告等因素时，都可用实验调查法先进行小规模的实验性改变，以观察顾客的反应。具体包括以下五个方面。

（1）产品价格实验。了解消费者对产品价格能否接受和接受程度。

（2）产品质量、品种、规格、花色、款式、包装等实验，掌握必要的市场信息。

（3）市场饱和程度实验。当某类产品出现滞销时，为了查明市场需求是否饱和，可向市场投放一种改进后的同类产品，观察销售量的变化，测试市场是否仍有潜力。

（4）广告效果实验。通过某产品广告前和广告后销售量的比较，分析广告对销售量的影响。

（5）测试各种促销方法的效果。

本章小结

（1）文献调查法，又叫间接调查法，是指通过搜集多种历史和现实的动态文献资料，从中摘取与市场调查课题有关的情报，对调查内容进行分析研究的调查方法。当所需的某一个市场的资料有限而且有可靠的文字资料时，文献调查往往是比较有效的调查方法。

（2）观察法是指观察者根据特定的研究目的，利用感觉器官和其他科学手段，有组织、有计划地对研究对象进行考察，以取得研究所需资料的方法。观察法与其他调查方法相比，有自然、客观、直接、全面等特点。

（3）面访调查是调查人员直接向被调查者口头提问，并当场记录答案的一种面对面的调查。也就是说，面访调查一般都是访问者向被访问者做的面对面的直接调查，是通过口头交流方式获取市场信息的调查方法。在面访调查中，调查人员可以直接了解被调查者对调查问题的态度、观点、数据，而且可以观察到被调查者的表情、举止和调查现场的环境，这就为判断调查结果的准确程度提供了一定的依据。

（4）集体访问法是由一个经过训练的主持人，以一种无结构的自然会议座谈形式，同一个小组的被调查者交谈，从而获取对一些有关问题的深入了解的调查方法。小组座谈法主要应用于定性调查研究，如情况交流介绍、问题研究分析、趋势把握讨论等。

（5）传统电话调查是指调查人员利用电话同被调查者进行语言交流，从而获取信息、采集数据的一种方法。计算机辅助电话访问，它是由电话、计算机、访问员三种资源组成一体的访问系统，使用一份按计算机设计方法设计的问卷，用电话向受访者进行访问。

（6）网络调查，又称在线调查，是传统调查方法在新的信息传播媒体上的应用，是指通过互联网及其调查系统把传统的调查、分析方法在线化、智能化。它是指在互联网上针对特定的问题进行的调查设计、收集资料和数据分析等活动。

（7）实验调查法是指在既定条件下，通过实验对比，对市场现象中某些变量之间的因果关系及其发展变化过程加以观察分析的一种调查方法。对比实验法和观察法可以发现，观察法是研究自然发生的现象，而实验法是将现象放在某种条件下来观察。

思考与练习

1. 什么是文献调查法？它有何特点？
2. 文献调查在社会调查研究中有何意义和作用？
3. 产生观察误差有哪些主客观原因？
4. 你认为观察法的最大优点和最大缺点是什么？
5. 什么是访问调查法？它有哪些特点？
6. 什么是引导和追询？在什么情况下引导和追询？如何引导和追询？
7. 怎样做好访谈的结束工作？
8. 再次访问有哪些类型？它们各有何特点和用途？
9. 什么是非言语语言？
10. 如何评价访问调查法在各种社会调查方法中的地位和作用？
11. 如何认识“实验”与“试验”这两个概念的含义？
12. 什么是实验调查法？它的主要特点是什么？

第五章

问卷设计

本章主要包括社会调查问卷的概念、类型、一般构成、问卷设计的一般原则和过程步骤、问卷设计技术及问卷信度和效度的检验，培养学生的问卷设计能力。

问卷是调查者用来收集信息的重要工具，是连接调查者与被调查者的重要媒介，能否收集到满足调查目的和要求的有用信息，问卷设计质量的高低在其中起着决定性作用。问卷设计是调查方案设计阶段的重要环节，是需要设计者花费大量时间和精力去重点对待的基础性工作，包括从理论构架到具体问题选择、从内容定位到计量尺度选择、从语言措辞到顺序安排、从卷面排版到印刷、从小范围内预试和矫正到正式问卷形成等一系列活动。

第一节　问卷的概念、类型及结构

一、问卷的概念及其类型

问卷是社会调查中用来收集资料的一种工具，一种类似于体温表、测力器、磅秤、米尺那样的工具。只不过与这些工具不同的是，问卷在形式上是一份精心设计的问题表格，而其用途则是用来测量人们的行为、态度和社会特征的，它所收集的则是有关社会现象和人们社会行为的各种资料。

根据社会调查中使用问卷的方法不同，我们把问卷划分为自填式问卷和访问式问卷。自填式问卷即由调查员发给（或邮寄给）被调查者，由被调查者自己填写的问卷；访问式问卷，即由调查员按照问卷向被调查者提问，并根据被调查者的回答进行填写的问卷。这两种类型的问卷在设计程序、设计原则、内容与结构等方面都是相同或相似的，只是在设计方法与使用方法上有一定差别。

根据问卷的设计是否有固定的结构，可将问卷划分为结构式问卷和无结构式问卷。结构式问卷又称为标准式问卷，是指问卷的设计是有结构的，问卷的问题是按一定的提问方式和顺序进行安排的，问卷中的问题和顺序是调查者不能随意变动的。结构式问卷的特点是每个问题的提问方式及顺序都是固定的，且在调查时不能改动，所有被调查者都回答同一结构的问题，因而称结构性问卷。结构式问卷适用于大规模的社会调查，便于资料处理和数据分析。

无结构式问卷是指问卷中的问题没有在组织结构中加以严格设计和安排，只是围绕研究目的提出问题，调查者在实施调查时，可根据实际情况适当变动问题和顺序。例如，某高校为了更好地进行校风和学风建设，拟对在校生进行一次抽样调查。通过此调查主要希望了解到学生以下几个方面的状况：人生价值与追求目标方面、学习方面、生活方面、人际交往方面与能力培养方面等，调查方式采用无结构式问卷的形式进行。为此，需事先对调查者进行培训，然后向每位调查者提供一份调查大纲，要求调查者围绕大纲的内容与被调查者进行自由交谈。

严格地说，无结构式问卷并非真正完全没有结构，而是问卷的结构较松散。调查者为了了解某些方面的情况，必须事先准备问题并将其写在纸上，或留在脑中记住，然后对被调查者进行提问。在不改变调查内容和调查方向的基本前提下，可以自由改变提问的方式、顺序等。例如，向 A 被调查者可以这样提问："你健身的目的是什么？"向 B 被调查者可以这样提问："你为什么要来健身？"被调查者可以自由回答，不受标准答案的限制。

无结构式问卷所需人力、物力较多，时间较长，适用于小样本调查。其优点是便于及时发现新情况，可用于探索性研究，或用来检验结构性问卷的精确度等。

本书重点介绍有关结构问卷的设计方法。

二、问卷的一般结构

尽管实际调查中所用的问卷各不相同，但是它们往往都包含这样几个部分：标题、封面信、指导语、问题和答案、编码及其他六个部分。

1. 标题

标题，即问卷的题目。例如，"北京市居民国民意识调查"或者"城市居民生活幸福度调查"等，要求紧扣调查目的，做到言简意赅、醒目、新颖、抓人眼球。

2. 封面信

封面信，即一封致被调查者的短信。它的作用在于向被调查者介绍和说明调查的目的、调查单位或调查者的身份、调查的大概内容、调查对象的选取方法和对结果保密的措施等。封面信的语言要简明、中肯，篇幅宜小不宜大，短短两三百字最好。虽然封面信的篇幅短小，但在问卷调查过程中却有着特殊的作用。研究者能否让被调查者接受调查并认真地填写问卷，在很大程度上取决于封面信的质量。特别是对于采用邮寄问卷的方式进行的社会调查来说，封面信的好坏影响就更大。因为有关调查的一切情况，都得靠封面信来说明和解释。

在封面信中，我们应该说明哪些方面的内容呢？

首先，要说明调查者的身份，即说明"我是谁"。例如，"我们是烟台市社情民意调查中心的工作人员，为了……"当然，调查者的身份也可以通过落款来说明，如烟台市大学生创业中心调查组。但是，如果落款只写"婚姻家庭调查组""物价问题调查组"，而不注明具体单位，是不妥的。因为被调查者看到这样的署名，仍不知你们是哪里的，是些什么人，会增加他们的疑虑和戒备心理。所以，在这方面，调查者应该“襟怀坦白”，大大方方，让被调查者越清楚越好。除了写清单位、组织外，最好还能附上单位的地址、电话号码和联系人的姓名等，以便消除被调查者的疑虑，体现调查的正式性。

其次，要说明调查的大致内容，即“调查什么”。但要注意的是，一方面，对调查内容的介绍不能欺骗被调查者，不能在封面信中说调查甲类问题，而问卷中却调查乙类问题。另一方面，我们对调查内容的说明，既不能含含糊糊，甚至完全不谈，也不能过于详细地去谈，通常的做法是用一两句话概括地、笼统地指出其内容的大致范围就行了。例如，“我们这次调查主要想了解全市居民对政府在解决群众就业和增加收入方面工作的满意度”等。

再次，要说明调查的主要目的，即“为什么调查”。对于调查的目的，应尽可能说明其对于整个社会，尤其是对于包括被调查者在内的人民群众的实际意义，而不能只谈“为了进行科学研究”等。例如，“我们这次调查的目的，是要了解我市政府部门在解决群众就业和增加收入方面存在的问题和不足，以便改进政府部门相关工作、更好地满足人民群众的需求。”

最后，要说明调查对象的选取方法和对调查结果保密的措施。对于来访和调查，一般人们或多或少总存在一定的戒心。为了消除被调查者的这种戒心，应该在封面信中简明扼要地说明。例如，“我们按照科学的方法挑选了一部分居民作为全市居民的代表，您是其中的一位。本调查以不记名方式进行，并且，根据国家的统计法，我们将对统计资料保密，所有个人资料均以统计方式出现。”

另外，还应该明确地说明“本次调查不用填写姓名和单位，答案无对错之分，请您不必有任何顾虑”。在封面信的结尾处，一定要真诚地感谢被调查者的合作与帮助等。

下面是一份实际调查问卷的封面信。

烟台市民生活时间分配和休闲生活情况调查问卷

亲爱的朋友：

您好！

国家统计局烟台调查队和山东工商学院联合开展此次“烟台市民生活时间分配和休闲生活情况调查”。本调查的目的在于了解我市居民的生活时间分配及休闲生活状况，探讨我市居民的休闲行为特征及影响因素，为政府及有关部门规划、建设休闲娱乐场所提供参考，以便进一步提高我市休闲娱乐业服务水平和居民的休闲生活质量。您的回答无对错之分，调查结果只用于统计分析，填答资料绝对保密，您的意见对我们非常重要。

占用您的宝贵时间，不胜感激！祝您幸福！

3. 指导语

指导语即用来指导被调查者填答问卷的各种解释和说明，其作用和仪器的使用说明相似。有些问卷的填答方法比较简单，指导语很少，常常只在封面信中用一两句话说明即可。例如，“请根据自己的实际情况在合适的答案号码上画圈或者在空白处直接填写。”有些指导语则集中在封面信之后，并标有“填表说明”的标题，其作用是对填表的方法、要求、注意事项等进行一个总的说明。

下面是一份社会调查的“填表说明”。

填表说明

（1）请在每一个问题后适合自己情况的答案号码上画圈，或者在_____处填上适当的内容。

（2）问卷每页右边的数码及短横线是上计算机用的，您不必填写。

（3）若无特殊说明，每一个问题只能选择一个答案。

（4）填写问卷时，请不要与他人商量。

另外，有些指导语则分散在某些较复杂的调查问题后，对填答要求、方式和方法进行说明。

4. 问题和答案

问题和答案是问卷的主体，也是问卷设计的主要内容。问卷中的问题从形式上看，可分为开放式与封闭式两大类。

开放式问题，就是那种只提出问题，但不提供具体答案，由回答者根据自己的情况自由填答的问题。简言之，就是只提问题不给答案。而封闭式问题则是在提出问题的同时，还给出若干个答案，要求回答者根据实际情况进行选择。例如，“你最喜欢看哪类电视节目”就是一个开放式问题。但是，当我们在这个问题下面列出了若干个答案，要求回答者选择其一作为回答时，就变成了封闭式问题。例如：

你最喜欢看哪类电视节目？

①新闻节目　②文艺节目　③体育节目　④其他节目

开放式问题的主要优点，是允许回答者充分自由地发表自己的意见，因而，所得资料丰富生动。其缺点是资料难以编码和统计分析，对回答者的知识水平和文字表达能力有一定要求，填答所花费的时间和精力较多，还可能产生一些无用的资料。封闭式问题的优点是填答方便，省时省力，资料易于进行统计分析。其缺点是资料失去了自发性和表现力，回答中的一些偏误也不易发现。根据开放式问题与封闭式问题的不同特点，研究人员常常把它们用于不同的调查中。例如，在探索性调查中，常常用开放式问题构成的问卷；而在大规模的正式调查中，则主要采用以封闭式问题构成的问卷。

问卷中的问题从内容和功能上来看，又可以分为甄别性问题、主体问题和背景问题三种类型。

甄别性问题，是指该问题的提出只是为了识别被调查者是否符合本次调查的要求，以便筛选到符合要求的调查单位。例如：

1. 请问您的年龄：□ 20岁以下　□ 20～35岁　□ 36～40岁

□ 41～50岁　□ 51～60岁　□ 60岁以上

（20岁以下和60岁以上的终止调查，谢谢您的支持和配合！）

2. 您自己或您的家属是否在广告、汽车、调研、媒体行业工作？

□是　□否

（选择“是”的终止调查，谢谢您的支持和配合！）

上例中，因为调查对象限定为年龄在 20～60 岁且不从事广告、汽车等相关行业的人，所以在调查中必须根据被调查者的实际情况进行筛选。需要说明的是，不是每一份调查都需要设计甄别性问题，只有对调查对象有特别限制的场合才适用。

所谓问卷主体问题，即根据调查目的和任务的要求，研究者主要关注与被调查者和调查主体密切相关的实际问题，是问卷问题设计中的关键问题和主要内容。

所谓背景问题是有关被调查者个人背景信息的问题，如性别、年龄、文化程度和职业类型等。背景问题也是问卷问题设计中的必要组成部分，因为在社会调查研究中，研究者不仅关注目标群体的整体特征，更关注研究对象内部不同组成群体的特点和相互之间的差异情况，离开背景信息的收集，社会调查往往失去应有的意义。

5. 编码

在较大规模的统计调查中，研究者常常采用以封闭式问题为主的问卷。为了将被调查者的回答转换成数字，以便输入计算机进行处理和定量分析，往往需要对回答结果进行编码。所谓编码就是赋予每一个问题及其答案一个数字作为它的代码。下面就是问卷编码的一个例子。

B1. 您的性别：①男 ②女

B2. 您的年龄：_________周岁

B3. 您的文化程度：①小学及以下 ②初中 ③高中 ④大专及以上

B4. 您的职业属于下列哪一类：

①生产运输工人和有关人员 ②商业人员 ③党政企事业单位负责人

④服务业人员 ⑤党政企事业单位一般工人 ⑥其他职业人员（请写明）_______

上例中，问题的代码分别为 B1、B2、B3 和 B4，而每个问题中的每个答案也都被赋予了一个阿拉伯数字作为代号，如 B1 中，男性被赋予了数字 1，而女性被赋予了数字 2；B3 中的小学及以下文化程度被赋予数字 1，大专以上文化程度则被赋予了数字 4；等等。

根据问卷中问题形式的不同，代码的赋予形式也略有不同。对于填空形式的问题，如上例中的 B2，问卷中没有标出具体答案，而是给被调查者留了一个空白位置，让其根据自己的情况，直接将数字填入空白位置。因此，我们就用回答者所填写的数字作为其回答答案的代码值。

对于多项选择问题（这是问卷中使用最多的一种问题形式），我们一般直接用 1、2、3、4、5 等数字作为问题答案的代码值。值得提醒的是，这些代码值虽然都是我们在算术中所使用的阿拉伯数字，但它们此时却不能作为那种数字来进行各种运算。它们此时仅仅只能作为各种不同答案类别的一个代号或一种记号。

编码既可以在问卷设计的同时就设计好，也可以等调查资料收集完成后再进行。前者称为预编码，后者称为后编码。实际调查中，研究者大多采用预编码，因此，编码也就成了问卷中的一个部分。预编码除了给每个问题和答案分派数字以外，还会为调查后的资料转换和数据录入做一定的准备。本书将在调查数据处理有关章节详细介绍问卷调查数据后编码及录入的有关方法。

6. 其他

除了编码以外，有些访问问卷还需要在封面印上访问员姓名、访问日期、审核员姓名、被调查者住地等有关资料。

第二节 问卷设计的原则和一般步骤

一、问卷设计的原则

在动手设计问卷之前，设计者的头脑中应该牢记下面的几条基本原则。这些原则虽然并不直接涉及问卷设计的具体方法和技术，但在某种意义上说，它的重要性也许并不亚于具体方法的介绍。

1. 要明确问卷设计的出发点

问卷作为调查者用来收集资料的工具，对其进行设计时，自然要考虑调查者的需要，这一点是毋庸置疑的。也就是说，问卷设计要紧紧围绕所研究的问题和所要测量的变量来进行，要尽可能做到所收集的正是所需要的资料，不多也不少。既不漏掉一些必需的资料，也不包含一些无关的资料。但是，如果光从研究者的需要来考虑，而不考虑到被调查者的实际情况，那么所设计的问卷往往会存在一些不妥的地方。例如，有些问卷长达几十页，问题数目多达几百个；或者问卷设计过于复杂，一个问题中包含着十几个子问题；有些问卷中的问题还需要回答者进行难度较大的回忆和计算；等等。这些情况都是设计时没有为回答者着想，没有从回答者的角度进行考虑的结果。

我们知道，社会调查实质上是调查者通过问卷向被调查者了解情况的过程，这一过程可以简单表示为：调查者—问卷—被调查者。“调查者—问卷”这一环节，指的是调查者按照研究的目的和意图设计出问卷。如果仅从这一点考虑，问卷设计的出发点当然就是调查者，即问卷设计时要一切为调查者的需要服务。但是，问题还有另外的一半。在“问卷—被调查者”这一环节中，问卷则是众多被调查者的主宰。尤其应该认识到，我们所调查的对象不是机器，而是具体的人，不同质量、不同形式的问卷，对被调查者提出的要求和产生的影响也各不相同。因此，要使我们的调查取得好的效果，设计问卷时不能只把注意力放在编制什么问题上，还要注意问卷调查过程中人的因素。要多为回答者着想，多从回答者的角度考虑，尽量为他们填答问卷提供方便，减少困难和麻烦。

2. 明确阻碍问卷调查的各种因素

由于问卷调查需要被调查者的密切合作，在设计问卷时，必须对那些在问卷调查过程中可能出现的阻碍因素有清楚的认识。阻碍被调查者合作的因素主要有两个大的方面。

（1）主观上的障碍，即被调查者因在心理上和思想上对问卷产生的各种不良反应所形成的障碍。例如，当问卷内容太多，问卷表太厚，或者问卷中需要花时间思考、回忆、计算的问题太多时，回答者就容易产生畏难情绪；当问卷中的问题涉及个人隐私等敏感的内容时，回答者就容易产生种种顾虑；当问卷的封面信对调查的目的、内容、意义解释不够时，回答者就可能对问卷调查不重视，缺乏积极合作的责任感；而当问卷内容脱离被调查者的生活实际，或者所用的语言与被调查者的文化背景不协调，或者问卷形式设计得呆板、杂乱时，被调查者就可能对问卷调查毫无兴趣，置之不理，甚至将问卷表弃如废纸。

（2）客观上的障碍，即由被调查者自身的能力、条件等方面的限制所形成的障碍。例如，阅读能力带来的限制。一个被调查者起码要能看得懂问卷才能做出他的回答，如果问卷的格式较复杂、问题较抽象或者语言不通俗易懂，那么，有些文化程度较低的被调查者就很难看懂问卷的内容和要求。又如，理解能力的限制。无论是对于问题的内容还是对于填写问卷的方法，常常会有一些被调查者理解不了，因而，对他们来说，问卷调查就是不可行的。还有记忆能力、计算能力所带来的限制。在问卷中，研究者常常询问有关被调查者过去的经历或生活的问题，也常常询问诸如每年的收入、每月的生活费用、每天用于某件事的时间等问题，这些问题常常要求被调查者进行一定的（有时甚至是困难的）回忆、思考和计算。然而，并不是每个人对自己所经历过的各种事情都能回忆得起来，也并不是每个人都能按调查者的要求进行计算的。如果我们不设身处地为被调查者考虑，那么一些回答者就会由于上述种种客观条件的限制而放弃答卷，从而减少了调查问卷的回收率，影响到调查质量。

3. 明确与问卷设计紧密相关的各种因素

一份问卷的设计工作远远不止是列出一组问题，它还涉及许多在问卷上看不到的因素，并受这些因素的影响和制约。这些因素包括调查目的、调查内容、样本性质、问卷的使用方式等。

（1）调查目的。对于任何一项问卷设计工作来说，调查的目的就是其灵魂，因为它决定着问卷的内容和形式。如果调查的目的只是了解被调查对象的一般情况，那么，问卷设计就应该主要围绕着被调查对象各个方面的基本事实来进行。如果其目的不是一般的描述，而是要做出解释和说明，那么，问卷设计就要紧紧围绕着研究假设和关键变量来进行，问卷中必须问什么、不必问什么都将严格受到研究假设的制约。

（2）调查内容。调查内容也是影响问卷设计工作的一个主要因素。对于那些回答者比较熟悉的调查内容、容易引起回答者参与兴趣的调查内容、不会对被调查者产生心理压力的调查内容来说，问卷设计的工作就相对容易一些。这时，问卷的内容可相对详细、深入，提问可以比较直接，问题的数目可以适当多一点。但当调查的内容回答者不熟悉时，或者调查内容比较枯燥，不易引起他们的兴趣时，特别是涉及一些敏感的内容时，问卷设计工作就要困难一些。这时，问卷中的问题相对来说就只能问得概略一些、浅显一些、间接一些，问题的数量也应少一些，而问卷的封面信和指导语就得比较详细，措辞也得更加小心。

（3）样本性质。样本性质即样本的构成情况，它对问卷设计工作同样有着较大的影响。构成调查样本的被调查者是些什么样的人，他们的职业、文化程度、性别、年龄的分布状况如何，相互之间差异大小等，都是设计者应该有所了解的。因为即使是同样的调查目的和同样的调查内容，用于工人样本中的问卷和用于大学生样本中的问卷在设计上的要求也是不尽相同的。用于工人样本的问卷，其语言应该更通俗、简单和口语化一些，问题的数量也应少一些；而用于大学生的问卷，语言就可以书面化一些，问题可以复杂一些，数量也可以多一些。

（4）问卷的使用方式。问卷设计还要充分考虑到问卷的使用方式和资料的分析方式，因为不同的使用和分析方式对问卷有着不同的要求。若对资料主要进行定性分析，那么就应以开放式问题为主；反之，若进行定量分析，则应以封闭式问题为主。对于自填式问卷来说，设计应该尽量简单明了，便于阅读，便于理解，便于填写；若是访问问卷，则可相对复杂一些；用于邮寄方式进行调查的问卷，要特别注意封面信的设计。

除上述各种因素外，当然还不能忽视调查经费多少、调查人员多少、调查时间长短等对问卷设计工作的限制。

二、问卷设计的一般步骤

要设计一份调查问卷，第一步工作并不是马上动手写调查问题，而是先做一段时间的探索性工作，然后才是设计问卷初稿，并经过试用和修改，最后形成正式的问卷。其基本步骤如图 5-1 所示。

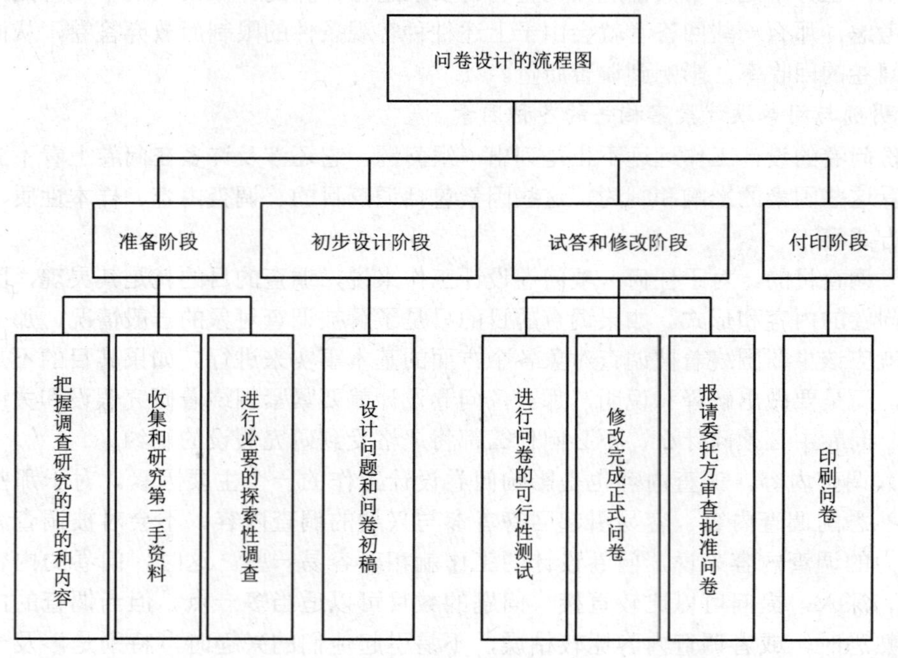

图 5-1 问卷设计流程图

1. 准备阶段

要设计一份调查问卷，第一步工作并不是马上动手去列出调查的问题，而是要先做一定的探索性工作。即先摸摸底，熟悉和了解一些基本的情况，以便对各种问题的提法和可能的回答有一个初步的认识。做这种探索工作的常见方式，是设计者围绕所要调查的问题，自然地、随便地与各种对象交谈，并留心观察他们的特征、行为和态度。通过交谈，常常可以避免在设计问卷时出现许多含糊的问题，也可以避免设计出不符合客观实际的答案来。这是因为，当我们在交谈中提出的问题含糊不清时，回答者必然会提出疑问。而熟悉和了解各种类型的调查对象对某一问题所给予的具体回答，就为设计者根据实际情况恰当地设计出这一问题的各种答案奠定了基础。

2. 初步设计阶段

这是问卷设计的核心工作。初步设计阶段需按照调查研究的目的，根据调查对象的特点，对所需收集的资料确定相应的问卷形式，选择合理的问卷结构，设计每个问句的表现形式，对问句拟定编排方案，考虑问卷是否需要编码，并向被调查者说明调查目的、要求、注意事项等。

3. 试答和修改阶段

对初步设计出的问卷在小范围内进行试验性调查，及时发现存在的问题，并做必要的修改，使问卷更加完善。试答在问卷设计中至关重要，时间再紧也不能不做。这是因为问卷设计中所出现的任何一点不足或缺陷，都将在所得到的问卷资料中留下印记，有时甚至造成难以弥补的损失。问卷一发出，一切都无法挽回了。通常要在对第一次试验结果进行审定后再进行多次的试答，对问卷实行的试验次数越多，所产生的效果也就越好。

4. 付印阶段

在对修改后的问卷进行印制的过程中，同样要十分小心和仔细。无论是版面安排上的不妥，还是文字上、符号上的印刷错误，都将直接影响到最终的调查结果。只有经过了试用和修改，并对校样反复检查后，才能把问卷送去印刷，并用于正式调查中。

第三节 问卷设计技术

一、问题设计技术

问卷的主体是问题和答案，因此，问卷设计首先要解决的是根据研究目的确定要调查的具体问题，并用具体的形式将问题表达出来。问题的形式可以简单归纳为两大类，即开放型问题和封闭型问题。

（一）开放型问题

开放型问题是指被调查对象可以自由回答的问题，这类问题调查者事先不规定答案，被调查者可以根据自己的理解不受任何限制地做出回答。

1. 开放型问题的形式

开放型问题一般主要有两种形式。

（1）填空式。采用填空式设计的开放性问题，实际上对于每个被调查者来讲，是有确定答案的，但是不同的受访对象又有很大的差别。由于实际的可能答案种类很多，难以一一列举，所以采用填空的形式。

例如：您的年龄：__________周岁

您最喜欢饮用的乳品饮料是：______________（品牌名称）

（2）自由回答式。和填空式相比，自由回答式开放问题是指调查人员提出问题，由被调查者自由地表达自己的观点和看法。这是开放型问题比较常用的形式，故开放型问题又称为自由式问题。

例如：您认为现行高考制度有哪些弊端？

2. 开放型问题的设计方式与技术

（1）开门见山式。开放型问题最常见的设计形式就是采用开门见山的方式直接提示问题。例如，您认为应该如何完善我市公交车服务？您喜欢哪类颜色的食品包装？您的人生目标是什么？您打算如何实现您的目标？

这种形式所得到的资料较多，但对资料的汇总整理难度很大，主要用于深度谈话和自由访问。这类问题的共同特点是可以直接了解被调查者的态度，而且回答不拘形式，被调查者可以充分发挥。但这种开门见山直接询问的方式，并不适应于所有被调查者。在有限的时间内，有些被调查者不愿对问题做过多的文字描述，而描述不够又说不清楚，易于使被调查者因回答困难而产生厌烦心理。

（2）词语联想式，又称语言联想式。它是指给被调查者一个有许多意义无关的词表，让被调查者看到词后说出最先联想到的词。通过对反映词以及反映时间的分析，了解被调查者对刺激词的印象、态度和需求。例如，给被调查者一张第一列为产品品牌，第二列为形容词的调查表。然后请他为每一品牌配上最适合的形容词（表 5-1）。

表 5-1 产品品牌与形容词表

品牌	形容词
	实惠
美洲虎	
	快速
福特	
	舒适
奔驰	安全
	便宜
丰田	
	美观
宝马	豪华

（3）文章完成式。它是由调查人员向被调查者提供有头有尾的文章，由被调查者按照自己的意愿完成整篇文章，借以分析被调查者的动机和态度等。

例如，一位消费者在一家商场挑选、斟酌了许久，最后选中了一组花色漂亮、做工精细、价格合理的陶瓷餐具，在她准备付款时，却遭到了售货员的怠慢。这位消费者将会做出怎样的反应？

（4）图画完成式。调查人员给出有两个人的图画，其中一个人说一句话，由被调查者以另外一个人的身份完成图中对话，从而了解被调查者的想法。

美国学者史密斯曾用此方法调查香烟销售情况。图中是一个男士下班回家后对妻子说："我决定吸烟了！"就此调查女士们对男士们吸烟的看法和态度。

（5）角色扮演式。调查员不是让被调查者直接说出自己的动机、态度和观点，而是通过他/她对别人动机、态度和观点的描述，间接暴露自己的真实动机、态度和观点。在美国运用这种方法的一个典型事例是 20 世纪 50 年代有关速溶咖啡的调查。速溶咖啡省时省力，味道也不错，但这一新产品当时销量平平，徘徊不前。起初用自由回答式，结论是：消费者不喜欢速溶咖啡的味道。但没有说出速溶咖啡和新鲜咖啡味道有什么不同。为了找出消费者持否定态度的真实动机，公司变换了问卷设计技巧，向被调查者展示两张购货单，让其说出购买速溶咖啡和新鲜咖啡的两个家庭主妇的特点。调查结果是：被调查者普遍认为购买速溶咖啡的是懒惰、不会计划开支、不称职的家庭主妇。这个结果帮助公司了解到了消费者不愿购买速溶咖啡的真实原因。被调查者在形容购买速溶咖啡的家庭主妇的特点时，不知不觉中已经将自己的看法表达出来了。

（二）封闭型问题

封闭型问题是指调查者事先已经设计好了问题的各种可能答案，被调查者只能从中选定一个或几个现成的答案的一种提问方式。这种提问方式的具体表达形式有很多种，主要常见的有二项选择式、多项选择式、排序式、过滤式、矩阵式等。

1. 二项选择式

二项选择式又称是非式，这种类型的问题只允许被调查者在给定的两个性质相反的备选答案中选取其一。最常见的是在“是”与“否”、“有”或“无”、“好”与“坏”、“喜欢”与“不喜欢”中选取其一。

例如：最近一个月内，您有没有购买过××牌护肤品（在同意的方块中画“√”）？
有 □ 没有 □

这种提问式便于被调查者选择，而且易于统计。但由于问题中两个备选答案的性质不同，调查者只能知道被调查者的一种态度或一种状况，不能弄清形成这种态度或状况的原因，也无法把握被调查者对所选答案的认同程度，所以这种提问式常常需要有其他形式的询问作为补充，才能使提问更深入，使对问题的回答更明朗。

2. 多项选择式

这种类型的选择题需事先给出三个或三个以上的备选答案，被调查者根据要求，结合实际情况从中选择一个或几个答案来回答。只选择一个答案的叫单项选择，它适用于答案相互排斥的情况。选择两个或两个以上答案的叫多项选择，它适用于答案互不排斥的情况。

例如：您认为“成绩”和“知识”的关系是（ ）？
（1）完全一致 （2）基本一致 （3）不清楚 （4）不一致 （5）完全不一致

这是一道单项选择题，被调查者可从给定的 5 个备选答案中，任选其一且只能选择其一。

再如：您选择××牌电冰箱的主要原因是（在选择的方块中打“√”）？
（1）制冷快 □ （2）容积大 □ （3）价格便宜 □ （4）售后服务好 □
（5）外观漂亮 □ （6）别人推荐 □ （7）质量好 □ （8）噪声小 □
（9）颜色漂亮 □ （10）保修期长 □ （11）其他 □

这是一道多选题，被调查者可从已给的 10 个备选答案中选择一个或若干个。在这类多项选择题中，由于所设的备选答案不一定能恰当地表达出被调查者的所有看法，所以一般将最后一个备选答案设为“其他”，以便使被调查者能够有机会表达出自己的真实看法和实际情况。对多项选择题答案的选择一般没有个数限制，但有时为了便于统计，也可要求被调查者最多只可从备选答案中选择指定的项数或者不能超过指定的项数。

3. 排序式

排序式是要求被调查者根据自己的偏好判断所列答案的重要程度，并按顺序排列答案。

例如：影响您选择到××超市购物的主要原因中，最重要的是（ ），其次是（ ），再次是（ ）。

（1）超市干净卫生 （2）购物环境好 （3）商品丰富 （4）离家近 （5）价格便宜 （6）服务态度好 （7）停车方便 （8）交通方便 （9）商品质量好 （10）打折活动多 （11）有会员卡或贵宾卡 （12）持卡购物有奖 （13）其他

对这类题也可以通过让被调查者打分的形式来完成。例如，设定每个原因应得的最高分为 100，最低分为 0 分；被调查者认为某个原因应得多少分，就在该原因后面填上自己打的分数；最后把每一个原因被调查者所打的分数进行平均。如果是 70 分以上，说明较受欢迎，30～40 分说明一般，20 分以下说明不受欢迎。

4. 过滤式

问卷应是针对所有被调查者设计的，但这并不意味着每一个问题都必须适用于全体被调查者。对于只适合于或只需对部分被调查者提问的问题，必须要事先过滤调查对象。即在要问的问题前设置一个过滤问题，对于回答“是”者，回答一类问题；对于回答“否”者，回答另外的问题。

例如：近三年来，您参加专门为女领导干部举办活动的情况。

（1）参加过（ ）（ 次）

（2）没有参加过（ ）（跳到下面的第8题）

5. 矩阵式

矩阵式（双向列联式）是指有多个问题，同时又有多个备选答案，且当每个问题可以用相同的答案时，就将其设计成矩阵的格式。

例如：请您对下列问题按关注程度在合适的栏内打“ √ ”（表 5-2）。

表 5-2 对女性问题的社会关注度调查

项目	非常关注	关注	一般	不大关注	不关注
平等受教育权利					
平等就业机会					
同工同酬					
男女同龄退休					
下岗女职工再就业					
打工妹的合法权益					
贫困地区妇女脱贫					
扫盲和普及卫生保健知识					

矩阵式的优点是：①节省空间。对于有多个问题，同时又有多个备选答案的问题，采用矩阵式是最节省空间的表现形式。②便于比较。采用矩阵式有利于同一矩阵中多个不同问题之间的相互比较。③简化说明。对于如何填答矩阵问题，只需在开头说明一次，不必重复说明。④节省时间。采用矩阵式有利于缩短被调查者思考和回答问题的时间。

二、问题答案的设计原则

组成问卷主体部分的不仅有各种各样的问题，还有封闭式问题所列出的供受访者选择的答案。对于问题答案的设计遵循的最基本原则是穷尽性原则和互斥性原则。

（一）穷尽性原则

穷尽性原则是指每个问题中所列出的备选答案应包括所有可能的回答。这是为了使所有被调查者都能在给定的备选答案中至少选择出一项适合自己情况的答案，不至于因所列出的答案中没有合适的答案可选而放弃回答。

例如：您的出生地是哪里？

①农村　②城镇　③中等城市　④大城市

这组备选答案中的四个选项涵盖了出生地城乡的所有可能情况，因此，这个问题的设计是符合穷尽性原则的。

再如：您家目前的收支情况如何？

①较多节余　②略有节余　③收支平衡

对以上问题只设计三个备选答案显然违背了穷尽性原则。因为这三个备选答案反映的都是“顺差”的情况，而对于“逆差”的情况却没有反映。因此，必须加上第 4 个备选答案“入不敷出”，这时答案才穷尽了。

（二）互斥性原则

互斥性原则是指每个问题中所有备选答案必须互不相容、互不重叠。互斥性是为了避免被调查者在选择时出现双重选择的现象。

例如：您平均每月支出中，花费最多的是哪项？

①食品　②服装　③书籍　④报刊　⑤日用品

⑥娱乐　⑦交际　⑧饮料　⑨其他

以上问题答案中的食品和饮料，书籍和报刊等都是不互斥的，问卷调查表中答案设计要求所有答案既穷尽又互斥。

再如：您的职业？

①工人　②农民　③教师　④司机　⑤售货员　⑥服务人员

在上述答案中，“工人”与“司机”，“售货员”与“服务人员”都是不互斥的，工人包括司机，服务人员包括售货员。当被调查者见到这样一个问题时，往往不知如何选填。

同时，这些答案也是不穷尽的，答案中只列出了一部分职业，还有一些职业未包括进去，这又会使有些被调查者觉得选择哪一项都不太合适，这就是不互斥与未穷尽带来的问题。

如果一个提问所需备选答案太多，且不易穷尽时，可以加设一项“其他”。应当说明的是：如果选择“其他”项的调查对象所占比例较高，说明该答案设计得不十分恰当，很可能有某些重要的、带普遍性的类别没有列出来，这就将影响调查结果的准确性和真实性。

例如：在校期间，您参加过以下哪些考试（　　　　）（可多选）？

（1）报关员、报检员　（2）人力资源师　（3）注册会计师

（4）物流师　（5）证券分析师　（6）计算机等级考试

（7）大学英语四、六级　（8）剑桥商务英语　（9）公务员

（10）研究生　（11）托业考试　（12）各种上岗证

（13）小语种等级（日语、韩语等）　（14）托福、雅思或者 GRE 等

（15）各种其他专业证书（请注明　　　　　　　　　　）

（16）各种其他非专业技能证书（请注明　　　　　　　　　　）

三、问题顺序的编排技术

问卷设计中有关问题和答案的设计是核心内容，主要体现调查研究的目的和要解决的问题。但是完成这些内容上的设计还不足以保证调查应该达到的有效和高回收率，各种不同问题的顺序安排也是一个不容忽视的重要内容。问卷设计者必须站在被调查者的立场上，设计出能使受访者容易回答的问卷。千万不要使被调查者答到中途就感到很烦，导致后半段胡乱填写，甚至半途而废。

问题编排的先后次序会影响到被调查者对答案的选择和对问卷的兴趣及答卷的质量。人们一般表现为对问卷中头几个问题回答的兴致比较高，回答起来比较认真。因此，设计问卷时，一项非常重要的工作是科学合理地编排问题的顺序。问卷中问题的顺序一般可按下列规则排列。

1. 问题的安排应有逻辑性

问卷的设计从整体上看要有一个问题的排列顺序。从问题的总体顺序上考虑，可按时间顺序排列，也可按空间顺序排列；可按类别顺序排列，也可按性质顺序排列；可按内容顺序排列，也可按功能顺序排列。这种总体上进行逻辑性安排的目的，是要避免给被调查者带来因提问顺序的混乱而很难回答的印象。

2. 问题的安排应先易后难

从难易角度来看，一般要将较容易回答的问题放在前面，较难回答的问题放在后面；将被调查者较熟悉的问题放在前面，被调查者较生疏的问题放在后面；将一般性的问题放在前面，将敏感性或困窘性的特殊性问题放在后面。这样做不仅使被调查者答题时感到顺，而且会使其在回答问题的同时，感到学到了新知识，了解了新情况。

3. 把能引起被调查者兴趣的问题放在前面

在考虑问题排列顺序的时候，是否有利于引起被调查者的兴趣是保证问卷顺利填答完成的一个非常重要的原则。在设计时应将被调查者感兴趣的问题放在前面，容易引起被调查者紧张、顾虑的问题放在后面；个人资料的事实性问题放在卷尾；事实行为方面

的问题先问，观念、情感、态度方面的问题后问。

4. 开放型问题放在最后

从问题类型上来看，一般应将封闭型问题放在前面，开放型问题放在后面。但这个原则不是固定不变的，设计者在处理具体问题时不可机械对待，需根据具体情况灵活设计。例如，有时在问卷的头几个问题中设置自由式问题，反而有利于使被调查者多讲话，多发表意见，使其感到十分自在，不受拘束，能充分发表自己的见解。因被调查者话题多，则与调查者之间的陌生距离就会缩短，关系融洽，有利于后面的调查气氛。不过还要注意，最初安排的自由式问题必须是较易回答的，千万不可提那些高敏感性或困窘性的问题，否则一开始就有遭到被调查者拒绝的危险。

四、问卷设计中的语言及提问技术

语言是问卷设计的基本材料，要设计出含义清楚、简明易懂的问题，必须注意问题的语言。问题措辞的基本原则是简短、明确、通俗、易懂。在问卷设计中，对问题的语言表达和提问方式有下列常用的规则。

第一，问题的语言要尽量简单。无论是设计问题还是设计答案，所用语言的第一标准应该是简单。要尽可能使用简单明了、通俗易懂的语言，而不要使用一些复杂的、抽象的概念以及专业术语，如“核心家庭”“社会分层”“政治体制”“开拓精神”等。

第二，问题的陈述要尽可能简短。问题的陈述越长，就越容易产生含糊不清的地方，回答者的理解就越有可能不一致；而问题越短小，产生这种含糊不清的可能性就越小。有的社会学家提出，短问题是最好的问题。因此，我们在陈述问题时，最好不要用长句子，要使问题尽可能清晰、简短，使回答者能很快看完，很容易看懂，一看就明白。

第三，问题要避免带有双重或多重含义。双重（或多重）含义指的是在一个问题中，同时询问了两件（或几件）事情，或者说，在一句话中同时问了两个（或几个）问题。例如，问题“您的父母退休了吗”就是一个带有双重含义的问题，实际上同时询问了“您的父亲退休了吗”和“您的母亲退休了吗”这两件事情。由于一题两问，就使得那些父母中只有一个退休的被调查者无法回答。

第四，问题不能带有倾向性。问题的提法和语言不能使被调查者感到应该填什么，或者感到调查者希望他填什么。这也就是说，问题的提法不能对回答者产生某种诱导性。应保持中立的提问方式，使用中性的语言。例如，同样是询问人们是否抽烟，问题“你抽烟吗”和问题“你不抽烟，是吗”就有所不同。前者是人们日常生活中习惯的问法，而后者则带有一种希望被调查者回答“是的，我不抽烟”的倾向。此外，在问题中引用或列举某些权威的话，或者运用贬义或褒义的词语，都会使问题带有倾向性，都会对回答者形成诱导。

第五，不要用否定形式提问。在日常生活中，除了某些特殊情况外，人们往往习惯于肯定形式的提问，而不习惯于否定形式的提问。例如，习惯于“您是否赞成物价进行改革”而不习惯于“您是否赞成物价不进行改革”。当以否定形式提出问题时，由于人们不习惯，所以许多人常常容易漏掉问题中的“不”字，并在这种理解的基础上来进行回答，这样就恰恰与他们的意愿相反了。而这种误答的情形在问卷结果中常常又难以发现。因此，在问卷设计中不要用否定式提问。

第六，不要问回答者不知道的问题。这就是说，我们所问的问题都应该是被调查者能够回答的，或者说被调查者确实具有回答这些问题的知识能力。如果向被调查者询问一个他们一无所知的问题，那么被调查者是无法回答的。例如，如果我们提出的问题是“您对我国的社会保障制度是否满意”，那么，普通公民中的大部分人将无法回答。因为他们并不知道什么叫社会保障制度，也不知道我国的社会保障制度是怎样的。

第七，不要直接询问敏感性问题。当问及某些个人隐私或人们对顶头上司的看法这样一些问题时，人们往往具有一种本能的自我防卫心理。因此，如果直接提问，则将会引起很高的拒答率。所以对这些问题最好采取某种间接询问的形式，并且语言要特别委婉。

第四节　常用量表

在社会调查中，研究者常常需要测量人们的态度、看法、意见、性格等主观性较强的内容。这些主观性的内容一方面具有潜在性的特征，另一方面其构成也比较复杂，一般很难用单一的指标进行测量。因此，为了达到这种测量目的，研究者常常需要借助于各种量表。量表在心理学和社会心理学的研究中运用比较普遍，在社会调查以及其他社会研究中，则更多的是运用量表来测量人们的态度。从许多社会调查（特别是民意调查）所用的问卷中，我们常常可以看到各种形式的态度量表。在这一小节中，我们主要介绍社会调查中常用的总加量表、李克特量表和语义差异量表（有关量表的更为全面、更为详细的介绍可参见专门的心理学、社会心理学书籍）。

一、总加量表

总加量表也称为总和量表，它由一组反映人们对事物的态度或看法的陈述构成，回答者分别对这些陈述发表意见，根据回答者同意或不同意分别计分，然后将回答者在全部陈述上的得分加起来，就得到了该回答者对这一事物或现象的态度的得分。这个分数是其态度的量化结果，它的高低就代表了个人在态度量表上的位置。表5-3就是总加量表的一个例子。

表5-3　贝利生育量表

题项	同意	不同意
（1）结婚的主要原因之一是要生孩子	1	0
（2）只生一个孩子是错误的，因为独生子女是在孤独中成长，且由于无兄弟姐妹而忧郁	1	0
（3）生育孩子是一个妇女所能具有的最深刻的经历之一	1	0
（4）两种性别的孩子至少都有一个比仅有一种性别的孩子好	1	0
（5）没有孩子的妇女决不会感到完全的满足	1	0
（6）男人直到他业已证明自己成为了孩子的父亲时，才算是“真正的男人”	1	0
（7）（由于生育控制、绝育或年老等因素）不能导致怀孕的性活动是不道德的	1	0
（8）未结婚或者结了婚而没有孩子的男人可能是同性恋者	1	0
（9）妇女的首要职责是做母亲，只有在不影响其母亲职责时，才谈得上她的事业	1	0
（10）没有孩子的夫妇实在可怜	1	0

资料来源：Baily K D. 1987. Methods of Social Research. 3rd ed. New York: Free Press: 344

表 5-3 测量的是人们对生育子女所持的态度。它由在同一方向（强调生育）的 10 个陈述句构成，每一陈述句后都有两种答案。凡回答“同意”者，记 1 分；答“不同意”者，记 0 分。这样，将一个回答者对这 10 个陈述的得分相加，就得到他在这一问题上的态度的总得分。在此例中，总分最高者为 10 分，它表明被调查者对生育孩子有强烈的义务感；总分最低者为 0 分，它表明被调查者感到没有义务生孩子。需要说明的是：一方面，总加量表的回答类别可以是 2 个（如上例），也可以是 3 个或者更多；另一方面，要注意每个陈述所表达的态度方向，如果上例中出现了与这个态度陈述的方向相反的陈述，如“只生一个孩子是最明智的选择”，则此时对它记分方法应与其他 10 句相反，即“同意”者记 0 分，“不同意”者记 1 分，以保持整个态度量表测量方向的一致性。

上述这样的总加量表有一个潜在的假设或前提：每一个态度陈述都具有同等的效果，即它们在反映人们的态度方面是“等值的”，不同的陈述之间不存在数量的差别（它们的“分值”都一样）。只有在这样的假定下，我们才能说，那些总得分为 2 的回答者具有同样程度的不主张生育的态度；同样，也只有在这样的假定下，我们才能分辨出同意其中 8 条陈述的回答者比同意其中 2 条的回答者有更强烈的生育义务感。

然而，我们在实际应用中却有一个很大的困难，这就是指标（即表中的陈述）的测量效度问题（详见本章第五节）。我们想测量人们对生育孩子的态度，但却往往难以保证用来进行这种测量的所有指标（本例中的 10 条陈述）都是在完全地测量着同一事物。例如，第五条陈述和第九条陈述所测量的或许是人们对“女性角色”的态度，第六条和第八条所测量的或许是人们对“男性角色”的态度，而第二条和第四条则可能是在测量人们对孩子“社会化”的态度，因而，对于同样的 2 分，这一量表所实际测量的并不一定是同样的态度和在这种态度上完全一样的程度。

二、李克特量表

李克特量表是总加量表的一种特定形式，也是社会调查问卷中用得最多的一种量表形式。它是由美国社会心理学家李克特（R. A. Likert）于 1932 年在原有的总加量表基础上改进而成。李克特量表也由一组对某事物的态度或看法的陈述组成，与前述总加量表所不同的是，回答者对这些陈述的回答不是被简单地分成“同意”和“不同意”两类，而是被分成“非常同意、同意、不知道、不同意、非常不同意”五类，或者“赞成、比较赞成、无所谓、比较反对、反对”五类。由于答案类型的增多，人们在态度上的差别就能更清楚地反映出来。表 5-4 就是李克特量表的一个例子。

表 5-4 请对下面陈述发表意见

题项	非常同意	同意	无所谓	不同意	非常不同意
A1. 婚事尽量办得简单一点	□	□	□	□	□
A2. 结婚是人生大事，要办得隆重、热闹，花再多钱也值得	□	□	□	□	□
A3. 即使再有钱，婚事也不应大操大办	□	□	□	□	□
A4. 为了不让别人笑话，就是借钱也要把婚事办得像样	□	□	□	□	□

表 5-4 中，四条陈述所代表的态度倾向是不一样的，可按下列方式计分：对于赞同节俭办婚事的看法，我们按 5=非常同意，4=同意，3=无所谓，2=不同意，1=非常不同意来赋值；对赞同婚事大操大办的看法，我们则按 1=非常同意，2=同意，3=无所谓，4=不同意，5=非常不同意来赋值。这样表 5-5 中四种陈述的赋值结果如表 5-5 所示。

表 5-5 四种陈述的赋值

题项	非常同意	同意	无所谓	不同意	非常不同意
A1. 婚事尽量办得简单一点	5	4	3	2	1
A2. 结婚是人生大事，要办得隆重、热闹，花再多钱也值得	1	2	3	4	5
A3. 即使再有钱，婚事也不应大操大办	5	4	3	2	1
A4. 为了不让别人笑话，就是借钱也要把婚事办得像样	1	2	3	4	5

每一个回答者在这一量表上的四个得分（每行一个答案所对应的码值）加起来，就构成他对婚事操办方式的态度得分。按我们上述赋值方式，一个回答者在该量表上的得分越高，表明他的态度越倾向于婚事要节俭。

李克特不仅改进了总加量表的形式，更重要的是他还提出了一种帮助研究者从量表中消除有问题的项目（即陈述）的方法。这种方法成为研究者设计总加量表时确定量表项目的主要依据，其基本程序如下。

（1）围绕要测量的态度或主题，以赞成或反对的方式写出与之相关的看法或陈述若干条（一般为 20～30 条）。对每一陈述都给予 5 个答案：非常同意、同意、无所谓、不同意、非常不同意，并根据赞成或反对的方向分别赋以 5、4、3、2、1 分。

（2）在所要测量的研究对象中，选择一部分对象（一般不能少于 20 人）进行测试。

（3）统计每位受测者在每条陈述上的得分以及每人在全部陈述上的总分。

（4）计算每一条陈述的分辨力，删除分辨力不高的陈述，保留分辨力高的陈述，形成正式的量表。

分辨力的计算方法是：先根据受测对象全体的总分排序；然后取出总分最高的 25%的人和总分最低的 25%的人，并计算这两部分人在每一条陈述上的平均分；将这两个平均分相减，所得出的就是这一条陈述的分辨力系数。该系数的绝对值越大，说明这一陈述的分辨力越高。表 5-6 显示了分辨力系数的计算。

表 5-6 分辨力系数计算示意表

被调查者 \ 陈述		A1	A2	A3	A4	A5	A6	A7	A8	A9	A10	A11	A12	个人总分
总分高的 25%	工人 1	4	5	5	4	3	5	4	4	3	5	2	5	49
	工人 2	5	4	4	5	5	4	3	2	5	4	1	4	46
	工人 3	5	4	3	3	4	5	4	3	4	4	2	5	45

续表

陈述 被调查者		A1	A2	A3	A4	A5	A6	A7	A8	A9	A10	A11	A12	个人总分
总分高的 25%	工人 4	4	4	4	4	5	3	3	3	4	5	1	4	45
	工人 5	5	5	3	2	4	4	3	4	5	2	2	4	43
	工人 6	4	3	2	5	4	5	4	4	2	3	1	5	42
	工人 7	4	4	4	4	2	3	3	4	4	3	2	4	41
	⋮	⋮	⋮	⋮	⋮	⋮	⋮	⋮	⋮	⋮	⋮	⋮	⋮	⋮
	工人 14	2	3	2	3	3	2	3	4	4	3	2	4	36
	工人 15	2	4	2	3	2	2	3	4	4	3	1	4	34
总分低的 25%	工人 16	2	2	4	2	3	3	2	1	4	2	2	5	32
	工人 17	2	2	2	3	4	2	4	1	3	3	2	4	32
	工人 18	1	3	2	4	1	3	3	2	1	2	2	5	29
	工人 19	1	1	2	2	2	3	2	3	4	1	1	4	26
	工人 20	1	1	1	2	1	2	1	2	3	2	2	3	21
总分高的 25%的人的平均分		4.6	4.4	3.8	3.6	4.2	4.2	3.4	3.2	4.2	4.0	1.6	4.4	
总分低的 25%的人的平均分		1.4	1.8	2.2	2.6	2.2	2.6	2.4	1.8	3.0	2.0	1.8	4.2	
分辨力系数		3.2	2.6	1.6	1.0	2.0	1.6	1.0	1.4	1.2	2.0	–0.2	0.2	

资料来源：袁方. 1997. 社会研究方法教程. 北京：北京大学出版社: 302

从表 5-6 可以看出，陈述 A11 和 A12 的分辨力很小，在正式问卷中应该将其剔除。

三、语义差异量表

语义差异量表也称为语义分化量表，主要用来研究概念对于不同的人所具有的不同含义。这种量表最初是美国心理学家 C.奥斯古德等在他们的研究中使用的。它“在研究小政治群体、态度或更一般性的政治问题时特别有用”①。在社会学、社会心理学和心理学研究中，语义差异量表主要用于文化的比较研究、个人及群体间差异的比较研究，以及人们对周围环境或事物的态度、看法的研究等。

语义差异量表的形式由处于两端的两组意义相反的形容词构成，每一对反义形容词中间分为七个等级，每一等级的分数从左至右分别为 7、6、5、4、3、2、1，也可以计为+3、+2、+1、0、–1、–2、–3。被测量的概念或事物（如某一群体、某种问题、某个国家等）放在量表的顶端，调查时要求被调查者根据自己的感觉在每一对反义形容词构成的量尺中的适当位置画记号，如打勾。研究者通过对这些记号所代表的分数的统计和计算，来研究人们对某一概念或事物的看法或态度，或者进行个人或团体间的比较分析。例如，要了解人们对某麻辣火锅的看法，可用语义差异量表进行测量，如表 5-7 所示。

① 贝蒂・H. 齐斯克. 1985. 政治学研究方法举隅. 北京：中国社会科学出版社.

表 5-7 语义差异量表例

麻辣火锅		
难以下咽	___ ___ ___ ___ ___ ___ ___	超级好吃
口味平淡	___ ___ ___ ___ ___ ___ ___	辛辣够味
味道普通	___ ___ ___ ___ ___ ___ ___	风味独特
配料很少	___ ___ ___ ___ ___ ___ ___	配料丰富
不麻不辣	___ ___ ___ ___ ___ ___ ___	超麻超辣
没有余味	___ ___ ___ ___ ___ ___ ___	余味无穷

语义差异量表所采用的数对形容词要能够考察被调查者对研究对象的感觉和态度的各种要素或各种维度。许多研究者认为，这种形容词中通常包括三个一般的维度：评价（如好与坏、善良与残酷、重要与不重要等）、力量（如强与弱、硬与软、刚与柔等）和行动（如主动与被动、快与慢等）。

第五节 信度和效度分析

在社会调查中，任何一种精确地、系统地收集资料的方法，实际上都是一种特定形式的社会测量。而对于任何一种测量尺度或测量手段来说，必然会涉及这样一些基本问题：测量所得的数据或资料是否与人们感兴趣的特征有关？测量所得的结果是否正是人们所希望测量的东西？当这种测量的时间、地点、操作者发生改变时，测量的结果将会受到什么样的影响？所有这些都涉及测量的信度和效度问题。

一、信度

信度即可靠性，它指的是采取同样的方法对同一对象重复进行测量时，其所得结果相一致的程度。换句话说，信度是指测量结果的一致性或稳定性，即测量工具能否稳定地测量所测的事物或变量。例如，用同一台磅秤去称某一物体的重量，如果称了几次都得到相同的结果，则可以说这台磅秤的信度很高；如果几次测量的结果互不相同，则可以说它的信度很低，或者说这一测量工具是不可信的。大部分信度指标都以相关系数来表示，具体的类型主要有以下三种。

1. 再测信度

对同一群对象采用同一种测量，在不同的时间点先后测量两次，根据两次测量的结果计算出相关系数，这种相关系数就叫做再测信度。这是一种最常用、最普遍的信度检查方法。使用这种方法时，两次测量所采用的方法、所使用的工具是完全一样的。再测信度的缺点是容易受到时间因素的影响，即在前后两次测量之间的某些事件、活动的影响，会导致后一次测量的结果客观上发生改变，使两次结果的相关系数不能很好地反映两次测量的实际情况。

2. 复本信度

复本信度采取的是另一种思路：如果一套测量可以有两个以上的复本，则可以根据同一群研究对象同时接受这两个复本测量所得的分数来计算其相关系数。例如，学校考试时出的试卷就是这种复本的一个近似的例子。在社会调查中，研究人员可以设计两份调查问卷，每份使用不同的项目，但都用来测量同一个概念或事物，对同一群对象同时用这两份问卷进行测量，然后根据两份问卷所得的分数计算其复本信度。复本信度可以避免上述再测信度的缺点。但是，它的要求是：所使用的复本必须是真正的复本，即两者在形式、内容等方面都应该完全一致。然而，在实际调查中，真正使调查问卷或其他类似的测量工具达到这种要求往往是一件十分困难的事情。

3. 折半信度

将研究对象在一次测量中所得的结果，按测量项目的单双号分为两组，计算这两组分数之间的相关系数，这种相关系数就叫做折半信度。例如，一个态度测量包括 30 个项目，若采用折半法技术来了解其内在一致性，则可以将这 30 个项目分为相等的两部分，再求其相关系数。通常，研究者为了采用折半信度来检验测量的一致性，需要在他的测量表中增加一倍的测量项目。这些项目与前半部分的项目在内容上是重复的，只是表面形式不同而已。如果被调查者在前后两部分项目上的得分之间高度相关，则可以认为这次测量是可信的。这种方法与复本信度的情况类似，它要求前后两个部分的项目的确是在测量同一个事物或概念。一旦两者所测量的并不是同一个事物或概念，那么，研究者就无法用它来评价测量的信度了。

二、效度

测量的效度也称为测量的有效度或准确度。它是指测量工具或测量手段能够准确测出所要测量的变量的程度，或者说能够准确、真实地度量事物属性的程度。结合前面所介绍的有关概念，我们也可以说，效度指的是测量标准或所用的指标能够如实反映某一概念真正含义的程度。当一项测量所测的正是它所希望测量的事物时，我们就说这一测量具有效度，或者说它是一项有效的测量。反之，则称为无效的测量或者测量不具有效度。

例如，我们打算测量某个样本中的大学生的智商分布情况。我们采用一份标准的智商测验量表对他们进行测验，并用他们每个人在测验中所得的分数来表示他们的智商，那么，这一测量是有效的。但是，如果我们采用的是一份英文的智商测验量表，那么，当我们同样用所得到的分数来表示他们的智商时，我们的测量就不具有效度。因为此时我们所测量的并不是大学生们的智商，而是他们的英文水平了（我们所测量到的并不是我们所希望测量的东西）。

测量的效度具有三种不同的类型，即表面效度、准则效度和建构效度，它们分别从不同的方面反映测量的准确程度。人们在评价各种测量的效度时，也往往采用这三种类型作为标准。

1. 表面效度

表面效度也称为内容效度或逻辑效度，指的是测量内容或测量指标与测量目标之间的适合性和逻辑相符性。也可以说是指测量所选择的项目是否“看起来”符合测量目的和要求。评价一种测量是否具有表面效度，首先必须知道所测量的概念是如何定义的，其次需要知道这种测量所收集的信息是否和该概念密切相关，然后评价者才能尽其判断能力之所及，做出这一测量是否具有表面效度的结论。例如，用问卷去测量人们的消费观念，那么，首先要弄清“消费观念”的定义，然后看问卷中的问题是否都与人们的消费观念有关。如果问卷中的问题明显是有关其他方面的，则这种测量就不具有表面效度。如果发现问卷中的问题所涉及的都是有关消费观念方面的内容，而看不出它们是在测量与消费观念无关的其他观念时，则可以说这一测量具有表面效度。

2. 准则效度

准则效度也称为实用效度、预测效度或共变效度，指的是用一种不同以往的测量方式或指标对同一事物或变量进行测量时，将原有的一种测量方式或指标作为准则，用新的方式或指标所得到的测量结果与原有准则的测量结果作比较，如果新的测量方式或指标与原有的作为准则的测量方式或指标具有相同的效果，那么，我们就说这种新的测量方式或指标具有准则效度。

3. 建构效度

建构效度涉及在一个理论的关系结构中其他概念（或变量）的测量。例如，我们设计了一种测量方法，来测量人们的“婚姻满意程度”，为了评价这种测量方法的效度，我们需要用到与婚姻满意程度有关的理论命题或假设中的其他变量。假定我们有下列与婚姻满意度有关的理论假设：婚姻满意程度与主动做家务的行为有关，且婚姻满意程度越高，越是主动承担家务，那么，如果我们的测量在婚姻满意程度与承担家务方面的结果具有一致性，则称我们的测量具有结构效度；如果婚姻满意程度不同的对象在承担家务方面的行为都是一样的，那么，我们测量的结构效度就面临挑战。

最后需要特别注意的是，测量的效度与信度都是一种相对量，而不是一种绝对量，即它们都是一种“程度事物”。对于同一种对象，人们常常会采用不同的测量方法和测量指标。也许这些方法和指标都没有错，但它们相互之间一定会在效度与信度这两方面存在程度上的差别。我们对它们进行评价和选择的标准则是：越是在准确性和一致性上程度更高的方法和指标，就越是好的测量方法，就越是高质量的测量指标。

本章小结

（1）问卷是用来测量人们的行为、态度和社会特征的调查工具。根据社会调查中使用问卷的方法不同，问卷划分为自填式问卷和访问式问卷；根据问卷的设计是否有固定的结构，可将问卷划分为结构式问卷和无结构式问卷。

（2）一般来讲，问卷应包括标题、封面信、指导语、问题和答案、编码及其他六个部分。

（3）问卷设计要经过准备阶段、初步设计阶段、试答和修改阶段以及付印阶段四个阶段。

（4）问卷的主体是问题和答案，问卷设计首先要解决的问题是根据研究目的确定要调查的具体问题，并用具体的形式将问题表达出来。

（5）开放型问题是被调查对象可以自由回答的问题，设计开放型问题可以采用开门见山式、词语联想式、文章完成式、图画完成式和角色扮演式等方式。

（6）封闭型问题是指调查者事先已经设计好了问题的各种可能答案，被调查者只能从中选定一个或几个现成的答案的一种提问方式。这种提问方式的具体表达形式有很多种，主要常见的有二项选择式、多项选择式、排序式、过滤式、矩阵式和表格式等。

（7）问题编排的先后次序会影响到被调查者对答案的选择和对问卷的兴趣及答卷的质量，科学合理地编排问题的顺序，是问卷设计时的重要环节。

（8）语言是问卷设计的基本材料，要设计出含义清楚、简明易懂的问题，必须注意问题的语言。问题措辞的基本原则是简短、明确、通俗、易懂。

（9）在社会调查中，量表常用来测量人们的态度、看法、意见、性格等主观性较强的内容。常用的量表有总加量表、李克特量表和语义分化量表等。

（10）信度即可靠性，是指测量结果的一致性或稳定性，即测量工具能否稳定地测量所测的事物或变量。信度指标都通常以相关系数来表示，常用的信度有再测信度、复本信度和折半信度。

（11）效度也称为测量的有效度或准确度，是指测量工具或测量手段能够准确测出所要测量的变量的程度。效度可以分为表面效度、准则效度和构造效度。

思考与练习

1. 问卷的封面信中应说明哪些内容？试就你所选定的调查课题设计一份问卷的封面信。
2. 结合实际例子说明问卷设计时为什么要为回答者着想。
3. 问卷设计中，对问题的语言表达和提问的方式有哪些常用的规则？为什么要尽量简单？
4. 安排问卷中问题的顺序时，应按照什么样的规则？并说明理由。
5. 请说明问卷编码包括哪些内容？为什么要进行问卷编码？
6. 找几份实际社会调查中所用的问卷，结合本章的内容，对这些问卷进行分析和评价。
7. 量表主要是用来测量什么的？请设计一份用来测量人们对大学辅导员角色看法的李克特量表。
8. 什么是信度？什么是效度？
9. 如何认识信度与效度的相互关系？
10. 怎样才能提高社会调查的信度和效度？

第六章 抽样设计

本章对抽样的基本概念、抽样设计的要点、常用抽样方法、抽样误差和样本规模的估算进行了简介，掌握本章内容是做好社会调查中抽样方案设计的基础。学习要求：①熟练掌握抽样基本概念；②熟悉常用的概率抽样方法和非概率抽样方法；③掌握抽样设计的基本要点；④掌握简单随机抽样下抽样误差和样本规模的估算方法。

抽样设计主要包括以下内容：第一，定义总体和编制抽样框，即给目标总体下一个操作化定义。第二，根据不同的目标总体，选择合适的抽样方法。第三，估计抽样误差。第四，确定样本规模的大小。

第一节 抽样概述

为了更好地理解抽样设计的具体内容，本节先对抽样的概念、非概率抽样和概率抽样设计要点等内容进行简要介绍。

一、抽样的概念

在社会调查研究中，研究者经常从一个规模很大的研究对象集合中，选出一部分个体作为研究对象，这个选取过程就是抽样（sampling）。如果用专业术语来定义，则抽样是指根据某种既定规则从一个总体（population）中选取一组元素（element）的过程，由此产生的元素集合称为样本（sample）。也就是说，每一个具体的研究对象被称为元素，它可以是个人、家庭、学校、医院、地块等。全体研究对象的集合被称为总体，从总体中抽取的一部分研究对象的集合称为样本。

之所以要抽样，主要是考虑调查项目的可行性。一方面在社会调查中，经费是一项硬约束，多增加一个调查对象，就意味着多花一份钱。因此，如果总体太大，限于资源，无法逐一对每个总体元素进行调查。而借助抽样就能克服这个困难。因为，根据抽样理论，无论社会调查涉及的总体有多大规模，只要抽样是按随机原则（random principle）实施的，则被抽出的少数元素的情况，一般就能够比较准确地代表总体的情况。另一方面，即使有充足的经费，当总体太大时，也很难找到足够多训练有素的工作人员完成调查。这时如果聘用训练不足的工作人员，或对调查主题进行过于简单的调查，势必会降低调查质量。而抽样由于只涉及较少的元素，可以集中使用有限资源，从而增加每一个调研人员调查的元素数量，有利于提高调查的质量。

抽样方法大体可分为两类，一种是非概率抽样（non-probability sampling），主要是依据研究者的主观意愿、判断或是否方便等因素来选取调查对象；另一种是概率抽样（probability sampling），主要是按照随机原则来选取对象，完全不带研究者的主观因素。两种方法最大的差别是，非概率抽样无法估算出抽样误差（sampling error），概率抽样则能够比较精确地估算出抽样误差。在非概率抽样中，研究者无法知道抽出的样本是否具有代表性。因为，非概率抽样的代表性只有将抽出的样本情况与总体情况比较后才能得知，但总体的情况又是不知道的。相反，在概率抽样中，研究者根据抽样，便能够判断出样本的代表性，进而根据样本信息，对总体进行推断。

不过，在应用概率抽样方法时，有两点需要特别注意。首先，要注意被抽出的少数对象与全体对象毕竟不是一回事。因此，无论怎样精致的抽样设计，抽样误差都是无法避免的，抽样得到的样本单位的情况很可能并不一定完全符合全体对象的情况。也就是说，根据抽样结果来推断总体的情况，可能是对的也可能出错。问题是推断结果中的对或错的可能性是多少。其次，在有些情况下，可能无法使用概率抽样方法。例如，对于类似非法使用毒品、行乞等特殊人群，是不可能得到抽样所需的人名清单的。当抽样框信息缺少时，使用非概率抽样方法是可行的选择。下面简单介绍一下非概率抽样方法，概率抽样方法留待第三节详细介绍。

二、非概率抽样

现实中有时无法界定总体，无法进行概率抽样。在这种情况下，经常会采用非概率抽样，依据研究者的主观意愿、判断或是否方便等因素来抽取样本。非概率抽样的成本比较低，操作也比较方便，但无法估计抽样误差，因此，很难对总体情况做出可靠的推断。常用的非概率抽样方法有方便抽样、配额抽样、判断抽样和雪球抽样。

（一）方便抽样

方便抽样（convenience sampling）又称偶遇抽样，是指研究者使用对自己最为便利的方法来选取样本。这种方法很容易产生系统误差，样本代表性很差，因此，在使用时要特别小心，总体的情况越复杂，方便抽样的效果就越差。

媒体记者的“街头拦人”调查，采用的就是方便抽样。“街头拦人”这种碰到谁就选谁的抽样方法，貌似简单随机抽样，有人也认为这就是随机抽样了。其实这种看法并不正确。因为，虽然方便抽样好像能够排除主观因素的影响，纯粹依靠客观机遇来抽取对象，但它并没有通过随机过程抽样，以使总体中的每一个元素有相等的被抽中概率。那些最先被碰到的、最容易见到的、最方便找到的对象，具有比其他对象大得多的机会被抽中。相反，那些衣着破烂、年纪太大、不擅辞令的研究对象，很少有机会被抽中。更重要的是，抽样时那些没有与抽样者在同一条街上的人则根本不会有机会进入样本。

另一个方便抽样的例子是报社要求读者剪下报纸刊登的问卷，填完后寄回去。这里存在系统偏差是显然的，因为并不是每一个人都看报纸，也不是每一个人都对问卷调查的主题感兴趣，还有人懒得花时间把问卷剪下来，填答后寄回去。当然报社可能有奖励，填答后寄回问卷的人数目也可能很多，但这种方便样本可能仅具有娱乐价值，它得到的可能是扭曲的观点，无法对读者总体做出正确推论。

（二）配额抽样

配额抽样（quota sampling）首先要根据某些参数值，确定不同总体类别中的样本配额比例，然后按比例在各类别中进行方便抽样。例如，研究者想要用配额抽样方法，抽取一个 80 人规模的样本。他首先决定用性别和年龄作为决定样本配额的参数值，通过查阅相关资料，了解到总体中男女约各占 50%，30 岁以下，30～60 岁和 60 岁以上的比例分别为 25%、50%和 25%。实际操作中，可以依据参数值，建立相应样本配额矩阵表，然后按矩阵中的配额进行方便抽样（表 6-1）。

表 6-1 80 人样本按性别和年龄的配额矩阵表

		性别		合计
		男	女	
年龄	30 岁以下	10	10	20
	30～60 岁	20	20	40
	60 岁以上	10	10	20
合计		40	40	80

配额抽样的逻辑是通过样本配额，使样本结构尽可能与总体结构保持一致，对总体进行“克隆”。不难想象，配额矩阵表所依据的总体参数值越多，则样本元素的分类也越细，样本与总体的结构也越接近。但随着参数值的增加，配额矩阵的分布会越来越复杂，抽取到符合条件的对象也就越来越困难。配额抽样中经常采用的参数值包括性别、年龄、教育程度、婚姻状况、收入和职业类别等。

配额抽样有两点不足。首先，为了不偏离总体，配额矩阵中的数字必须十分准确，要做到这一点，就必须掌握总体的最新资料，但这并不容易做到。对此，抽样调查史上有个很好的例证。盖洛普采用配额抽样，在 1936 年、1940 年和 1944 年，成功地预测了美国总统的选举结果，但在 1948 年，他没能正确地预测出杜鲁门会当选总统。造成预测失败的一个主要的原因，就是样本配额没能正确地代表所有地理区域和所有实际去投票的选民。

其次，尽管配额方法是对方便抽样的一种改进，最后抽样仍由访问员根据方便原则执行，但他们在自己掌握的配额数中选择样本单位时，仍有很大的随意性。例如，访问员很可能会访问最先碰到的 5 位 30 岁以下的男性，即使这 5 人恰好是刚从同一公司下班走出来。这不仅会降低样本的代表性，而且无法避免过多地抽中那些想要接受访问的人。正是由于最后采用了方便抽样，配额抽样与分层抽样具有本质的区别，后者依据随机原则抽样，排除了主观因素，被抽中的研究对象即便是身居高楼、家养恶犬的人，访问员也不能图方便而不去拜访。

（三）判断抽样

判断抽样（judgmental sampling）又称立意抽样，是指研究者根据研究目的或专家判断来选取样本。在这种抽样中，样本是否能满足研究目的和要求，是否能正确反映总体情况，很大程度上依赖于研究者的主观判断，因此，对研究者个人的研究素质有较高的要求。

判断抽样经常被用于以下三种研究场景。第一种，研究者用判断抽样来选择特别能提供信息的独特个案。例如，在问卷设计阶段，为检验问题设计是否得当，常有意地选择一些观点差异悬殊的人作为研究对象。又如，为发掘流行的文化议题，研究者在对杂志进行内容分析时，会特别选择一些比较流行的女性杂志作为研究对象，他看中的就是这些杂志领导文化潮流的特点。

第二种，研究者用判断抽样来选取难以接近的特殊人群。例如，在娼妓研究中，研究者可以通过搜寻一些主观信息，如娼妓聚集的地区，与娼妓相关的社会团体，也可以访问有关“专家”，如“红灯区”执勤的警察等，来界定研究计划所包含的娼妓样本。

第三种，研究者用判断抽样来选取某种特殊个案类型，以便进行深入探究。例如，选择一些收入远高于其他农民的农村致富能手，深入分析他们的致富途径。这种研究的作用在于发现问题，提出研究假设，为进一步的研究提供参考，无需对总体进行推断。

（四）雪球抽样

雪球抽样（snowball sampling）也称网络抽样，是一种根据已有研究对象的介绍，不断辨识和找出其他研究对象的累积抽样方法。名称源于滚雪球的类比。雪球抽样开始时，样本可能只有一个或少数几个人，但在随后的时段里，这几个人会凭借自己的社会关系，介绍新人加入，新人也有社会关系，于是，随着关系网络的不断扩大，样本也越滚越大。

雪球抽样特别适合用来对成员难以找到的总体进行抽样，如城市中的散工、无家可归的流浪者和吸毒者等。另外，也可以用雪球抽样对具有一定网络联系的总体进行抽样。例如，可以用这种方法抽取一个高收入人群的样本，开始时，可以先设法找到几个高收入者，而他们肯定会有高收入的朋友，故可以请他们互相介绍，进而找出新的高收入者来。

雪球抽样理想的结果是“雪球”滚到了大于所需样本规模的人群，这里可在某个时点中止“雪球”的滚动。当然，也不排除“雪球”滚到一定数量的对象后，样本就无法再扩大了。这时需要找到“圈子”以外的人，以他们为核心继续“雪球”的滚动，直至“雪球”达到样本规模为止。

在非概率抽样方法中，虽然配额抽样可以对总体参数值进行估计，但却无法估计抽样误差。所以，对于非概率抽样方法，通常不是从估计总体参数值的需要，而多是根据特定的研究需要，或根据自身的研究条件的限制，来进行选择。若要推断总体参数值，并要求估计抽样误差，则需要运用概率抽样设计。

三、概率抽样设计要点

抽样的目的是用较少的费用得到较高的估计精度。而抽样设计则是根据这一目的要求，制定出抽样工作具体的内容和步骤。具体说来，概率抽样设计包含以下内容：编制抽样框、选择抽样方法、估计抽样误差、确定样本规模。

（一）编制抽样框

研究者进行概率抽样，必须先找到一份能涵盖所有元素的清单，然后从中抽取部分元素，这份元素清单被称为抽样框。抽样框可以看成总体的操作定义，同时应当包括能够联系到总体中每个元素的信息。不同的抽样方法，要求的抽样框有所不同。例如，用简单随机抽样，调查某大学本科毕业生的就业情况，则抽样框就是该大学全体毕业生的花名册，上面有每个学生的名单和学号，同时还有专业和班级，以方便我们联系到抽中的学生。如果用整群抽样，则不需要编制整个总体所有元素的清单，只需要编制完整的群的清单即可，如班级名单。而对于多阶段抽样，只是在最后一级才需要编制总体元素的清单，此前各级则只需要编制相应的各级抽样单位（群）的清单。最后，应最大限度地保证抽样框的完整性，一旦抽样框出现总体元素缺失情况，便会产生非抽样误差，进而直接影响对总体参数值进行推断的精度。

（二）选择抽样方法

概率抽样是按照随机原则从总体中抽取部分元素构成样本，来推断总体参数的方法。所谓随机原则是指抽样时总体的每个元素都有一个已知的、非零的被抽选的概率。概率抽样分为等概率抽样和不等概率抽样。给每个总体元素以相等的抽取概率的抽样设计称为等概率抽样，如果总体中至少有一个元素与其他元素的抽取概率不相等，就是不等概率抽样。

常见的概率抽样方法包括：简单随机抽样、系统抽样、分层抽样、整群抽样和多阶段抽样。在调查中究竟选择何种抽样方法则与抽样框的获得、目标总体的相关信息及地理分布、抽样效率和实地调查的执行方式等因素有关。在实际抽样设计中，经常综合采用几种抽样方法。

（三）估计抽样误差

通常情况下，由参数值（parameter）描述的总体情况或特征是未知的，而抽样调查的一个主要目的就是通过由抽样获得的统计值（statistic）来估计未知的总体参数值。统计值与参数值之间的差异被称为抽样误差，它是由抽样变异性，即由随机选择过程引起的样本统计值围绕总体参数值波动所致。

影响抽样误差的大小的因素主要有总体方差和样本规模，总体方差大或样本规模小，都可能产生较大的抽样误差，反之，则产生较小的抽样误差。在抽样设计中，考虑到抽样变异性的存在，必须事先确定允许抽样误差（又称抽样极限误差）。允许抽样误差取决于某一置信度（level of confidence）下预期估计值的置信区间（confidence interval）的大小，而置信度则代表了置信区间包含参数值的概率。

（四）确定样本规模

由于样本规模的大小直接影响抽样误差，所以抽样设计需要事先估计有效样本规模。抽样方法不同，所需的有效样本规模也不同。用于有效样本规模计算的方法有两种，一种与允许抽样误差有关，主要用于描述性研究。对于分析性研究而言，则可以采用另一种方法，即效力检验（power test）来计算有效样本规模。它主要与估计效应有关，即确定某一特定的样本规模，能否使所关注的因变量的变化对自变量的影响具有足够的敏感性。这里，增加样本规模能够减少标准误差，进而提高拒绝零假设的可能性。另外，有效样本规模还会受到抽样方案变动和子群体数量较小等因素的影响。所以，在考虑到多种因素之后，抽样设计中样本规模的确定通常是一个多次更改的迭代过程，设计之初未考虑到的后续影响因素，往往会改变前面做出的决定。

第二节　总体与抽样框

抽样设计的第一步是编制抽样框。抽样框的质量取决于它与总体之间的吻合程度，较高的吻合度将会减少非抽样误差，进而降低抽样设计的总误差。

一、定义总体

编制抽样框之前先要定义总体，只有对总体构成及边界有一个清晰的认识，才能最大限度地使抽样框与总体保持一致。具体说来，总体可以进一步划分为目标总体和抽样总体。其中，目标总体是理论上具有研究者所考察特征的全体总体元素的集合体。例如，在某市进行一项有关大学生择业倾向的调查研究，“大学生”这个总体，就是所有在这个城市就读的大学生的集合体。在实际抽样中，有些总体元素并不一定都能有机会被抽取到。在上例中，有的学生可能由于休学、去外地实习等原因无法被抽取到。由那些有机会被抽取到的总体元素构成的集合体，就是抽样总体或调查总体，它是排除了研究总体中的一些特例后的总体，即实际从中抽取样本的总体。

定义总体时，首先要明确“分析单位”，即要搞清楚调查研究所关注的是个人、家庭住户、集体住户，还是其他类型的单位。通常个人一词是无需定义的，但家庭户和集体户是需要给出定义的。根据 1999 年版《辞海》的定义，在我国当前的户口管理中，通常把以家庭立户的，即以“具有血缘婚姻或收养关系”立户的称为家庭户。2008 年中国综合社会调查（Chinese general social survey，CGSS）还对临时与家庭成员住在一起的亲戚、保姆等做了补充说明：“除了上面谈到的人，目前还有哪些人居住在这所房子里（如亲戚、保姆等）？指的是在这里居住一周或将要居住一周以上的人。如果有，请您也谈谈他们的情况。”CGSS2008 给“集体户”下的定义为：无家庭关系的多人共居（如企业员工合租的宿舍），以每一个居住房间为单独一户的方式记录，研究者采用何种分析单位，主要取决于他的研究问题。例如，有关家庭去年总收入或耐用消费品的调查，最好是以家庭户为单位。与农民工有关的调查，就不能将集体户排除在外。而针对食品安全的态度调查，则以个人为单位比较合适。因为即使在同一家庭中，不同的成员也会因为年龄和性别的不同而产生态度差异。总之，在抽样设计阶段必须明确符合研究目的分析单位。

定义总体边界是定义总体时另一项需要完成的工作。首先要对总体涉及的地理或行政边界加以说明。总体的地理区域可能是全国、省份、城市或区县等。例如，CGSS2003 对总体边界的定义为“根据行政区划资料，全国（含 22 个省、4 个自治区、4 个直辖市、不含西藏自治区、香港和澳门两个特别行政区、台湾省）共有 2801 个区县单位，这些区县单位作为初级抽样单位（primary sampling units，PSU）构成调查总体”。其次，还需要对被调查对象进行必要的说明，包括合格的被调查对象的年龄、居住类型等。例如，CGSS2008

规定“调查对象为在现地址居住的年满18周岁及以上的人口”。具体确定哪个年龄段的人为调查对象取决于研究目的。有时只有某一年龄段的人才符合研究目的，如在妇女生育率研究中，通常只有那些仍处于生育年龄的妇女才能成为调查对象。另外，CGSS2003还规定了调查对象的居住类型为在被抽中的PSU中抽取家庭户，然后在每个被选中的居民中按一定规则随机选取1人作为被访者，也就是说，CGSS排除了那些居住在学校宿舍、军队、监狱等居住类型的人。

二、编制抽样框

对于抽样而言，真正有操作意义的是确定抽样框，没有抽样框实际抽样就无法进行。抽样框主要有两种：名单抽样框和区域抽样框。名单抽样框是指构成抽样总体的所有抽样单位的名单。因此，抽样框中的总体元素又被称为抽样单位。例如，全体大学生的名单或学号就是名单抽样框。具体选择什么抽样框，还与使用什么抽样方法有关。例如，在针对某高校全校大学生的调查中，如果采用简单随机抽样，可以使用“全校学生的名单”作为抽样框，如果采用整群抽样（以学生班级为群），则应使用“全校所有学生班级的名单”作为抽样框（表6-2）。

表6-2 “某高校全部学生班级名单”抽样框示例

年级（班级数）	班级名单			
一年级（84个班）	国贸121 国贸122 金融121 金融122 经济121 经济122 商务121 商务122 财政121 财政122 国商121 国商122 统计121 统计122 统计123 保险121 保险122 电子121 电子122 电气123 电气124	电气121 电气122 电信121 电信122 自动121 自动122 电科121 电科122 信息121 信息122 工程121 工程122 工程123 工业121 工业122 工业123 管理121 管理122 物业121 物业122 安全121	安全122 工商121 工商122 营销121 营销122 资源121 资源122 资源123 物流121 物流122 物流123 管体121 管体122 广告121 广告122 旅游121 旅游122 酒店121 酒店122 会计122 财务121	财务122 会计121 审计121 审计122 评估121 评估122 政治121 政治122 社会121 社会122 编辑121 编辑122 汉语121 法学121 法学122 法学123 应数121 应数122 信科121 信科122 信科123
二年级（80个班）	具体名单略			
三年级（82个班）	具体名单略			
四年级（76个班）	具体名单略			

区域抽样框由定义明确的区域组成，除少数由纯区域（如农田地块）构成的区域抽样框外，在大多数情况下，区域都是由个体单位组成的。前者的抽样单位就是区域本身；而后者的抽样单位则是区域内的个体单位，这时可以有两种抽样方法：一是抽出区域后对其中的所有单位进行调查，即整群抽样；二是抽出区域后对区域内的单位再抽样，即多阶段抽样，经常用于抽样总体较大，编制全体抽样单位的名单很困难的情况。

有时抽样单位与分析单位是相同的，但在较大范围的多阶段抽样中，可能有多个层次的抽样单位。例如，在全国范围内对居民进行社会调查时，编制全国范围的名单抽样框是不现实的。通常的做法是通过对区域的划分，首先建立区县一级的区域抽样框，抽出区县；其次依同样的程序，分别编制下面各级街道和居委会的区域抽样框，抽出街道和居委会；最后再由居委会抽取居民住户的名单。这时抽样单位分别是区县、街道/乡镇、居委会/村、居民住户四种，通常将第一级抽样单位（区县）称为初级抽样单位，依次有二级抽样单位（街道/乡镇）、三级抽样单位（居委会/村）、四级抽样单位（居民住户）。与之相对应，有四个抽样框：所有区县的名单、区县样本中所有街道/乡镇的名单、街道/乡镇样本中所有居委会/村的名单、居委会/村样本中所有居民住户的名单。

在抽样框资料的各种来源中，人口普查数据是比较完整、比较可信的。特别是对于全国抽样调查来说，缺少人口普查数据可能会使抽样框产生无法克服的误差。以往的CGSS都是采用人口普查数据作为抽样框的。但在CGSS2005、CGSS2006和CGSS2008中，人口普查数据主要用来抽取区县、街道/乡镇、居委会/村，而在居委会/村样本中抽取居民住户则是采用地图法进行实地抽样的。另外，对于城市居民的抽样，也可以采用城市居民户籍资料构建抽样框。

另外，类似随机数字拨号抽样的特定抽样方法会形成某种特定的抽样框，即由所有可能的电话号码组成的抽样框，通常用于电脑辅助的电话调查。

第三节 概率抽样

在抽样实践中，根据不同的研究目的，可以有各式各样的抽样设计。但无论这些抽样设计多么复杂，其实都是以下几种基本抽样方法的组合和扩展。具体说来，这些基本抽样方法包括简单随机抽样、系统抽样、分层抽样、整群抽样、不等概率抽样以及多阶段抽样等几种形式。

一、简单随机抽样

简单随机抽样（simple random sampling）也称纯随机抽样，是严格按照随机原则从含有N个单位的总体中抽取n个单位组成样本（N>n），在抽样过程中总体的每个单位都有同等的机会入选样本，而且每个单位的抽取都是相互独立的。根据被抽中的元素是否放回总体，又可分为放回简单随机抽样和不放回简单随机抽样，在实际抽样中大多采用不放回简单随机抽样。简单随机抽样是概率抽样的最基本形式，概率抽样方法都是在此基础上派生出来的。常用的简单随机抽样操作方法包括抽签法和随机数法。

（一）抽签法

当总体数目不大时，可以采用抽签法。具体操作方法是先用均质材料做成 N 个签，给每个签编一个号码，将这 N 个签充分混合。然后一次抽出 n 个签，或每次抽取一个但不放回，再抽取下一个，直到抽够 n 个为止，抽取的 n 个签上的号码就是入样的单位号码。

（二）随机数法

当总体单位很多时，通常采用随机数法。具体操作可以利用随机数表、随机数骰子、计算机产生的伪随机数等进行抽样。

最经常用到的是随机数表。随机数表是由范围在00001～99999内的5位数的随机数，按行和列排序的。下面结合一个实例来介绍随机数表的使用方法。

假设要从一个 900 人的总体中，用简单随机抽样方法抽取一个 100 人的样本。

在利用随机数表产生随机数之前，先要建立抽样框，即给这 900 人中的每一个人按 1～900 的顺序编号。接下来再从随机数表中选出 100 个随机数，抽样框中编号与选出的随机数相同的那些人将组成样本。假如已经有了所有人的名单，就不一定非要给所有的人编号了，因为，在选出随机数后，可以用计数的方式，将被选到的人“数”出来。

用随机数表产生随机数，需要解决以下一系列问题。

第一，确定选出的随机数的位数。在本例中，由于总体人数为 900，在使用随机数表时，需要有 3 位数的随机数才能保证所有人都有被选中的机会。同样，如果总体规模为 4 位数，随机数就应是 4 位数。因此，要从 001～900 范围内抽出 100 个随机数。

第二，决定从 5 位数组中选择哪几位数字。要从随机数表的 5 位数组中产生 3 位数，可以有以下几种情况：选择从左到右前 3 位数字、选择中间的 3 位数、选择后 3 位数字。这里关键是要预先约定好规则，然后一直按此规则行事。本例从方便考虑，选择从左到右前 3 位数字。

第三，确定在表中选择数字的顺序。选择数字时遵循的顺序也可以随意确定，如可以顺着每一列自上而下，也可以顺着每一行从左到右。关键是在选定了一个顺序后，一直都按这个顺序选取。本例从方便考虑，选择顺着每一列自上而下的选取方式：一列选完后，从右边的一列继续自上而下选取；一页选定后，从下一页的每一个列继续自上而下选取，直到选够随机数为止。

第四，确定开始选择的 5 位数组起点。这个问题的答案很简单，只需闭上眼睛，用铅笔随意在随机数表上戳一下，戳中的那个 5 位数组，就是开始的 5 位数组。本例随意戳中的 5 位数组，是第 1 页第 6 列第 10 行的 45753，从左到右前 3 位数字为 457，这样抽样框中号码为 457 的人就被选入样本了。

第五，处理大于总体规模或重复的随机数。按自上而下的顺序，后面的几个数是 177、054、996，177、054 没有问题，但 996 就大于总体规模 900 了。由于总体一共是 900 人，所以抽样框中没有 996 号。一个简单的处理办法是跳过（舍去）这个数，接着选取下一个随机数。如果在选择过程中，碰巧选中了两个相同的随机数，则应舍去第 2 次选中的随机数。

除了随机数表，随机数骰子也是一种产生随机数的工具，它是由均匀材料制成的正 20 面体，每一面上分别标为 0～9 的数字各 2 个。使用时，可根据总体规模 N 的位数，决定使用几枚骰子，并同时规定好不同颜色骰子所代表的位数。例如，N=7356，n=100。则可选用 4 枚骰子，并规定红色代表个位数，黄色代表十位数，绿色代表百位数，蓝色代表千位数等。将骰子放入盒内摇匀，然后打开盒盖，读取各枚骰子面朝上的数字，即可获得一个随机数。不断重复以上步骤，直到产生 n=100 个随机数为止。

由于许多统计软件都有产生随机数的程序，所以利用计算机产生随机数是一种方便、快捷的方法。但必须指出的是由统计软件产生的随机数是伪随机数，在通常情况下有循环周期，故一般无法保证其随机性。尽管有些统计软件产生的伪随机数有较长的循环周期，但为了保证抽样的随机性，在有条件的情况下，最好还是使用随机数表或随机数骰子来产生随机数。

二、系统抽样

在实际抽样中，只有在总体规模较小，而且事先已将所有单位编号，或用电脑处理过便于编号的情况下，才会使用简单随机抽样，否则抽样工作量太大，没有实际操作意义。实际抽样中经常采用的是系统抽样（systematic sampling)，即将 N 个总体单位按一定顺序排列，然后先随机抽取一个单位作为起始单位，再按某种确定的规则抽取其他 $n-1$ 个样本单位。系统抽样的效果与简单随机抽样相近，但操作起来容易得多。在系统抽样中，等间距抽取是最常用的规则，故系统抽样经常被称为等距抽样。由于抽样使用的是抽样间距（sampling interval)，而不是随机数，所以等距抽样是一种准随机（quasi-random）抽样方法，并不是完全随机的。常用的等距抽样方法包括直线等距抽样和循环等距抽样，前者通常用于总体规模 N 能够被样本规模 n 整除的情形，后者用于总体规模 N 不能够被样本规模 n 整除的情形。

（一）整数抽样间距

当 N 是 n 的整数倍，即抽样间距 $k=N/n$ 是整数，可使用直线等距抽样。即在算出抽样间距后，先在 1～k 范围内抽取一个随机数 r 作为起点，然后每隔 k 个单位抽出一个单位，直到抽出 n 个单位。抽中单位的号码分别为

$$r，r+k，\cdots，r+(n-1)k$$

不难看出，直线等距抽样实际上将 N 个单位排列成了 n 行 k 列的矩阵，再从 1～k 之间随机地产生一个随机数 r，则取第 r 列的全体单位样本。这里每一列被选中的概率是相等的，因此总体中每个单位入样的概率也是相等的。

（二）非整数抽样间距

当 N 不是 n 整数倍，即抽样间距 k=N/n 不是整数。不难看出，这时上述矩阵有些列有 n 个单位，有些列不是 n 个单位，若再利用直线等距抽样就无法保证每个总体单位以相等的概率入样，样本均值就不是总体均值的无偏估计。为了使样本均值为无偏估计，可以采用以下两种方法进行抽样。

一种方法是循环等距抽样方法，即先将 N 个总体单位首尾相接排成一个封闭圆，抽样间距 k 取最接近 N/n 的整数，再从 1～N 中随机抽取一个随机起点作为起始单位，然

后每隔 k 个单位抽取一个单位，直到抽满 n 个单位为止。由于随机起点是 1～N 中的任意一个，所以每个总体单位入样的概率是相等的。

另一种方法是调整直线等距抽样。先将非整数的抽样间距 k 的小数点后移一位，使其成为整数（k×10），然后在 10～（k×10）之间选定一个整数的随机起点（r×10）；接下来再将（r×10）的小数点移回来，成为非整数的随机起点 r。由 r 开始每隔 k 个单位抽出一个单位，直到抽出 n 个单位。抽中号码（非整数）分别为 r，$r+k$，…，$r+(n-1)k$，接下来再将这些号码的小数部分略去，便相应地得到入样单位的号码。例如，n=2580，n=300，则 k=8.6。利用调整直线等距抽样，在 10～86 之间选定整数的随机起点（r×10）=27，将小数点移回，得到非整数的随机远心点 r = 2.7，由此得到号码 2.7，11.3，19.9，28.5，…，将小数点后面的部分略去，就是选中单位的号码 2，11，19，28，…。可以证明，调整后所有单位都具有相同的中选概率 1/k=1/8.6。

（三）总体单位的排列影响

一般说来，以简单随机抽样为基础的概率抽样，在抽取样本之前需要对总体单位编号，如果总体单位很多，则工作量较大。而使用系统抽样则无需对总体单位编号，所需要的只是将总体单位按顺序排列。不过并非所有排列顺序都能满足系统抽样的要求。例如，当单位的排列存在周期性的变化，样本的代表性就可能很差。与系统抽样有关的单位排列大致有以下三种情况。

首先，总体单位随机排列。例如，调查个人收入，总体单位是按姓氏笔画排列的，收入与姓氏笔画通常是没有必然联系的，这种按照无关标志排列的总体单位，可以视为是随机排列的。这种总体单位按随机顺序排列的系统抽样称为无序系统抽样，其效果等价于简单随机抽样。

其次，总体单位线性趋势排列。即总体单位按某个辅助变量的大小顺序排列，而这个辅助变量与所研究的指标值线性相关。例如，调查家庭消费情况，而家庭是按总收入多少排列的；通常消费与收入是相关的，故该总体单位是按线性趋势排列的。对线性趋势总体进行系统抽样称为有序系统抽样，其效果优于简单随机抽样，但不如分层抽样效果好。因为分层抽样在 n 个层中的抽样是随机的，避免了系统抽样在 n 次抽样中单位偏大或偏小的弊病。

最后，总体单位周期排列，即总体单位指标值按其顺序呈周期性变化。对于周期排列的总体，系统抽样的估计效果与抽样间距以及单位指标值的变化周期有关。当抽样间距等于周期倍数时，抽到的任意一个样本单位都有相同的取值，相当于从总体中随机抽取了一个单位，这时样本的代表性最差。因此，抽样间距只要与周期倍数明显错开，就会得到代表性较好的样本。如果对总体的周期结构没有把握，要么重新排列总体，打乱总体排列的周期性，要么最好放弃系统抽样，改用简单随机抽样和分层随机抽样。

三、分层抽样

分层抽样（stratified sampling）也称类型抽样，是先将总体 N 个单位，按某种特征划分成若干个子总体，称为层，然后在每个层中分别独立地进行抽样，最后，将抽出的子样本合起来构成总体的样本。

分层抽样遵循的逻辑并不复杂：如果单位之间差异很大，那就对它们进行分组，使得各组内的差异变小，这样在各组内进行抽样就会提高估计的精度，增加样本的代表性。不难看出，分层抽样并不是一种独立的抽样方法，它实际上是一种重新组织总体单位的方法，最终各层内的抽样仍要采用简单随机抽样或系统抽样进行。除了具有降低总体异质性程度的好处外，分层抽样还便于对各层指标进行推算，也有利于抽样工作的组织。

对总体进行分层需要考虑以下三个问题：样本规模在各层的分配、层的划分和分层抽取样本的方法。

（一）样本规模在各层的分配

最常见的样本规模分配方式是按比例分配（proportional allocation），即各层的子样本规模在总样本规模中所占的比例，与各层单位数在总体规模中的比例完全相同，样本结构与总体结构完全一样。无疑按比例分配具有一种直观上的合理性，能使估计量具有简单形式，而且使用起来很方便。除了可以按比例分配样本外，有时也需要利用非比例分配样本。非比例分配样本设计最常见的目的：一是能对总体中规模太小的层进行比较研究；二是在费用一定的情况下，获得尽可能高的抽样精度，后一种又称为最优分配（optimum allocation）。

首先，当某些层的单位数在总体中的比例太小，如果按比例分配样本，则这些层的样本规模会很少，无法进行统计分析，这时可以加大该层的样本规模，即使用较大的抽样比 f_h，以便对这些层进行研究和比较。

【例 6-1】 研究人员希望比较某高校某工科专业男生和女生消费水平的差异，该专业学生总数为 5000 人，其中，男生 4500 人，女生 500 人，女生比例仅占 10%。如果按比例抽样，则当样本规模 $n=500$ 时，男、女生抽样比例均为 1/10，样本规模分别为 450 人和 50 人。显然女生人数太少，研究人员希望调查 100 名女生。不难看出，在按比例抽样时，为了增加 50 名女生，就得多调查 450 名男生，这样调查费用会增加太多。这时可采用非比例分配抽样，即女生抽样比为 1/5，男生抽样比为 1/10，抽取 100 名女生和 450 名男生，这样就可以满足男女生比较分析的需要。

其次，当各层的单位调查费用相等时，最优分配的原则是：层内单位标准差越大的层，抽样比越高。这时抽样比与层内单位标准差大体成正比。如果各层的单位调查费用差异较大，最优分配的原则是：单位调查费用越低的层，抽样比越高。这时抽样比与层内单位平均调查费用的平方根成反比。有关最优分配具体的操作细节，请参见有关抽样技术的统计教材。

显然，在非比例分层抽样中，不同层的抽样比不一样，因此不同层的单位入样概率也不一样，是不等概率抽样。因此，在用分层样本推断总体参数时，应当对各层样本进行加权处理，否则推断结果会出现偏差。为了避免推断结果出现偏差，进行总体推断时，需要对那些以较大概率入样的单位赋予一个较小的权重，或反过来，对那些入样概率较小的单位赋予一个较大的权重，从而保证对总体推断结果的无偏性。

【例 6-2】 假设在例 6-1 中，样本中女生每月平均消费支出 800 元，男生每月平均消费支出 1000 元，需要估计该专业学生的每月总消费支出。用分层样本推断总体时，女生的权数为 5（抽样比 1/5 的倒数，表示样本中 1 个女生代表 5 个女生），男生的权数为 10（抽样比 1/10 的倒数，表示样本中 1 个男生代表 10 个男生）。

$$
\begin{aligned}
\text{该专业学生的每月总消费支出} &= 800\times100\times5+1000\times450\times10 \\
&= 400\ 000+4\ 500\ 000 \\
&= 4\ 900\ 000\text{（元）}
\end{aligned}
$$

一般说来，如果各层均值有很大差异，则采用按比例分配较好；而如果各层标准差有很大差异，则最优分配较好。实际抽样中，除非各层的标准差相差非常大，大多采用按比例分配的方式。一是因为按比例分配方式简单方便；二是因为最优分配设计一般只是针对某个单一变量，而实际调查中通常会涉及多个变量，这时相对于某个变量的最优分配，对其他变量而言可能并不是最优的。

（二）层的划分

层的划分涉及以下问题：使用什么样的分层变量？划分多少层？

理论上，按调查目标变量进行分层是最好的，但在调查之前目标变量的值是不知道的，因此只能是根据与目标变量尽可能相关的辅助变量进行分层，常用的辅助变量包括性别、年龄、职业、教育程度、收入、地域、民族和宗教等。

除非层的划分是按自然层或单位类型进行的，如性别、职业、民族等，否则从理论上讲，分层的数量越多越好，因为层越多就越容易形成层内个体的相似性。但在实际抽样中，层的数量受到以下限制。首先，样本规模的限制。因为要考虑估计量方差的无偏估计，故每层至少要有两个样本单位，这样层数就不能超过 $n/2$。其次，调查经费的限制。一方面，增加层数势必会增加调查的管理费用，而当层数增加到一定的程度，再增加层数在精度上的收益将非常小，这就是所谓的收益递减现象；另一方面，在调查费用一定的情况下，增加层数必然导致降低样本规模，而每层的样本规模越小，对子总体参数的估计精度就越低，这里就要考虑增加层数而降低样本规模在精度上是否合算。

（三）分层抽取样本的方法

在分层抽样中，有两种常见的样本抽取方法。一种方法是首先将所有总体元素按分层变量进行分层，并计算各层单位数在总体中的比例。其次如果采用等比例分层抽样，则直接将总体比例视为样本比例进行分配；如果采用不等比例分层抽样，则需要对样本比例做一定的调整。最后再按确定的样本比例，用简单随机抽样或系统抽样的方法，抽出适量的样本元素。

【例 6-3】 计划从 1000 名大学教师中，用分层抽样的方法，抽取一个 100 名教师的样本，将职称设为分层变量，等比例分层样本抽样结果如表 6-3 所示。

表 6-3 大学教师分层抽样时各层样本量的分配

职称	总体人数/人	总体比例/%	等比例分层样本	分层等距样本
正教授	253	25.3	25	25
副教授	375	37.5	38	37
讲师	108	10.8	11	11
助教	61	6.1	6	6
教辅	203	20.3	20	21
总计	1000	100	100	100

另一种方法称为分层等距抽样，适用于等比例分层抽样。先将总体所有元素按分层变量进行分层，然后将各层的总体元素一层一层连续排列，最后对连续排列的总体元素进行等距抽样，在上面的例子中，抽样间距为10，起始元素为1，抽样结果见表6-3最后一列。从表6-3中可以看到两种方法最后的样本构成基本一致，误差的数量大概为一两个元素，误差元素究竟落在哪一层，取决于抽样起点元素的位置。

四、整群抽样

整群抽样（cluster sampling）是先将总体划分成若干个群（又称初级单位），每个群包含若干个次级单位，然后以一定方式从总体中抽取一部分群，并由中选群中的所有次级单位构成样本。通常情况下，整群抽样的抽样误差大于简单随机抽样。但进行简单随机抽样或分层抽样需要包括所有总体单位的抽样框，这在实际抽样中由于缺乏足够的信息资料，往往是难以实现的。有时即使有可能找到相关资料，编制此种抽样框的工作量也大得难以接受。而编制群的抽样框相对是比较容易的。而且在大范围调查中，抽取群使得调查单位的分布相对集中，有利于节省调查费用。

（一）群的性质

从群的划分类型看，经常用到的是那些自然群，即由行政或地域区划形成的群，如学校、企业、县市或村镇。另一类群则是调查人员人为划定的，如将一大块面积土地划分为若干块较小面积的土地，这里需要考虑如何划分群，使得调查费用一定时抽样误差最小。群的可以遵循以下原则：群内方差尽可能大，群间方差尽可能小，即群内各单位的差异尽可能大，群与群之间的差异尽可能小。这个原则与分层原则恰好相反，简言之，异质的群，同质的层。从群的规模看，一方面对群的大小没有严格限制，可大可小。另一方面，总体中各个群的规模可以相等，也可以不等。

（二）规模不等的群

在社会调查中，总体中群的规模相等的情形是少数，如学校中以班级或宿舍为群，各群的人数基本是相等的。大多是规模不等的，即群的规模不再是常数。这时不同的抽样可能会抽中不同的群，因此样本规模也不是常数了。

群规模相等时，整群抽样是等概率抽样，估计量和抽样误差的估计也比较简单。群规模不相等时，整群抽样是不等概率抽样，即各群中单位的入样概率是不完全相等的，通常是与群的规模成反比。

为了保证样本单位满足等概率原则，可以采取相应措施来控制样本规模的变动。一方面可以按群的大小进行分层，然后对各个层使用相同的抽样比。这样可以保证抽样结果中总是分别包括一定数量规模不等的群，进而使得样本规模不至于有很大的变化；另一方面，可以重新组合大小不等的自然群，形成一些新的规模相差不大的群，进而使得样本规模约等于常数。后一种措施通常用在总体中大多数群相差不大，只有少数群较大或较小需要重新组合的情况下，如果有太多的群需要重新组合的话，则工作量太大，不合算。

对于群规模不相等的情形，特别是群规模相差较大时，也可以采用不等概率抽样方法抽群。

五、不等概率抽样

不等概率抽样（sampling with unequal probabilities）是指在抽样过程中，总体每个抽样单位有一个被抽中的概率值，这些概率值可能不相等，即不同的抽样单位入样的可能性可以是大小不等的。之所以采用不等概率抽样方法，主要是因为当总体抽样单位之间差异较大时，等概率抽样可能会增大抽样误差，对抽样效果产生不良影响。不等概率抽样分为放回不等概率抽样和不放回不等概率抽样两种类型，这里只讨论放回不等概率抽样类型中，样本规模固定，且每个抽样单位被抽中的概率与单位的大小或规模成比例（probability proportional to size，PPS）的不等概率抽样，简称 PPS 抽样。不等概率抽样的实施有两种方法。

（一）代码法

代码法比较适合于总体抽样单位的规模 N 不太大时。下面通过一个实际例子来具体说明代码法的抽取方法。

【例 6-4】 设总体为某高校，抽样单位由 N=10 个院系组成，每个院系编号 i、规模 M_i（$i=1,\cdots,N$）及代码数请参见表 6-4 中的数字，现利用代码法抽取 n=3 个院系的样本。具体抽样时，先赋予每个抽样单位（院系）与规模 M_i 相等的代码值，再将单位 M_i 值累加，并根据累加值对应每个 M_i 设定一个代码区间。

表 6-4 利用代码法进行 PPS 抽样举例

院系编号 i	学院规模 M_i	累计 M_i	代码区间	抽中代码
1	92	92	1～92	
2	120	212	93～212	
3	335	547	213～547	
4	143	690	548～690	628
5	442	1132	691～1132	
6	121	1253	1133～1253	
7	73	1326	1254～1326	1305
8	447	1773	1327～1773	
9	66	1839	1774～1839	
10	345	2184	1840～2184	1874

接下来即可以采用随机数表法（也可以使用等距抽样方法）抽取三个院系。在代码区间[1，2184]中产生的第一个随机数为 628，第二、第三个随机数分别为 1305 和 1874，它们的对应的 4、7 和 10 号院系被抽中。

（二）拉希里法

当总体抽样单位的规模 N 很大时，使用代码法抽样会很麻烦，这时可以使用拉希里

（Lahiri）法。其方法是：设 $M^* = \max\{M_i\}$。每次从［1，N］中抽取一个随机数 i，并在［1，M^*］中抽取一个随机数 m，如果 $M_i \geqslant m$，则第 i 个抽样单位入样，如果 $M_i \leqslant m$，则依照上述步骤，重新抽取两个随机数 i 和 m。不难看出，第 i 个抽样单位是否被抽中与 m 有关，只有 $M_i \geqslant m$ 时它才能被抽中，也就是说，第 i 个抽样单位被抽中的可能性与 M_i 的大小成正比。

在例 6-4 中，M^*=447。假设，从［1，10］中抽取出的随机数为 i=2，M_i=120；而从［1，447］中抽出的随机数为 m=89，由于 $M_2 = 120 \geqslant m$，则第 2 个抽样单元被抽中。继续重复以上程序，抽出第二、第三个样本单位。

六、多阶段抽样

前面介绍过的几种概率抽样方法，在总体规模或范围很大的情况下，会遇到两个很难解决的问题。首先，在很多情况下，无法获得抽样所需要的总体元素名单（抽样框）。其次，样本分布过于分散，实地访问调查的成本极其昂贵。例如，在全国城市居民综合调查中，要想获得一份登记有所有居民的名单几乎是不太现实的。即使通过电脑管理的人口普查资料，得到一份抽样名单，抽到的居民也会是天南地北四处分散，要耗费巨资才能接触到他们。在这种情况下，就需要采用多阶段抽样（multistage sampling）方法。

这里“多阶段”指的是按总体内的层级关系，把抽样分成几个阶段来进行。以两阶段抽样为例，第一阶段通常用简单随机抽样抽群，第二阶段从抽中的群中再随机抽取样本单位。最初从总体中抽出的群被称为 PSU，如果 PSU 的规模相等，用简单随机抽样或等距抽样方法，直接进行第二阶段的抽样，这时二级抽样单位的入样概率是相等的，而且样本规模是常数。例如，从某高校全校学生总体中进行两阶段抽样，首先从全部班级中随机抽取 50 个班级（PSU），然后再从这 50 个班级中用简单随机抽样分别抽取 10 个学生进行调查，总样本规模是 500 人。这个原则也适用于三阶段以上的多阶段抽样。如果 PSU 规模不等，多阶段抽样也存在与整群抽样类似的样本规模随机变动问题。具体处理方法包括分层多阶段等概率抽样和多阶段 PPS 抽样。

（一）分层多阶段等概率抽样

在分层多阶段等概率抽样中，需要先将总体中规模不等的群按规模（或重要性）分层，然后在不同阶段对不同的层使用不同的抽样比。以两阶段抽样为例，假设将总体分为大群、中群、小群三个层。第一阶段抽群时，大、中、小三个层的抽样比 f_a 依次递减，第二阶段抽单位时，大、中、小三个层的抽样比 f_b 依次递增。为保证各群样本单位入样概率相等，即总的抽样比 f 相同，可使 $f = f_a \times f_b$ 保持不变。不难看出，只要保持各阶段抽样比的积为常数，各阶段抽样比有很大的变动余地，而且可以扩展到三阶段以上的抽样。

（二）多阶段PPS抽样

多阶段 PPS 抽样关键是在第一阶段抽取 PSU 时，采用 PPS 抽样方法，即赋予各群与其规模（或辅助变量）成比例的入样概率。这样一来，规模大的群以大概率入样，规模小的群以小概率入样。由于抽取 PSU 的过程是不等概率抽样，所以如果要保证总抽样比不变，就需要以一个固定的样本规模从抽中的 PSU 内抽取样本单位。因为如果抽取的样本规模对每个 PSU 都一样，那每个 PSU 中的单位入样概率就会与群的规模成反比。这样大概率抽取群，小概率抽取样本单位，一大一小相互抵消，就保证了各 PSU 中总体单位抽取的等概率性。与此同时，由于不论 PSU 大小，都抽取固定规模的样本单位，于是也控制了样本规模的变动。下面以两阶段抽样为例说明多阶段 PPS 抽样的抽取方法。

继续前面例 6-4 不等概率抽样中的例子（表 6-4）。如果接着从前面利用 PPS 方法抽取的 3 个院系中，每个院系分别再用简单随机抽样抽取 50 名学生，构成一个 150 人的样本，即完成了一个两阶段 PPS 抽样。

以上关于两阶段 PPS 抽样的讨论可以推广至三阶段以上的多阶段抽样中。需要说明的是，在用 PPS 方法进行多阶段抽样时，前面几个阶段的抽样都是 PPS 抽样，在最后阶段的抽样采用等概率抽样，且从各个 PSU 中抽取的二级单位数必须相同，从抽中的各二级单位中抽取的三级单位数也应当相同，以此递推。例如，某省计划从全省 100 个县（PSU）中用 PPS 抽样抽取 10 个县，再从抽中的每个县中用 PPS 抽样抽取 2 个乡镇，再从抽中的 20 个乡镇中用 PPS 抽样抽取 3 个村，这样全省共抽取 60 个村，最后再从抽中的村中用等距抽样各抽取 20 户居民进行调查，这样共抽取 1200 户居民。

第四节　抽样误差与样本规模

实际抽样中影响样本代表性的有两类误差，抽样误差和非抽样误差，其中抽样误差是一种随机性误差，它是由于样本范围与总体范围的差异而引起的误差，无论怎样精致的抽样设计，都会产生抽样误差。不过在概率抽样中，抽样误差是可以估算出来的。本节将讨论简单随机抽样中抽样误差和样本规模的计算，其他概率抽样方式的计算比较复杂，可以参阅抽样技术专门教材。

一、简单随机抽样的抽样误差

简单随机抽样可按抽取的单位是否放回分为放回抽样、不放回抽样。两种方式抽样误差的估算略有差异，下面将分别计算样本均值和比例这两个统计量在推论总体参数时的抽样误差。

（一）放回简单随机抽样

根据中心极限定理，在放回抽样条件下，如果样本规模为 n，总体标准差为 σ，则样本均值 $\overline{X}$ 的抽样分布的标准差，即标准误差（standard error，SE）为

$$\mathrm{SE}=\frac{\sigma}{\sqrt{n}}$$

标准误差是抽样误差的常用指标之一。

不过总体标准差 σ 通常是未知的，在样本规模很大的情况下，通常可以用样本的标

准差s作为总体标准差σ的估计值，于是有

$$\mathrm{SE}=\frac{s}{\sqrt{n}}$$

在实际抽样中，还经常用到样本比例p的标准误差。在放回抽样条件下，如果样本规模为n，总体比例为P，总体标准差$\sigma=\sqrt{P(1-P)}$，则样本比例p的标准误差为

$$\mathrm{SE}=\sqrt{\frac{P(1-P)}{n}}$$

同样，由于很难知道总体比例P的数值，当样本规模很大时，可以用样本比例p来代替总体比例P，于是有

$$\mathrm{SE}=\sqrt{\frac{p(1-p)}{n}}$$

（二）不放回简单随机抽样

在不放回抽样中，计算标准误差要在放回简单随机抽样基础上，引入一个不放回抽样校正因子$\sqrt{\frac{N-n}{N-1}}$，这时样本均值和样本比例的标准误差分别为

$$\mathrm{SE}=\frac{s}{\sqrt{n}}\sqrt{\frac{N-n}{N-1}}$$

$$\mathrm{SE}=\sqrt{\frac{p(1-p)}{n}}\sqrt{\frac{N-n}{N-1}}$$

式中，N为总体规模。

由于社会调查中，N一般较大，$N-1$近似等于N，于是不放回抽样校正因子$\sqrt{\frac{N-n}{N-1}}$可以简化为$\sqrt{1-f}$，$f=n/N$称为抽样比。

不放回抽样校正因子主要用于总体N较小时。如果总体规模N较大时，（$f=n/N\leqslant 0.05$），则校正因子可以忽略。另外，由于$\sqrt{1-f}$总小于1，所以不放回抽样的抽样误差总是小于放回抽样的抽样误差。

二、简单随机抽样的样本规模

样本规模又称样本容量，是指样本中所包含元素的数量。样本规模一方面会影响到样本的代表性；另一方面，则直接影响到调查成本的大小。太小的样本规模其代表性可能较差，但太大的样本规模又会增加不必要的成本。因此，在实际抽样中，选择合适的样本规模是非常重要的。下面先分析影响样本规模的各种因素，然后介绍估算样本规模的方法。

（一）影响样本规模的因素

如果先不考虑经费问题，那么样本规模主要取决于抽样估计要求的精度和总体标准

差的大小。一般说来，抽样设计希望达到的精度越高，总体的标准差越大，所需的样本规模就越大。

首先，抽样估计的精度，其实就是能够容忍的抽样误差。抽样误差是样本统计量与总体参数值之间的偏差，而偏差是由样本与总体的不一致造成的。不难想象，样本越小，与总体差异就越大，因此，误差也越大。由此可以推论能够容忍的抽样误差越小，即要求的抽样精度越高，则样本规模也越大，反之亦然。

其次，总体标准差σ是反映总体元素间异质性程度的指标，一般说来，在给定抽样精度后，总体异质性程度越小，所需样本规模也越小，反之，则越大。这是因为异质性越小，总体参数的分布越集中，波动性越小，样本的代表性就越好。举一个极端的例子，如果总体元素之间无差异，则只要抽取一个元素就行了。反过来，异质性越高，参数分布越分散，波动性越大，样本的代表性就越差。

最后，总体规模大小也是影响样本规模大小的一个因素。一般说来，总体规模越小，增大样本规模，对抽样精度会有较大的改善。但有研究表明，对于较大的总体，在给定抽样精度的条件下，样本规模与总体规模之间的关系，是一种图 6-1 所显示的非线性关系，样本增大速度远远低于总体增大速度。换句话讲，当总体规模达到一定程度时，如果总体规模继续增加，样本规模基本接近某个常数。

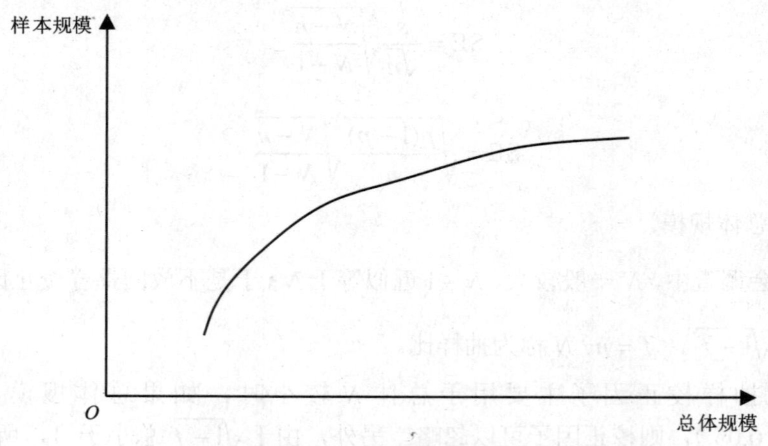

图 6-1　不同的总体规模所需要的样本规模

（二）样本规模的估算

假设研究目的是要估计总体某个变量的均值μ。为了估算样本规模，首先需要确定参数估计的置信度（$1-\alpha$）和抽样极限误差e，其中

$$e=\left|\overline{X}-\mu\right|$$

在$\overline{X}$的抽样分布近似正态分布的前提下

$$e=Z_{\alpha/2}\mathrm{SE}$$

式中，$Z_{\alpha/2}$是置信度（$1-\alpha$）对应的标准正态分布区间点。

在放回抽样时

$$e = Z_{\alpha/2}\frac{\sigma}{\sqrt{n}}$$

样本规模估计公式为

$$n = \frac{Z_{\alpha/2}^2\sigma^2}{e^2}$$

在不放回抽样时

$$e = Z_{\alpha/2}\frac{\sigma}{\sqrt{n}}\sqrt{\frac{N-n}{N-1}}$$

样本规模估计公式为

$$n = \frac{NZ_{\alpha/2}^2\sigma^2}{Ne^2 + Z_{\alpha/2}^2\sigma^2}$$

在以上公式中，σ^2 未知时，可以用样本方差 s^2 代替。

估计总体比例 P，只要相应地将 σ^2 换成 $\sqrt{P(1-P)}$ 就行了。如果推测总体比例有困难，可采用保守估计 $P=0.5$，此时总体标准差 $\sqrt{P(1-P)}$ 达到最大值。在不放回抽样时，样本规模的估计公式为

$$n = \frac{Z_{\alpha/2}^2\sigma^2}{e^2} = \frac{Z_{\sigma/2}^2 P(1-P)}{e^2} = \frac{Z_{\alpha/2}^2}{4e^2}$$

【例 6-5】 假设某市场调查公司接受委托，调查某城市居民 5 年内购买私人轿车的意向。从成本考虑，公司首先要与客户商谈样本规模。客户要求有 95%的把握肯定结果是可靠的，同时抽样误差不能超过 3%。由于没有居民的有关总体资料，调查公司为慎重起见，将总体比例设定为 50%。

抽样估计的置信度为 95%，对应的 $Z_{\alpha/2}=1.96$，抽样极限误差 $e=0.03$。将数据带入样本规模计算公式，可得到 $n=1067$。

假设在该案例中，客户提出的极限误差要求为 2%，其他条件不变。那么调查公司就必须将样本规模从 1067 人增加到 2401 人，才能达到相同的估计精度。一般来说，极限误差 3%能够满足大多数社会调查的要求，因此，样本规模在 1000 人左右，就能够满足要求了。当然，如果进行大规模的社会调查，牵涉到很多变量，就需要考虑增大样本规模。在前例 CGSS2003 中，样本规模为 10 000，其中城市样本为 5894。但是，正如上面所谈到的那样，除非有特殊理由，否则样本规模一般不要超过 2500 人。

本章小结

（1）抽样的目的是用较少的费用得到较高的估计精度。而抽样设计则是根据这一目的要求，制定出抽样工作具体的内容和步骤。具体说来，概率抽样设计包含以下内容：编制抽样框、选择抽样方法、估计抽样误差、确定样本规模。

（2）进行概率抽样，必须先找到一份能涵盖所有元素的清单，然后从中抽取部分元

素，这份元素清单被称为抽样框。抽样框可以看成总体的操作定义，同时应当包括能够联系到的总体中每个元素的信息。不同的抽样方法，要求的抽样框有所不同。

抽样框主要有两种：名单抽样框和区域抽样框。名单抽样框是指构成抽样总体的所有抽样单位的名单。因此，抽样框中的总体元素又被称为抽样单位。例如，全体大学生的名单或学号就是名单抽样框。区域抽样框由定义明确的区域组成，除少数由纯区域（如农田地块）构成的区域抽样框外，在大多数情况下，区域都是由个体单位组成的。

（3）抽样设计的第一步是编制抽样框。编制抽样框之前先要定义总体，只有对总体构成及边界有一个清晰的认识，才能最大限度地使抽样框与总体保持一致。具体说来，总体可以进一步划分为目标总体和抽样总体。其中，目标总体是理论上具有研究者所考察特征的全体总体元素的集合体。在实际抽样中，有些总体元素并不一定都能有机会被抽取到。由那些有机会被抽取到的总体元素构成的集合体，就是抽样总体或调查总体，它是排除了研究总体中的一些特例后的总体，即实际从中抽取样本的总体。

（4）抽样方法大体可分为两类：一种是非概率抽样，主要是依据研究者的主观意愿、判断或是否方便等因素来选取调查对象；另一种是概率抽样，主要是按照随机原则来选取对象，完全不带研究者的主观因素。两种方法最大的差别是，非概率抽样无法估算出抽样误差，概率抽样则能够比较精确地估算出抽样误差。

（5）非概率抽样，主要是依据研究者的主观意愿、判断或是否方便等因素来选取调查对象；常用的非概率抽样方法有方便抽样、配额抽样、判断抽样和雪球抽样。

（6）概率抽样是按照随机原则从总体中抽取部分元素构成样本，来推断总体参数的方法。所谓随机原则是指抽样时总体的每个元素都有一个已知的、非零的被抽选的概率。常见的概率抽样方法包括：简单随机抽样、系统抽样、分层抽样、整群抽样和多阶段抽样。

（7）不等概率抽样是指在抽样过程中，总体每个抽样单位有一个被抽中的概率值，这些概率值可能不相等，即不同的抽样单位入样的可能性可以是大小不等的。之所以采用不等概率抽样方法，主要是因为当总体抽样单位之间差异较大时，等概率抽样可能会增大抽样误差，对抽样效果产生不良影响。不等概率抽样分为放回不等概率抽样和不放回不等概率抽样两种类型，这里只讨论放回不等概率抽样类型中，样本规模固定，且每个抽样单位被抽中的概率与单位的大小或规模成比例的不等概率抽样，即 PPS 抽样。

（8）实际抽样中影响样本代表性的有两类误差，即抽样误差和非抽样误差，其中抽样误差是一种随机性误差，它是由样本范围与总体范围的差异而引起的误差，无论怎样精致的抽样设计，都会产生抽样误差。不过在概率抽样中，抽样误差是可以估算出来的。

（9）样本规模又称样本容量，是指样本中所包含元素的数量。在实际抽样中，选择合适的样本规模是非常重要的。如果先不考虑经费问题，那么样本规模主要取决于抽样估计要求的精度和总体标准差的大小。一般说来，抽样设计希望达到的精度越高，总体的标准差越大，所需的样本规模就越大。

思考与练习

1. 请解释以下基本概念。

抽样 抽样框 抽样设计 概率抽样 非概率抽样 目标总体 抽样总体 抽样单位 方便抽样 配额抽样 判断抽样 雪球抽样 系统抽样 整群抽样 分层抽样 多阶段抽样 PPS 抽样 抽样比 抽样误差

2. 为什么说“街头拦访”不是随机抽样？

3. 目标总体与抽样总体之间有哪些差异？

4. 群的划分原则与分层原则有何不同？

5. 在抽样设计中，样本规模如何确定？

6. 某城市有 80 所小学，共有 64 000 名学生，这些小学分布在全市 8 个县市区，其中重点小学 10 所，一般小学 60 所，较差的小学 10 所。现要从全部小学生中抽取 800 名学生进行调查，以了解学生的学习情况，请设计一种抽样方案。

7. 请以自己就读的学校为例，分别以简单随机抽样、分层随机抽样、系统抽样、整群抽样、多阶段抽样五种抽样方法进行抽样设计，目标总体是全校本科大学生，调查内容是大学生对就业的态度及准备情况。要求分别说明抽样总体、抽样框、抽样单位、具体抽样方法及样本规模大小。

8. 从社会科学期刊中查找 2 篇调查研究报告，分析评价这些调查研究中所用的抽样方法。

调查组织与实施

本章主要介绍在社会调查过程中有关调查人员的选择和培训、调查误差的类别及产生的原因、现场质量控制等内容。

通过本章的学习，了解社会调查在现实生活中的组织形式和具体实施方式，认识调查人员应该具备的业务素质及培训方式，正确把握市场调查质量控制的关键。

第一节　调查组织与人员培训

一项社会调查课题的实施与完成，存在着一定的程序，会持续一段时间，调查任务通常不可能由研究者一个人完成，需要有一个调查团队、一定数量的调查人员参与。因此，在调查过程中，一项重要的工作就是要组建调查团队，加强调查过程的管理和质量控制。

一、调查团队的组织

一个优秀的调查团队应当由各方面的优秀专业人员组成。在调查设计阶段，设计人员负责项目中技术问题，包括抽样设计、问卷设计等；在数据采集阶段，需要有健康体魄、吃苦耐劳、态度认真的人员来承担这项工作；在数理处理阶段，录入人员负责调查数据的录入、审核等，统计分析人员负责数据的统计处理和分析，完成统计分析报告。在团队组成中，还应有计算机系统管理人员，负责设计和开发计算机系统和程序，以确保统计方面的计算机处理得以有效实施。

调查队伍，就是调查人员的有组织的集体。要组建一支能顺利完成社会调查任务的队伍，必须认真做好调查人员的选择和培训工作。

二、调查人员的选择

在调查项目的实施中，调查人员是一个必不可少的重要因素，因此要组建一支好的调查队伍，必须认真选择调查人员，并形成合理的组织结构。

要正确选择调查人员，必须首先考虑调查人员的个人素质。一般地说，作为一个优秀的调查人员，应该具备以下一些基本素质。

（一）思想品德素质

一个具有良好的思想品德素质的调查人员，应该能够做到以下四点。

（1）熟悉国家现行的有关方针政策法规，具有强烈的社会责任感和事业心。

（2）具有较高的职业道德修养。表现在调查工作中是能够实事求是、公正无私，绝不能只为完成任务而敷衍了事。

（3）工作认真细致。在调查工作中要认真、细致，要具有敏锐的观察能力，不放过任何有价值的资料，也不混入虚假的资料，对有疑点的资料应该不怕辛苦，反复核对审查。

（4）谦虚谨慎、平易近人。调查人员最主要的工作是与人打交道。那些谦逊平和、时刻为对方着想的调查人员，容易得到被调查对象的配合，从而能够获得真实的信息，而那些脾气不好、盛气凌人、处处想着自己的调查人员，容易遭到拒访或得到不真实的信息。

（二）业务素质

一个优秀的调查人员，应该具有以下六个方面的业务素质。

（1）阅读能力。理解问卷的意思，能够很熟练地传达问卷中的提问项目和回答项目。

（2）表达能力。要求访问人员在调查过程中能够将要询问的问题表达清楚。

（3）观察能力。具有敏锐的观察能力，判断受访者回答的真实性。

（4）书写能力。能够准确、快速地将受访者的回答原原本本地记录下来。

（5）独立外出能力。访问员能够独自到达指定的地点，寻找指定的受访者，并进行访问。

（6）随机应变能力。在调查过程中会遇到各种各样的人，所以访问员要能够随机应变，适应不同类型人的特点。

（三）身体素质

一个健康的体魄，是做好一件事情的基础，搞社会调查也不例外。只有具备了良好的身体，才能：①适应严谨的归纳、整理、计算的要求；②适应吃苦耐劳，实地家访等体力的需要；③适应长时间、高效率的工作，达到一个合格优秀的调查员的基本要求；④保持良好的工作状态，以应付各种类型的受访对象，机制灵活地处理各种各样的随机事件。

总之，一个合格的调查人员必须在德、智、体三个方面各具一定的基本条件，否则就很难适应调查工作的客观需要。

要组建一支好的调查队伍，还必须考虑调查人员的组织结构。一般地说，组建一支调查队伍应该考虑以下六个方面的结构。

（1）职能结构。调查队伍中必须有一两个善于总揽全局的领导者和组织者，有一批具有实干精神的调查人员，有一定数量的统计人员和计算机操作人员，有若干个水平较高的研究人员和写作人员。

（2）知识结构。调查人员的知识结构必须与调查课题的客观要求相适应。他们当中最好既有水平较高的理论工作者，又有经验较丰富的实际工作者。只有这样，才有利于把理论和实际结合起来。

（3）能力结构。这里所说的能力，是指调查工作能力。调查人员应该新老搭配，老手具有丰富的经验，新手没有陈旧的框框，他们互帮互学，取长补短，往往能获得更显著的调查效果。

（4）年龄结构。应该是老中青相结合、以中青年为主。只有如此，才能适应实地调查的客观需要。

（5）性别结构。既有男性调查人员，又有女性调查人员。一般地说，调查人员的性别结构应该与调查对象的性别比例相适应。只有这样，才有利于调查工作的顺利开展。

（6）地域结构。最好是外地人和当地人相结合。实践证明，有选择地吸收一部分当地人参加调查队伍，往往对调查工作的顺利进行具有很大的促进作用。

三、调查人员的培训

要组建一支好的调查队伍，不仅要正确选择调查人员，而且要对调查人员进行必要的培训。对调查员的培训是调查实施过程中一项重要的工作，它对调查数据的质量起着关键作用。一个优秀的调查员，也是经过培训、实践、再培训、再实践的过程成长起来的。培训的内容可以分为基础培训、访问技巧培训和项目培训。

（一）基础培训

（1）思想品德教育。调查员的职责是利用合法的手段，以严谨的态度去采集数据信息，坚决杜绝弄虚作假和作弊行为，因此思想品德教育显得尤为重要。调查员应当以健康和积极的心态面对访问工作，同时要为受访者和客户保密。

（2）行为习惯规范。按照调查项目的要求，规范其行为习惯。例如，要严格按照项目要求确定访问对象，不能轻易被周围情况所影响；严格按照规范要求进行操作，包括提问、记录答案、使用卡片等；调查要客观、公正，保持中立的态度，不能加入自己的观点和意见来影响被访者。

（二）访问技巧培训

在社会调查所采用的访问形式中，入户访问的技巧要求相对较高。一些主要原则同样适用于其他访问。

（1）自我介绍环节。中国有许多谚语，如“万事开头难”“好的开始是成功的一半”，表明开始的工作既困难又重要。因此，自我介绍是顺利实施调查的关键，在态度上要高度重视，在技巧上要仔细推敲。自我介绍要简单明了，态度友善；访问员在进行访问时，应佩戴访问的胸卡，并出示本人身份证明，并且简要地说明来意和调查目的。

（2）询问环节。访问员应当清晰明朗地说出问卷中的每个问题，速度不能太快也不能太慢，当被访者对问题有所误解或不清楚时，访问者应将问题重复陈述一遍。询问应当严格按问卷排列的顺序进行，因为问题的先后顺序将会影响整个答案的准确性，并且每个问题都必须问到。询问要有间隙停顿，让被访问者有思考的余地。

要认真、完整地记录被访问者的意见，即使拒绝回答，也是一种重要的意见态度，也应记录。

要善于把访问集中于主题，若被访者的回答离题太远，要及时引导其回到正题。

（3）追问环节。追问是更深入的提问，是更具体、更准确、更完整的引导。在访问过程中，当被访者的回答含糊其辞、模棱两可、前后矛盾、不能自圆其说的时候，或者被访者回答过于笼统、很不准确的时候，就需要追问。追问的技术要求用客观、中立的语气，不能诱导。因此，掌握追问技巧也十分重要。

（三）项目培训

访问员在比较系统地经过了访问技巧和基本要求培训后，在正式参与社会调查项目前，还必须接受此项调查的项目培训，否则是不能参加正式调查的。项目培训的目的在于让调查员了解项目的有关要求和标准，使所有调查员都能以统一口径和标准进行访问。

1. 项目情况介绍

社会调查项目会涉及社会关注的方方面面的问题，每个项目都有不同的情况和专业知识，而调查员对此未必都了解。适当介绍一些社会背景以及与调查内容相关的专业知识，有助于调查员理解调查问题的含义，更好地理解受访者回答的含义。

2. 问卷内容讲解

向调查员解释调查问卷中每一个问题的含义，以及前后问题之间的逻辑关系。在问卷讲解中，要特别注意对复杂问题的分析，分析一般的情况、可能出现的特殊情况，以及处理特殊情况时所应掌握的原则。

3. 调查人员职责

访问选样如何进行，每人需要承担的访问量，问卷递交的时间、地点、任务进度的安排和要求等。

4. 模拟调查

可以在培训员与调查员之间或者调查员之间互相用调查问卷访问的方式进行，有条件的情况下，应在非正式调查区域进行实地访问作为模拟训练。

培训调查人员，常用的有以下四种方法。

（1）集中讲授。主要是讲授社会调查基本知识，有关调查课题的目的、要求、内容、方法以及调查工作的具体安排等。

（2）阅读和讨论。主要是阅读与调查课题有关的党和国家的方针政策、法律法规，阅读设计的调查方案、表格、提纲、问卷及其说明等。

（3）示范和模拟。可请有经验的人做一些示范性填写，如何填写表格、问卷等。此外，还可搞一些模拟调查。

（4）现场实习。就是到被调查地区或单位，对真实的调查对象进行实习性调查。

第二节 调查过程的管理与质量控制

调查数据的质量决定着调查结论的准确性，因此，要获得高质量的调查数据，就必须从调查准备阶段、调查实施阶段、问卷回收阶段进行严格的质量控制，并制定一整套保障调查质量的完备体系。

一、调查准备阶段的管理与质量控制

1. 建立监督和管理的办法与规定

为了保证调查工作的顺利开展和调查资料的质量，在组建调查队伍的同时，要制定好调查工作的各项程序规定和管理制度，并让每个调查员都了解这些规定和制度，包括调查进度控制措施、调查小组管理办法、调查指导和监督措施、资料复核与检查措施、调查小结与交流制度等。有了这些措施和管理办法，整个调查工作就会有规范可循，在实践中才能做到有条不紊。

2. 调查问卷设计中的质量控制

每个问题的意思明确，理解一致；问题浅显易懂，要有一定的逻辑性，敏感问题、复杂问题排在后面；要有填表说明；要有“访问员记录”“初审、复审签名”等。

3. 调查员的选择与培训

根据调查目的和要求，选择适宜的调查员，首先进行职业道德教育，然后采用讲演、角色扮演、模拟训练培训合格调查员。

调查员培训的要求：①明确调查的目的和意义；②了解调查设计的原则和方法；③统一调查项目的含义和填写方法；④了解调查员可能导致什么样的调查质量问题；⑤掌握访问的程序；⑥宣布现场调查的工作纪律。

二、调查实施阶段的管理与质量控制

1. 调查员的工作

调查员是成功收集数据的关键因素。要确保聘用的调查员具备进行访问的素质和能力。同时还需要有很强的责任心，经过良好的专业技术培训。对调查员工作质量还需要通过以下四个方面进行监督和管理：①访谈过程的规范性；②问卷填写的认真性；③工作记录的完整性；④完成时间的及时性。

2. 督导者的工作

在调查开始前，需要对调查员进行严格的培训，除此之外，在调查实施过程中，还需要对调查员的工作进行检查和监督，以保证调查员按照培训中所要求的方法和技术进行访问。督导的工作主要包括以下三个方面：①检查已完成的问卷；②严格的文档管理；③总结调查员的报告。

3. 复核者的工作

复核是对调查员完成工作的抽查，即通过对受访者再一次的访问以检查访问工作的真实性。复核工作本身就是对调查员作弊行为的一种“威慑”，同时也是对调查结果质量进行的一次检查。复核的比例根据不同的情况可以有所不同，一般在 10%～20%，对存在质量问题的调查员可以增大复核比例。复核的内容包括以下三个方面。

（1）向受访者求证调查过程。例如，是否接受过调查，接受调查的时间和地点是否属实等。

（2）问卷内容的真实性。复核人员需要对问卷中的关键问题进行再次询问，核查与调查员的记录是否一致。

（3）调查员的工作态度。向受访者了解调查员的工作态度，是否有礼貌，是否赠送了礼品，让受访者对调查员的工作加以评价。

三、问卷回收阶段的管理与质量控制

无论是自填问卷调查还是结构访问调查，最好在调查问卷回收的当天就进行问卷资料的审核，要求每个调查员在回收或完成一份问卷后，及时浏览或检查问卷的填答情况，如果发现问题，及时回访核实，并在检查合格的问卷上签上调查员的姓名和时间。研究者本人也应该随时抽查收回的问卷，及时发现填答或访谈中存在的问题，并实地进行回访补救。

本章小结

（1）进行调查是一个团队的活动，团队中不同的人员承担不同的任务，调查实施前还要做好相应的准备工作。

（2）对调查员的培训是十分重要的，调查的成败往往取决于调查员，即调查员的工作态度和调查专业技巧。

（3）现场调查的质量控制是保证高质量数据不可缺少的工作环节，质量控制包括督导与复核、调查质量的评估和调查进度的控制。

思考与练习

1. 结合调查过程中可能出现的各种情况，讨论督导如何更好地发挥其监督职能？
2. 调查人员应该具备哪些素质？如何进行培训？
3. 结合现场调查的实际，说明如何使用各种访谈技巧？
4. 现场调查质量控制的意义是什么？怎样进行质量控制？

第八章 统计分析软件的应用

本章主要讲述社会调查和社会调查学中常用软件 SPSS 的基本应用。目的在于让学生学会使用常用的统计分析软件来解决实际调查数据的处理，并进行分析。

通过本章的学习，主要让学生了解 SPSS 软件的特点、运行模式、主要窗口和数据文件属性；重点掌握 SPSS 软件创建、读取和管理数据文件以及 SPSS 软件的数据整理。

第一节 SPSS 软件简介

一、SPSS 软件发展历史

SPSS 软件是广大统计爱好者和市场分析人员最熟悉的名字，是一款在调查统计行业、市场研究行业、医学统计、政府和企业的数据分析应用中久享盛名的统计分析工具，是世界上最早的统计分析软件。

1968 年，美国斯坦福大学的研究生 Norman H. Nie 为解决社会学研究中的统计分析问题，和其他两位合作者一起开发了一个软件包，SPSS 是该软件英文名称的首字母缩写，原意为“statistical package for the social sciences”，即“社会科学统计软件包”。和产品名称相应，SPSS 公司也于 1975 年在芝加哥成立。

2000 年，随着 SPSS 产品服务领域的扩大和服务深度的增加，SPSS 公司于正式将英文全称更改为“statistical product and service solutions”，意为“统计产品与服务解决方案”，而英文缩写 SPSS 没有改变。全称内涵的改变，标志着随着 SPSS 公司的战略方向的调整，相应的软件产品与服务的领域有了重大拓展。

2009 年 4 月，随着 SPSS 公司成为预测分析领域的领导者，SPSS 公司将旗下主要产品的名称前面统一冠以 PASW 字样，全称是“predictive analysis software”，意思是“预测分析软件”。这样主要产品家族，称为 PASW Statistics、PASW Modeler、PASW PES、PASW Data Collection 等。

2010 年，随着 SPSS 公司被 IBM 公司并购，各子产品家族的名称前面不再以 PASW 为名，修改为统一加上 IBM SPSS 字样。

2011 年，业界领先的预测分析软件 SPSS 推出其旗舰统计分析软件 SPSS Statistics

的最新版本 SPSS Statistics 20.0。新版本在原软件的基础上，融合了多项业界领先的统计分析技术，增加了新的功能模块，大大提高了简便性和个性化，进一步贴近用户需求。SPSS 统计分析软件是一款按照功能模块进行配置的软件产品，主要包括 SPSS Statistics Base 模块和其他一系列扩充功能模块，每个独立扩充功能模块均可在 SPSS Statistics Base 模块基础上，为其增加某方面的分析功能。

二、SPSS 软件的特点

1. Windows 风格的界面极为友好

SPSS Statistics for Windows 最突出的特点就是操作界面极为友好，输出结果美观漂亮。SPSS 是第一个采用人机交互界面的统计软件，非常容易学习和使用。自从 1995 年 SPSS 公司与微软公司合作开发 SPSS 界面后，SPSS 界面变得越来越友好，操作也越来越简单，这就使熟悉微软公司产品的用户学习 SPSS Statistics 操作时，很容易上手。

2. 易学易用的统计分析软件

SPSS 易于操作、易于入门，结果易于阅读，对统计软件的学习不会冲淡统计的主题，这样研究人员就可以将精力集中在社会研究方法、市场研究方法、营销的业务问题上，而不是忙于编程和统计。一般稍有统计基础的人经过几天的培训即可用 SPSS 做简单的数据分析，包括绘制图表、简单回归、相关分析等。当然，真正应用好 SPSS 软件的关键在于如何科学地设计研究方案、严谨地收集数据、严密深入地对数据进行统计分析及解释，适度保守地下研究结论和进行决策。这一方面要求研究者掌握数理统计的基本知识；另一方面也要求研究者多进行实践，在实践中了解各种统计结果的实际意义。

3. 功能全面的统计分析软件

SPSS 对于初学者、熟练者及精通者都比较适用。提供了数据获取、数据管理与准备、数据分析、结果报告这样一个数据分析的完整过程，因此非常全面地涵盖了数据分析的整个流程，特别适合设计调查方案、对数据进行统计分析，以及制作研究报告中的相关图表。

4. 强大的编程能力，支持二次开发

对于常见的统计方法，SPSS 的命令语句、子命令及选择项的选择绝大部分由“对话框”的操作完成。因此，用户无需花大量时间记忆大量的命令、过程、选择项。

5. 支持丰富的数据源，具备强大数据访问和管理能力

SPSS 可以同时打开多个数据集，方便研究时对不同数据库进行比较分析和进行数据库转换处理。软件提供了更强大的数据管理功能帮助用户通过 SPSS 使用其他的应用程序和数据库。能够读取及输出多种格式的文件。例如，由 dBASE、FoxBASE、FoxPRO 产生的*.dbf 文件，文本编辑器软件生成的 ASCⅡ数据文件，Excel 的*.xls 文件等均可转换成可供分析的 SPSS 数据文件。支持 Excel、文本、Dbase 、Access、SAS 等格式的数据文件。能够把 SPSS 的图形转换为 7 种图形文件。结果可保存为*.txt，word，PPT 及 html 格式的文件。

此外，通过使用 ODBC（open database capture）的数据接口，可以直接访问以结构化查询语言（structured query language，SQL）为数据访问标准的数据库管理系统，通过数据库导出向导功能可以方便地将数据写入到数据库中等。

6. 灵活的配置方案

对于商业用户而言，SPSS Statistics是一种按照模块进行配置的软件产品，主要包括SPSS Statistics Base 模块和其他一系列扩充功能模块。SPSS Statistics Base 是基础的软件平台，具备强大的数据管理能力和输入输出界面管理能力，并具备完备的常见统计分析功能，而其他每个独立扩充功能模块均在 SPSS Statistics Base 的基础上，为其增加某方面的分析功能。

7. 支持多种操作系统

客户端支持 Windows XP（32 位）、Windows Vista 和 Windows 7（32 位和 64 位）、Linux 和 Mac OS。服务器端支持 Windows Server 2003（32 位和 64 位）、Windows Server 2008（32 位和 64 位）、AIX、HP-UX、Solaris。

第二节 SPSS 软件基本操作

一、SPSS 的运行模式

本书中我们选择 PASW Statistics 18.0 作为统计分析应用的工具。SPSS 主要有三种运行模式。

1. 完全窗口菜单运行模式

这种模式通过选择窗口菜单和对话框完成各种操作。用户无需学会编程，简单易用。

2. 程序运行模式

这种模式是在语句（syntax）窗口中直接运行编写好的程序或者在脚本（script）窗口中运行脚本程序的一种运行方式。这种模式要求掌握 SPSS 的语句或脚本语言。

3. 混合运行模式

混合运行模式是前两种模式的结合。使用菜单模式的同时，可以编辑和运行 SPSS 命令语句程序。

本书为初学者提供入门学习教程，采用完全窗口菜单运行模式。

二、SPSS 的启动

在 Windows［开始］→［程序］→［SPSS Inc］→［PASW Statistics 18］，在它的次级菜单中单击“PASW Statistics 18”即可启动 SPSS 软件，进入 SPSS for Windows 对话框，如图 8-1 和图 8-2 所示。

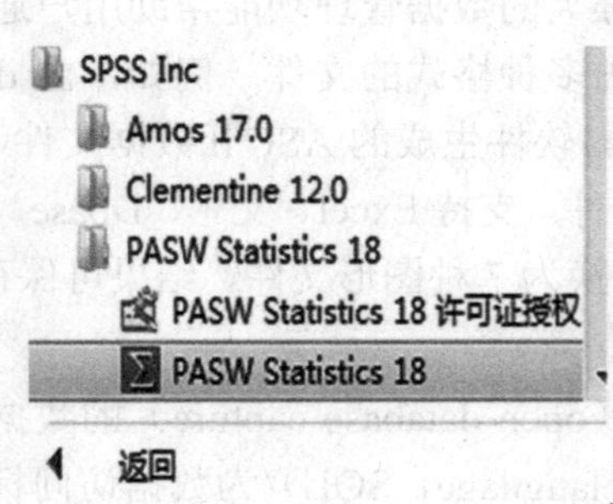

图 8-1 SPSS 启动

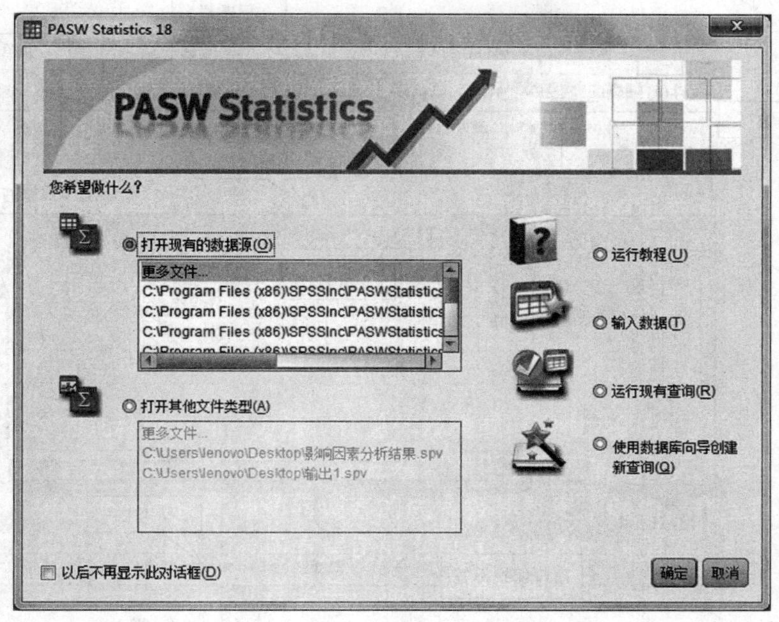

图 8-2　SPSS 启动对话框

三、SPSS 的退出

SPSS 软件的退出方法与其他 Windows 应用程序相同，有两种常用的退出方法。

（1）按文件→退出的顺序使用菜单命令退出程序。

（2）直接单击 SPSS 窗口右上角的“关闭”按钮，回答系统提出的是否存盘的问题之后即可安全退出程序。

四、SPSS 的主要窗口介绍

SPSS 软件运行过程中会出现多个界面，各个界面用处不同。其中，最主要的界面有三个：数据编辑窗口、结果输出窗口和语句窗口。由于本书只介绍完全窗口菜单模式，语句窗口介绍省略。

1. 数据编辑窗口

启动 SPSS 后看到的第一个窗口便是数据编辑窗口，如图 8-3 所示。在数据编辑窗口中可以进行数据的录入、编辑以及变量属性的定义和编辑，是 SPSS 的基本界面。数据编辑窗口主要由以下几部分构成：标题栏、菜单栏、工具栏、编辑栏、变量名栏、观测序号、窗口切换标签、状态栏。

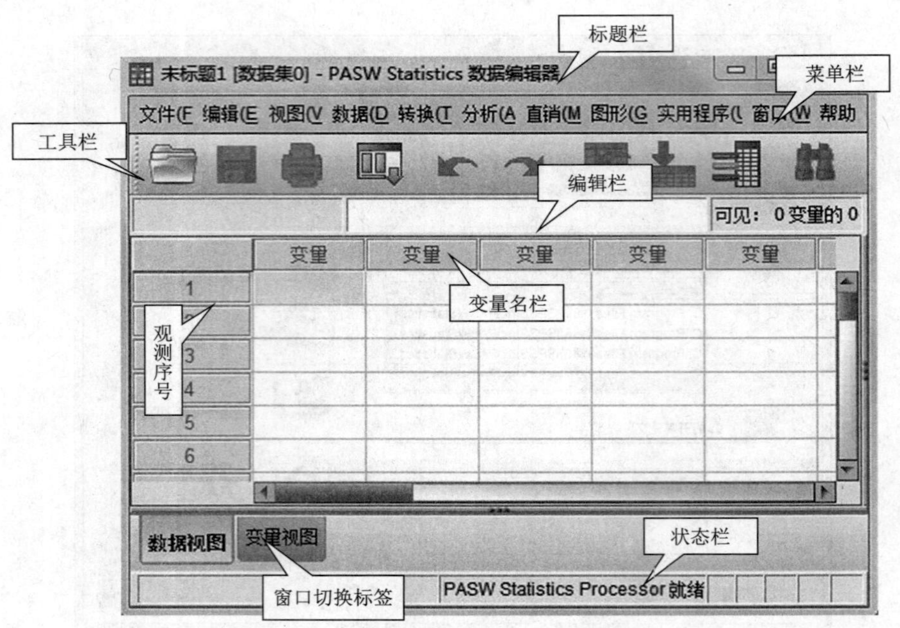

图 8-3 数据编辑窗口

（1）标题栏。显示数据编辑的数据文件名。

（2）菜单栏。通过对这些菜单的选择，用户可以进行几乎所有的 SPSS 操作。关于菜单的详细的操作步骤将在后续实验内容中分别介绍。

（3）工具栏。为了方便用户操作，SPSS 软件把菜单项中常用的命令放到了工具栏里。当鼠标停留在某个工具栏按钮上时，会自动跳出一个文本框，提示当前按钮的功能。另外，如果用户对系统预设的工具栏设置不满意，也可以用［视图］→［工具栏］→［设定］命令对工具栏按钮进行定义。

（4）编辑栏。可以输入数据，以使它显示在内容区指定的方格里。

（5）变量名栏。列出了数据文件中所包含变量的变量名。

（6）观测序号。列出了数据文件中的所有观测值。观测的个数通常与样本容量的大小一致。

（7）窗口切换标签。用于“数据视图”和“变量视图”的切换，即数据浏览窗口与变量浏览窗口的切换。数据浏览窗口用于样本数据的查看、录入和修改。变量浏览窗口用于变量属性定义的输入和修改。

（8）状态栏。用于说明显示 SPSS 当前的运行状态。SPSS 被打开时，将会显示“PASW Statistics Processor 就绪”的提示信息。

2. 结果输出窗口

在 SPSS 中大多数统计分析结果都将以表和图的形式在结果观察窗口中显示，如图 8-4 所示。窗口右边部分显示统计分析结果，左边是导航窗口，用来显示输出结果的目录，可以通过单击目录来展开右边窗口中的统计分析结果。当用户对数据进行某项统计分析，结果输出窗口将被自动调出。当然，用户也可以通过双击后缀名为.spo 的 SPSS

输出结果文件来打开该窗口。

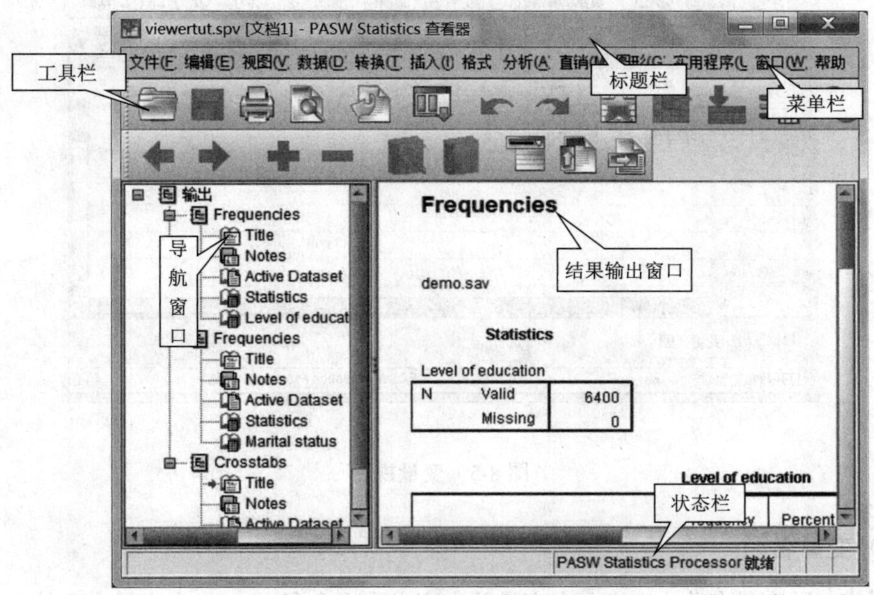

图 8-4　结果输出窗口

五、SPSS数据文件

SPSS 数据文件是一种结构性数据文件，由数据的结构和数据的内容两部分构成，也可以说由变量和观测两部分构成。一个典型的 SPSS 数据文件如表 8-1 所示。

表 8-1　SPSS 数据文件结构

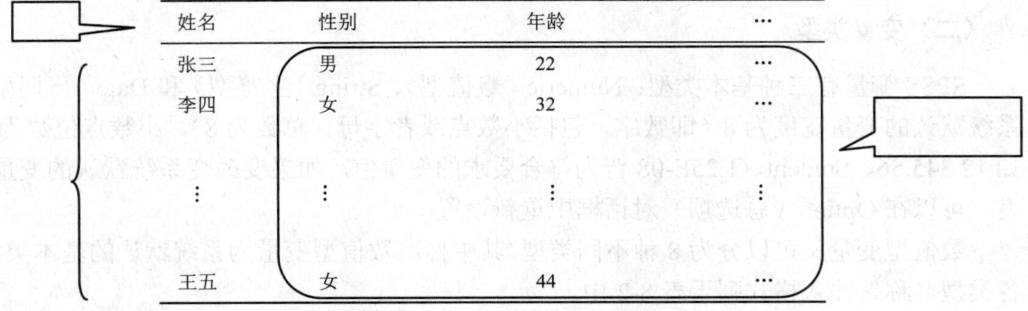

姓名	性别	年龄	…
张三	男	22	…
李四	女	32	…
⋮	⋮	⋮	⋮
王五	女	44	…

SPSS 中的变量共有 10 个属性，分别是变量名（Name）、变量类型（Type）、长度（Width）、小数点位置（Decimals）、变量名标签（Label）、变量名值标签（Value）、缺失值（Missing Value）、数据列的显示宽度（Columns）、对齐方式（Align）和度量尺度（Measure）。定义一个变量至少要定义它的两个属性，即变量名和变量类型，其他属性可以暂时采用系统默认值，待以后分析过程中如果有需要再对其进行设置。在 SPSS 数据编辑窗口中单击“变量视窗”标签，进入变量视窗界面（图 8-5）即可对变量的各个属性进行设置。

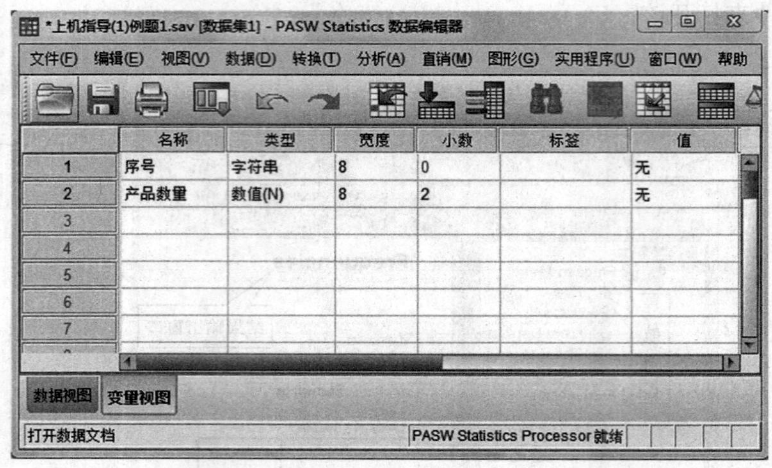

图 8-5 变量视窗

（一）变量名

变量名，即变量名称，定义一个变量首先应当为它命名。SPSS 中变量命名的规则如下。

（1）变量名由不多于 64 个的字符组成。

（2）首字必须为字母，其后可以是字母、符号或数字，也可以使用汉字作为变量名。例如，“N_score”“产值”。但是有几个特殊字符，如“？”“！”“*”以及算术运算符等都是不允许使用的。此外，点“.”不能作为变量名的最后一个字符。

（3）变量名中不得使用 SPSS 的保留字，它们是：ALL、AND、BY、EQ、GE、GT、LE、LT、NE、NOT、OR、TO、WITH。

（4）系统不区分大小写字母。例如，SCORE、Score 视为同一个变量名。

（二）变量类型

SPSS 变量有三种基本类型：Numeric（数值型）、String（字符型）和 Date（日期型）。系统默认的变量宽度为 8（即数字，包括小数点或者字母，总数为 8），小数点位数为 2，如 12 345.56、Student、1.25E-08 皆为符合要求的变量值。如果要改变系统默认的变量宽度，可以在 Option（总选项）对话框中重新设置。

数值型变量又可以分为 8 种不同类型，其中标准数值型变量为系统默认的基本类型。各类型名称、输入格式列于表 8-2 中。

表 8-2 系统默认长度下数值型变量的输入与显示格式

数值变量类型	数据输入格式	数据显示格式示例
Numeric（标准数值型变量）	标准数值或科学记数法	标准数值格式，231.05
Comma（带逗点型）	带逗点格式、科学记数法	带逗点格式，1，235.56
Doc（带圆点型）	带圆点格式、科学记数法	带圆点格式，5.678，95
Scientific Notation（科学记数法）	标准数值、科学记数法	科学记数法，6.7E+07

续表

数值变量类型	数据输入格式	数据显示格式示例
Dollar（带美元符号$型）	标准数值、科学记数法等	带美元符号，$5，670.80
Custom Currency（自定义型）	标准数值、科学记数法等	在 Option 对话框中自行定义
String（字符型）	一串字符	Book，nn 89，gift05
Date（日期型）	按指定的格式输入	按指定的格式输出

标准型数值变量值就是平常的数字书写格式；带逗点型的数值变量，其变量值的整数部分自右向左每 3 位加一个逗点作为分隔符，用圆点作小数点；带圆点型的数值变量，其变量值的整数部分自右向左每 3 位加一个圆点作为分隔符，而用逗点作小数点；科学记数法中表示指数的字母用 E，也可用 D，甚至不用，如 2.35E2、2.35E+2、2.35D2、2.35+2 都表示 235，均显示为 2.4E+02。

带美元符号（$）型，输入时可以不必键入字符“$”，根据指定的变量长度，譬如，定义变量宽度为 11 位，则显示时均为“$***，***.**”。

SPSS 中，日期型变量值的显示格式非常多，无论选定哪一种具体的格式，输入时都可以使用“／”和“—”作为分隔符，显示时系统会按定义的格式输出。

字符型变量的值是一串字符，使用时需特别注意，定义变量名时字母大小写不加区分，但输入字符型变量值（即字符串）时，系统对大写字母和小写字母则是严格加以区别的。

日期型变量和字符型变量不允许参与运算。

（三）变量标签

变量标签是对变量名的附加说明。SPSS 中不超过 64 个字符的变量名，许多情况下，不足以表达变量的含义。利用变量标签可以对变量的意义作进一步解释和说明。特别地，在中文 Windows 下还可以附加中文标签，这给不熟悉英文的用户带来很大方便。例如，定义变量名：Name，可以加注标签“姓名（或学生姓名、职工姓名等）”。给变量加了标签以后，在数据窗口工作时，当鼠标箭头指向一个变量的时候，变量名下立即显示出它的标签。

（四）值标签或标签值

变量值标签是对变量的可能取值附加的进一步说明，通常仅对类型（或分类）变量的取值指定值标签。

（五）缺失值

统计调查，搜集研究对象的有关统计资料是统计工作的基础。但是在具体工作时，总难免会发生一些失误，例如，需要观测的现象没有观测到，或者由于不慎遗失了原始记录，或者由登记时的疏忽导致记录错误。总之，会因种种原因造成统计资料的残缺、遗漏和差错。

统计中把那些没有观测到，或没有记录到，或者记录结果有明显的错误的数值，称为缺失值。例如，在调查小麦亩[①]产量时，记录到某地的平均亩产为 4580 千克，如此高的产量显然违背普通常识的，小麦亩产量不可能达到这样高，这个数据应属于错误的数

① 1 亩≈666.67 平方米。

据，统计分析中使用了这样的数据必然导致错误的分析结果。SPSS 提供了处理这些缺失值的功能，以便在统计分析中排除它们。

SPSS 中，对数值型变量，系统默认的缺失值为 0；对字符型变量，默认的缺失值为空格。用户可以自定义缺失值。例如，在处理小麦亩产量数据资料时，可以把数值大于 1500 千克的数据标记为缺失值。

（六）测度

统计学中，所谓测度是指按照某种法则给现象、事物或事件分派一定的数字或符号，通过测度来刻画事物的特征或属性。例如，对人进行测度，其属性或者特征有性别、年龄、身高、体重、职业等。可以用 58 千克标识某人的体重，用 172 米标识他的身高，用 1（男）或 2（女）标识他（或她）的性别。

一般来说，任何事物都具有直接的或者潜在的可测性，但是可测的程度或者水平是不同的，统计学中，通常将测度分为：Scale（定比测度或比率测度）、Ordinal（定序测度或顺序测度）、Nominal（定类测度或名义测度）。这三种测度水平以 Scale 测度的测度水平最高，Ordinal 测度次之，Nominal 测度的测度水平最低。

从统计学的角度，测度选择一般按以下原则进行。

（1）取值于一个区间，或者取值为比率的连续型变量应设置为 Scale 测度，如职工收入、身高、体重、产品产值、价格等。

（2）无论是数值型变量还是字符型变量，只要资料具有某种内在的顺序分类，如可明显地区分为大、中、小；高、中、低；优、良、中、可、差等，则应设置为 Ordinal 测度。

（3）资料如果是不具有某种内在顺序分类的字符型变量，如工人的工种、公司里的部门、地理区域划分等，可以设置为 Nominal 测度。表示明显分类的数值性变量也可以设置为 Nominal 测度，如将 Sex（性别）定义为数值型变量，1 表示“男”，2 表示“女”。

测度选择一般规定：当变量定义为数值型变量时，系统默认的测度水平确定为 Scale 测度，用户可根据需要自行确定三种测度水平一种测度；当变量定义为字符型变量时，系统默认的测度水平确定为 Nominal 测度，也允许将其测度水平改为 Ordinal 测度。

测度的确定与许多统计分析过程以及图形过程有密切关系。在这些过程中系统需要区分变量是定比测度的变量，或是分类变量。Nominal 测度和 Ordinal 测度的变量只作为分类变量来对待。

六、SPSS 数据建立

（一）创建一个数据文件

数据文件的创建分成三个步骤。

（1）选择菜单【文件】→【新建】→【数据】新建一个数据文件，进入数据编辑窗口。窗口顶部标题为“PASW Statistics 数据编辑器”。

（2）单击左下角【变量视窗】标签进入变量视图界面，根据设计定义每个变量类型。

（3）变量定义完成以后，单击【数据视窗】标签进入数据视窗界面，将每个具体的变量值录入数据库单元格内。

（二）读取外部数据

SPSS 可以很容易地读取 Excel 数据，步骤如下。

（1）按【文件】→【打开】→【数据】的顺序使用菜单命令调出打开数据对话框，在文件类型下拉列表中选择数据文件，如图 8-6 所示。

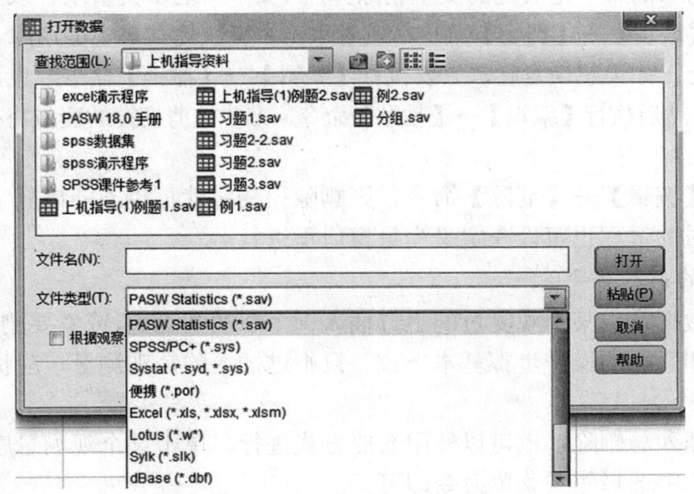

图 8-6　Open File 对话框

（2）选择要打开的 Excel 文件，单击“打开”按钮，调出打开 Excel 数据源对话框，如图 8-7 所示。对话框中各选项的意义如下：①工作表下拉列表，选择被读取数据所在的 Excel 工作表；②范围输入框，用于限制被读取数据在 Excel 工作表中的位置。

打开 Excel 数据源
E:\教学课件\管理统计学\上机指导资料\spss数据集\SPSS for windows统计分析数据集\data11-06.xls
从第一行数据读取变量名。
工作表: Sheet1 [A1:K39]
范围:
字符串列的最大宽度: 32767
确定　取消　帮助

图 8-7　Open Excel Data Source 对话框

（三）数据编辑

统计学理论中，对反映研究对象的数据资料最基本的要求就是准确性。但是实际工作中由于各种因素的影响和干扰，难以做到百分之百的准确，录入数据文件的数据出现错误是常有的事情。为了保证数据尽可能准确，需要对已经建立的数据文件进行编辑、修正、补充、删除等日常性工作。

1. 变量的插入与删除

如果要在数据窗口已经定义了的所有变量的右边界外增加个新变量，可以按照创建一个新数据文件的方法，在其后增加变量即可。

如果要在数据窗口的某个已经定义过的变量左边插入一个新变量，使用鼠标点击这个变量或者该变量列中的任意单元格，执行【编辑】→【插入变量】菜单。这时，数据文件中在这个变量的左边便增加了一个以“Var0000n”命名的新变量，其中“n”是系统定义的变量序号。也可以在该变量名处右击，展开快捷菜单，从中选择插入变量命令即可。

要将数据窗口的某个定义过的变量删除掉，只要单击这个变量或者该变量列中的任意单元格，执行【编辑】→【剪切】菜单，或者单击右键快捷菜单中的清除，选中的变量被剪切到剪贴板上。如果想恢复它，只要执行【编辑】→【撤销】命令，也可在一个空变量列处单击一下，然后执行【编辑】→【粘贴】命令，方才被剪切掉的变量将在这个新的位置上得以恢复。

如果执行【编辑】→【清除】命令，则删除掉变量就再也不能恢复了。

插入新变量的过程也可以在定义变量窗口里进行。

2. 观测量的插入与删除

如果要在数据窗口某个观测量的上方插入一个新的观测量，或者要删除一个观测量，与变量的插入和删除的操作步骤基本一致。只不过插入的是观测量，应执行【编辑】→【插入个案】命令。

观测量的插入与删除，也可以使用快捷方式进行，单击某个观测量序号，右击，从弹出的快捷菜单中选择相关菜单命令即可。

3. 单元中数据的编辑

如果发现某个单元格中的数据有错误，只要找到这个单元格，将正确的数据重新输入就可以了。如果单元格的数据正确而是输入的位置错误，剪切该数据。用鼠标选中准备操作的单元格，将它粘贴过来。

（四）SPSS 数据的保存

SPSS 数据录入并编辑整理完成以后应及时保存，以防数据丢失。保存数据文件可以通过【文件】→【保存】或者【文件】→【另存为】菜单方式来执行。在数据保存对话框（图 8-8）中根据不同要求进行 SPSS 数据保存。

图 8-8 SPSS 数据的保存

七、SPSS数据整理

通常情况下，刚刚建立的数据文件并不能立即供统计分析使用，还需要进行进一步的加工、整理，使之更加科学、系统、合理。这项工作在统计学中称之为统计整理。统计整理是统计工作的一个非常重要的环节，直接关系到统计分析的结果。在 SPSS 中，数据整理的功能主要集中在【数据】和【转换】两个主菜单下。

（一）排序

将观测量按照统计分析的具体要求进行合理的分类整理是数据文件整理的重要工作。以文件 student. sav 来说明，文件中共 8 个变量，36 个样本。部分数据如图 8-9 所示。

	编号	姓名	性别	年龄	身高	体重	数学成绩	语文成绩	变量
1	1	蔡东琴	男	12	1.60	55	63.00	66.00	
2	2	车兆龙	男	12	1.62	53	55.00	68.00	
3	3	陈晨	女	11	1.55	44	68.00	66.00	
4	4	陈梁明	女	11	1.52	42	75.00	60.00	
5	5	陈彦坤	男	10	1.43	43	82.00	75.00	
6	6	陈奕铭	女	10	1.46	38	91.00	90.00	
7	7	崔新新	男	10	1.48	39	82.00	80.00	
8	8	董悦	女	11	1.56	48	75.00	77.00	
9	9	杜明思	男	11	1.46	40	82.00	90.00	

图 8-9　student 文件部分数据展示

观测量分类整理的基本操作步骤如下。

（1）执行【数据】→【排序个案】（观测量分类）命令，打开排序个案对话框，如图 8-10 所示。

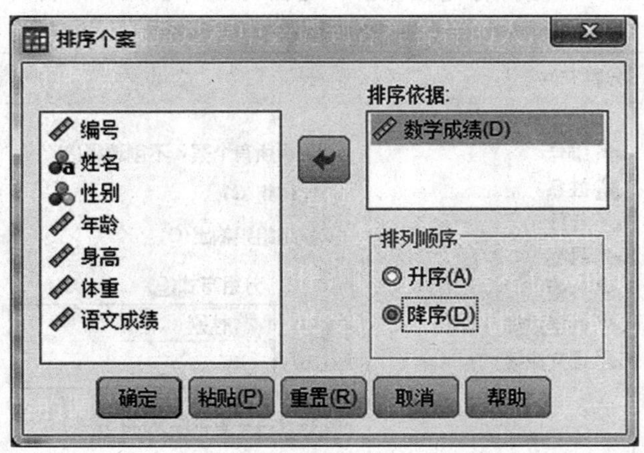

图 8-10　排序个案对话框

（2）从源变量列表框中选择一个或几个分类变量，单击中间的箭头按钮将它们移入排序依据框中。如果选择了几个排序变量，从上至下依次称为第一排序变量、第二排序变量等。分类整理将按每一个排序变量层叠分类整理。例如，选择了两个分类变量，数学成绩为第一排序变量，语文成绩为第二排序变量，在数学成绩中的相同成绩将按语文成绩分类。

（3）在排列顺序栏中选择一种升序或降序的排序方式。各分类变量的排序方式可以不同。

（4）以上选择确定后，单击 OK，返回数据窗口，分类排序结果显示于数据窗口内。如图 8-11 所示。

	编号	姓名	性别	年龄	身高	体重	数学成绩	语文成绩
1	33	商姗姗	女	11	1.58	51	100.00	95.00
2	10	段爱	女	12	1.60	53	96.00	86.00
3	6	陈奕铭	女	10	1.46	38	91.00	90.00
4	32	王栋梁	男	12	1.45	46	90.00	90.00
5	36	孙杰	女	10	1.45	50	90.00	86.00
6	26	李欣培	女	10	1.43	35	86.00	90.00
7	18	贺真亚	女	10	1.44	38	85.00	90.00
8	19	黄阁	女	10	1.44	37	85.00	95.00
9	20	黄宇琴	女	11	1.55	46	84.00	82.00
10	25	李天风	男	12	1.62	49	84.00	75.00

图 8-11　排序结果

（二）文件拆分

文件的拆分相当于统计学中的数据分组，即将数据按一个或几个分组变量分成一些供统计分析的分组。因此，文件的拆分并不是将一个文件分成几个文件，文件拆分后将启动一个对拆分后的各分组数据进行统计分析的过程。例如，对拆分后的数据文件进行 Frequncies （频数分析），分析过程将按照拆分后的分组进行。如果仅仅直接观察拆分的结果，显示在数据窗口的拆分结果与数据分类整理的结果完全相同。

文件拆分的基本操作步骤如下。

（1）对 student.sav 数据执行【数据】→【拆分文件】命令，打开分割文件对话框，如图 8-12 所示。

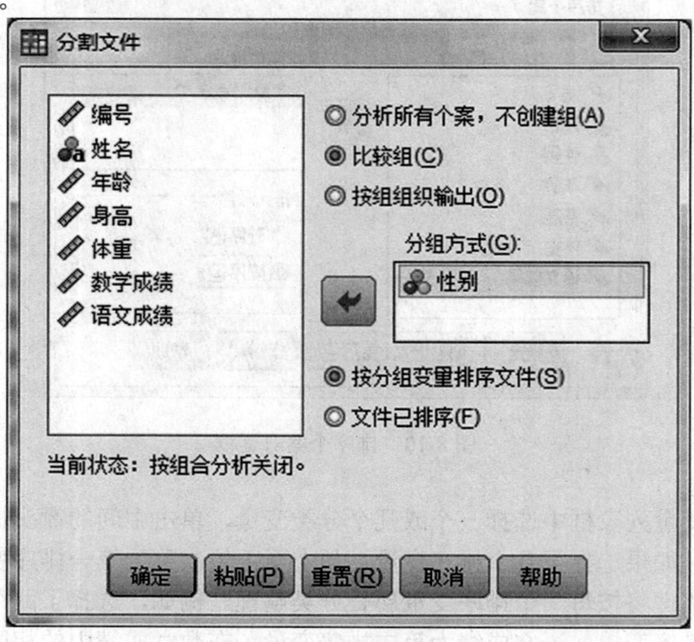

图 8-12　分割文件对话框

根据统计要求从源变量列表框中选择分组变量移送到分组方式框。这里最多可以选择 8 个分组变量，它们的作用相当于分类排序中的排序变量。

（2）对话框打开时，系统默认的选项为分析所有个案，不创建组。

为了进行不同分组观测量的分析，选择选项比较分组或者选项按组组织输出。当选定分组变量后，选择这两个单选项的任何一个，执行文件拆分后，再启动一个统计分析过程（如频数分析），则输出结果将不相同，前者将分组变量安置在同一表格里比较层叠输出，后者将按每一个分组变量单独输出。

（3）上述各选项确定后，单击 OK 执行拆分即可。

未经拆分和经过拆分的数据文件在各项统计分析中的差异，请同学们上机实践加以比较。

（三）数据文件的合并

SPSS 中，文件合并指的是将一个外部数据文件的观测量或变量增加到当前工作文件中将它们合并成一个文件。文件合并是文件整理的重要内容之一。

1. 增加观测量

Add Cases（增加观测量） 是指把一个外部文件的与工作文件具有相同变量的观测量增加到当前工作文件中。这相当于两个文件的“纵向合并”。这种合并要求两个数据文件至少应具有一对属性相同的变量，即使它们的变量名不同。

打开数据文件 student1. sav 和 student2. sav，如图 8-13 所示。将 student2. sav 合并到 student1. sav 中。

文件(F) 编辑(E) 视图(V) 数据(D) 转换(T) 分析(A) 直销(M) 图形(G) 实用程序(U) 窗口(W)

	编号	姓名	性别	年龄	身高	体重	数学成绩	语文成绩
1	1	蔡东琴	男	12	1.60	55	63.00	66.00
2	2	车兆龙	男	12	1.62	53	55.00	68.00
3	3	陈晨	女	11	1.55	44	68.00	66.00
4	4	陈梁明	女	11	1.52	42	75.00	60.00
5	5	陈彦坤	男	10	1.43	43	82.00	75.00

student2.sav [数据集2] - PASW Statistics 数据编辑器

文件(F) 编辑(E) 视图(V) 数据(D) 转换(T) 分析(A) 直销(M) 图形(G) 实用程序(U)

1:编号 6

	编号	姓名	性别	年龄	体重	数学成绩	语文成绩
1	6	陈奕铭	女	10	38	91.00	90.00
2	7	崔新新	男	10	39	82.00	80.00
3	8	董悦	女	11	48	75.00	77.00
4	9	杜明思	男	11	40	82.00	90.00
5	10	段爱	女	12	53	96.00	86.00

图 8-13 纵向合并文件

纵向合并的操作过程如下。

在 student1. sav 窗口执行【数据】→【合并文件】→【添加个案】命令。打开将个案添加到 student1. sav 对话框，如图 8-14 所示。选定数据文件 student2. sav，单击“继续”按钮，展开添加个案从 student2. sav 对话框，如图 8-15 所示。

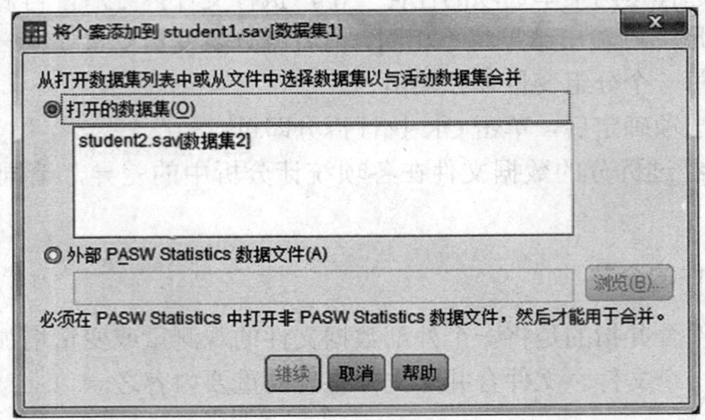

图 8-14　选择添加文件

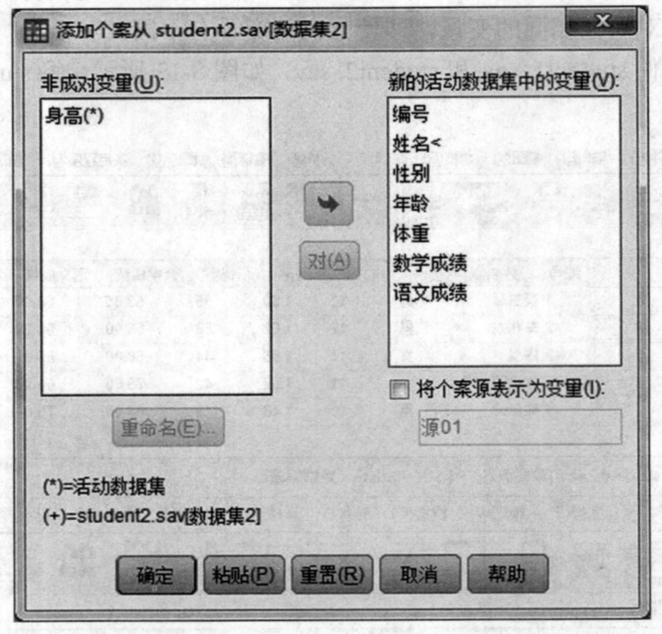

图 8-15　选择添加个案

非成对变量列表框，列出分属两个文件的不成对变量名，即变量名和变量类型不匹配的变量，此文件中身高变量在 student1. sav 中有，而在 student2. sav 中没有，所以可将身高变量点选到右侧新的活动数据集中的变量框中，结果如图 8-16 所示。

	编号	姓名	性别	年龄	身高	体重	数学成绩	语文成绩
1	1	蔡东琴	男	12	1.60	55	63.00	66.00
2	2	车兆龙	男	12	1.62	53	55.00	68.00
3	3	陈晨	女	11	1.55	44	68.00	66.00
4	4	陈梁明	女	11	1.52	42	75.00	60.00
5	5	陈彦坤	男	10	1.43	43	82.00	75.00
6	6	陈奕铭	女	10	.	38	91.00	90.00
7	7	崔新新	男	10	.	39	82.00	80.00
8	8	董悦	女	11	.	48	75.00	77.00
9	9	杜明思	男	11	.	40	82.00	90.00
10	10	段爱	女	12	.	53	96.00	86.00

图 8-16　纵向合并结果

需注意，如果将不成对变量列表栏中的分属两个文件的类型不同的变量配对，在合并后的新文件里这两个变量都将不会出现。

2. *增加变量*

Add Variables（增加变量）是指将一个外部文件中的若干变量添加到当前工作文件中，这相当于两个文件的“横向合并”。这种合并要求两个数据文件必须具有一个共同的 Key Variable（关键变量），而且这两个文件中的关键变量还具有一定数量的相等的观测量数值。

所谓关键变量，指的是两个数据文件中变量名、变量类型、变量值排序完全相同的变量。例如，分别保存着同班学生上、下学期考试成绩的两个文件中，表示学生学号的变量 id 或表示学生姓名 Name 等，两个学期的课程不同，各门功课的成绩分别使用不同的变量，这种合并就是将同一个学生（id 或 Name 值相同）下学期的各门课程的成绩合并到该学生名下。

打开数据文件 student3. sav 和 student4. sav，如图 8-17 所示。将 student4. sav 合并到 student3. sav 中。注意到，两个文件中都有编号和姓名，个案并不是一一对应的。

student3.sav [数据集1] - PASW Statistics 数据编辑器

文件(F)　编辑(E)　视图(V)　数据(D)　转换(T)　分析(A)　直销(M

1：编号　1

	编号	姓名	性别	年龄	身高
1	1	蔡东琴	男	12	1.60
2	2	车兆龙	男	12	1.62
3	3	陈晨	女	11	1.55
4	4	陈梁明	女	11	1.52
5	5	陈彦坤	男	10	1.43
6	6	陈奕铭	女	10	1.46
7	7	崔新新	男	10	1.48
8	8	董悦	女	11	1.56
9	9	杜明思	男	11	1.46
10	10	段爱	女	12	1.60

student4.sav [数据集2] - PASW Statistics 数据编辑器

文件(F)　编辑(E)　视图(V)　数据(D)　转换(T)　分析(A)　直销(M)　图形

1：编号　1

	编号	姓名	体重	数学成绩	语文成绩
1	1	蔡东琴	55	63.00	66.00
2	2	车兆龙	53	55.00	68.00
3	3	陈晨	44	68.00	66.00
4	4	陈梁明	42	75.00	60.00
5	5	陈彦坤	43	82.00	75.00
6	8	董悦	48	75.00	77.00
7	9	杜明思	40	82.00	90.00
8	10	段爱	53	96.00	86.00

图 8-17　横向合并文件

横向合并的操作过程如下。

在 student1. sav 窗口执行【数据】→【合并文件】→【添加变量】命令。打开将变量添加到 student3. sav 对话框，如图 8-18 所示。选定数据文件 student4. sav，单击“继续”按钮，展开添加变量从 student4. sav 对话框，如图 8-19 所示。

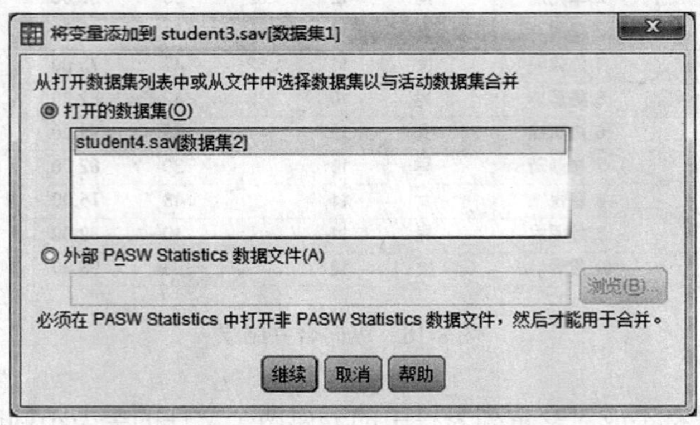

图 8-18 选择添加文件

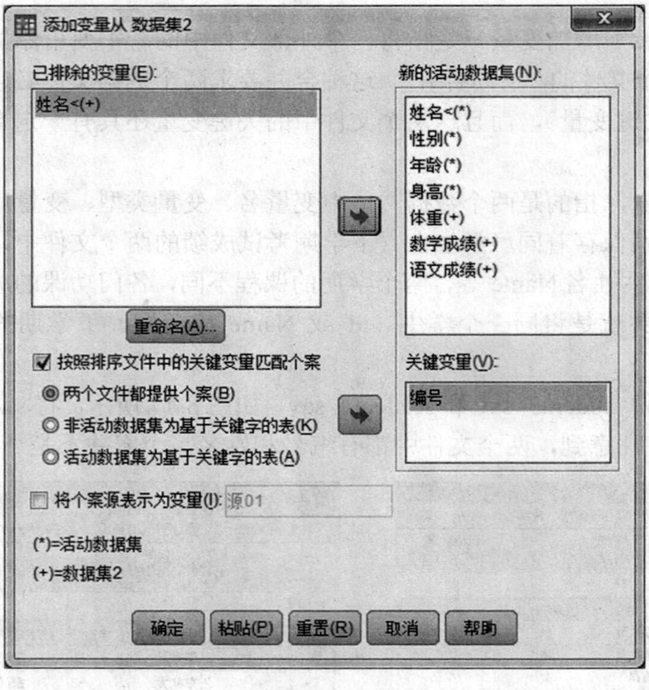

图 8-19 选择添加变量

对话框的已排出的变量列表栏中，列出的是外部文件与工作文件中重复的同名变量。此文件中，姓名和编号变量相同。新的活动数据集变量列表框中，列出的是进入新的工作文件变量，分别用［+］外部变量和［*］当前变量来标记。

一般的，横向合并最好需要选择一个关键变量，关键变量是两个文件中都有的，并且个案不重复。这里我们先勾选按照排序文件中的关键变量匹配个案，选两个文件都提供个案，然后将编号变量选入到关键变量框中，这样一来不会产生个案合并后错位的结果。

此时单击 OK，就可以将这两个文件合并成一个新的数据文件，如图 8-20 所示。

	编号	姓名	性别	年龄	身高	体重	数学成绩	语文成绩	变
1	1	蔡东琴	男	12	1.60	55	63.00	66.00	
2	2	车兆龙	男	12	1.62	53	55.00	68.00	
3	3	陈晨	女	11	1.55	44	68.00	66.00	
4	4	陈梁明	女	11	1.52	42	75.00	60.00	
5	5	陈彦坤	男	10	1.43	43	82.00	75.00	
6	6	陈奕铭	女	10	1.46	.	.	.	
7	7	崔新新	男	10	1.48	.	.	.	
8	8	董悦	女	11	1.56	48	75.00	77.00	
9	9	杜明思	男	11	1.46	40	82.00	90.00	
10	10	段爱	女	12	1.60	53	96.00	86.00	

图 8-20 横向合并结果

（四）变量的计算

统计中，建立的数据文件中包含的数据可能来自统计调查的原始测量结果，统计分析要通过研究变量之间关系来揭示现象的内在数量规律。例如，统计学中大量的相对指标的指标值是不可能通过实际测量得到的，而需要利用有联系的变量的比值计算出来，计算所得的数值就成为新变量的观测值。SPSS 提供了强大的 Compute（计算）功能，新变量的计算可以利用 Compute 对话框方便地求得。我们以 student. sav 数据为例，计算同学们的数学和语文的平均成绩。

建立新变量步骤如下。

（1）打开数据文件，执行【转换】→【计算变量】命令，打开计算变量对话框，如图 8-21 所示。

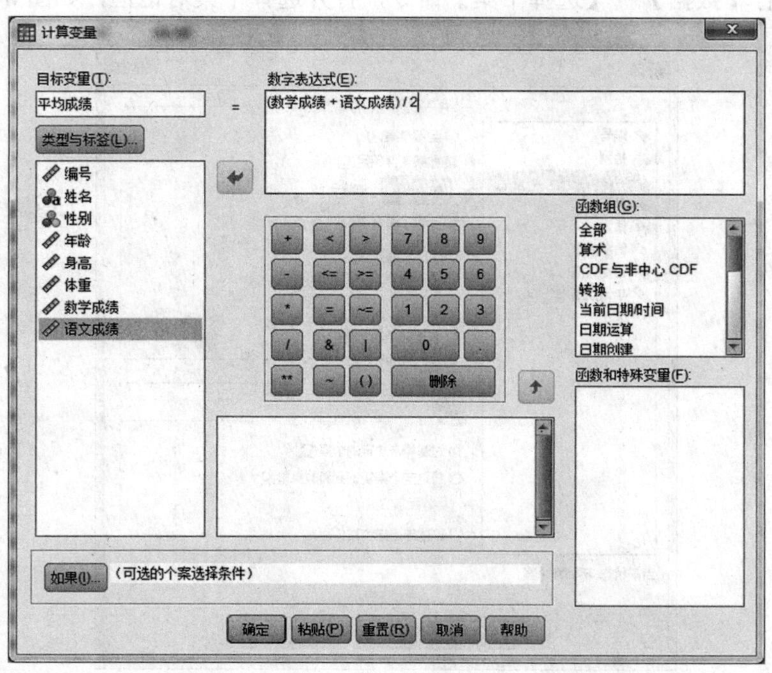

图 8-21 计算变量对话框

（2）在目标变量中输入新变量名“平均成绩”，在数字表达式框中输入计算平均成绩的公式，各项选择确认后，单击确定。系统将根据表达式和条件计算新变量的值，并且将其结果显示到数据窗口的工作文件中。结果如图 8-22 所示，在文件的后边生成了新变量平均成绩。

计算器板上的数字、运算符按钮以及 Delete 按钮与计算机键盘上相应的按钮等效。

	编号	姓名	性别	年龄	身高	体重	数学成绩	语文成绩	平均成绩	变量
1	1	蔡东琴	男	12	1.60	55	63.00	66.00	64.50	
2	2	车兆龙	男	12	1.62	53	55.00	68.00	61.50	
3	3	陈晨	女	11	1.55	44	68.00	66.00	67.00	
4	4	陈梁明	女	11	1.52	42	75.00	60.00	67.50	
5	5	陈彦坤	男	10	1.43	43	82.00	75.00	78.50	
6	6	陈奕铭	女	10	1.46	38	91.00	90.00	90.50	
7	7	崔新新	男	10	1.48	39	82.00	80.00	81.00	
8	8	董悦	女	11	1.56	48	75.00	77.00	76.00	
9	9	杜明思	男	11	1.46	40	82.00	90.00	86.00	
10	10	段爱	女	12	1.60	53	96.00	86.00	91.00	
11	11	高梦莎	女	11	1.55	55	74.00	80.00	77.00	

图 8-22 新变量计算结果

（五）选择观测量

一般地说，记录在数据文件里的大量的数据资料，并不一定全有用，也未必都适于统计分析的要求。因此，常需要根据统计的目的和要求，从数据文件中选取需要的观测量作为样本参与分析。SPSS 提供了观测量选择的功能。

打开 student.sav 数据文件，若只分析年龄为 12 岁学生的数据，可按以下步骤进行观测量的选择。

（1）执行【数据】→【选择个案】命令，打开选择个案对话框，如图 8-23 所示。

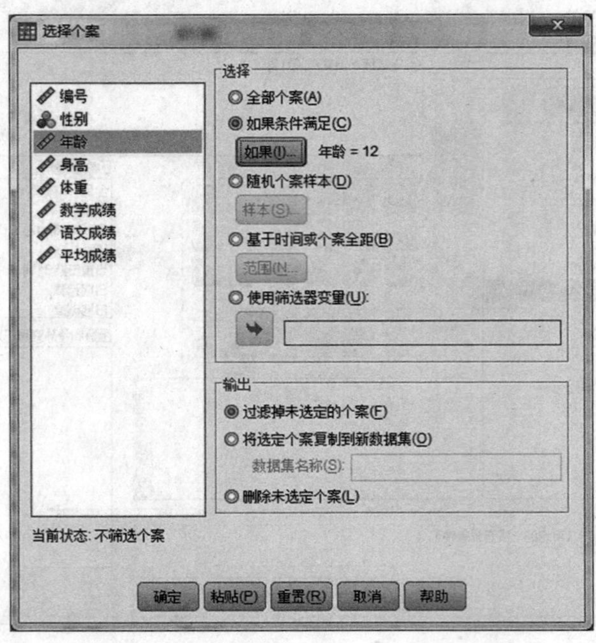

图 8-23 选择个案对话框

在选择栏里设置选择观测量的方式，栏内选项意义如下。

全部个案为系统默认选项。选此选项相当于不执行 Select Cases 命令。

如果条件满足。选择满足条件的观测量。选择此项，单击如果按钮打开条件设置对话框。在表达式栏里输入选择观测量的条件表达式（参见相关 SPSS 专业指导书），如输入表达式“年龄=12”，即选择所有年龄为 12 岁的观测量。单击继续按钮返回主对话框，单击确定执行观测量选择。

随机个案样本。随机抽取观测量样本。如果选此项，单击样本按钮打开选择随机样本对话框。

基于时间或个案全距。按时间或观测量范围选择。如果选此项，单击范围按钮打开根据样本范围选择对话框。

使用筛选器变量。使用过滤器变量。选择此选项，从变量列表框中选择一个数值型变量作为过滤器变量移至矩形框中，单击继续执行选择。对于过滤器变量，凡其数值不等于 0 或缺失值的观测量均被选中。例如，选择取 0 和 1 两个值的变量性别作为过滤器变量，则将文件中全部男学生对应的观测量选中，而将全部女学生对应的观测量过滤掉。

输出栏，用于确定对未被选中的观测量的处理方式。

过滤掉未选定的个案为系统默认选项，选择此项，未被选中的观测量仍保留在数据文件里，在其对应的观测量序号上划上斜线加以标记。选择删除未选定个案，未选中的观测量将从数据文件中删除掉。

（2）选定好条件，单击确定输出结果，如图 8-24 所示。

	编号	姓名	性别	年龄	身高	体重	数学成绩	语文成绩	平均成绩	filter_$
1	1	蔡东琴	男	12	1.60	55	63.00	66.00	64.50	Selected
2	2	车兆龙	男	12	1.62	53	55.00	68.00	61.50	Selected
3	3	陈晨	女	11	1.55	44	68.00	66.00	67.00	Not Selected
4	4	陈梁明	女	11	1.52	42	75.00	60.00	67.50	Not Selected
5	5	陈彦坤	男	10	1.43	43	82.00	75.00	78.50	Not Selected
6	6	陈奕铭	女	10	1.46	38	91.00	90.00	90.50	Not Selected
7	7	崔新新	男	10	1.48	39	82.00	80.00	81.00	Not Selected
8	8	董悦	女	11	1.56	48	75.00	77.00	76.00	Not Selected
9	9	杜明思	男	11	1.46	40	82.00	90.00	86.00	Not Selected
10	10	段爱	女	12	1.60	53	96.00	86.00	91.00	Selected
11	11	高梦莎	女	11	1.55	55	74.00	80.00	77.00	Not Selected
12	12	段彤辉	男	10	1.43	43	71.00	69.00	70.00	Not Selected
13	13	高卿	男	11	1.46	41	76.00	60.00	68.00	Not Selected
14	14	高庆风	男	12	1.59	42	63.00	70.00	66.50	Selected

图 8-24　个案选择结果

从图 8-24 中可以看到，未被选中的个案在观测号前都加上了删除线，这些个案都不会参与到后边的数据分析中。

（六）重编码

在统计分析中，经常会遇到为变量重新赋值或重新编码的问题。例如，统计分组中，将学生的成绩分为“59 分以下”“60～70 分”“70～80 分”“80～90 分”“90 分以上”的不同分组，这类工作可以使用 SPSS 的变量重新赋值的功能来完成。

打开 student.sav 数据文件，对语文成绩变量重新赋值。SPSS 的变量重新赋值功能可以将原有变量的旧值更换为新值，或者产生新的变量来记录为原变量赋予的新值。变量重新赋值的步骤如下。

（1）执行【转换】→【重编码为不同变量】命令，打开重编码对话框，如图 8-25 所示。

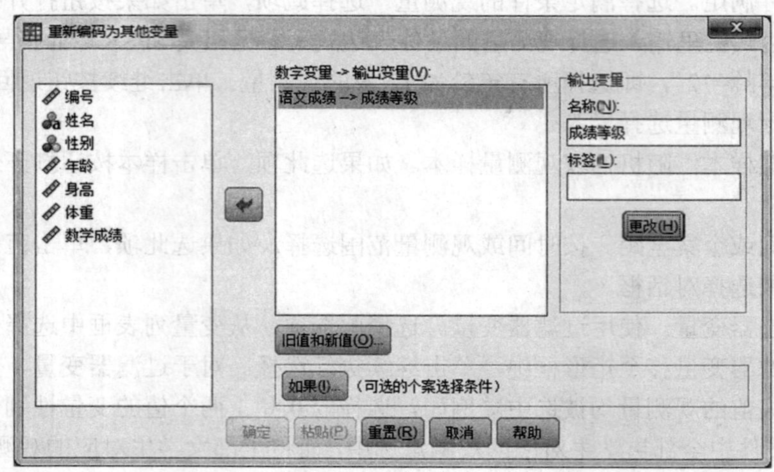

图 8-25　重编码对话框

（2）对话框中间框的标题为“数字变量→输出变量”，选择源变量列表中的数值型（字符型）变量移入该框中。同时，输出变量栏被激活，在这里可以为输出变量确定新变量名和标签。这里我们输入成绩等级变量名，并点击更改按钮。

（3）单击旧值和新值按钮打开新旧变量对话框，如图 8-26 所示。

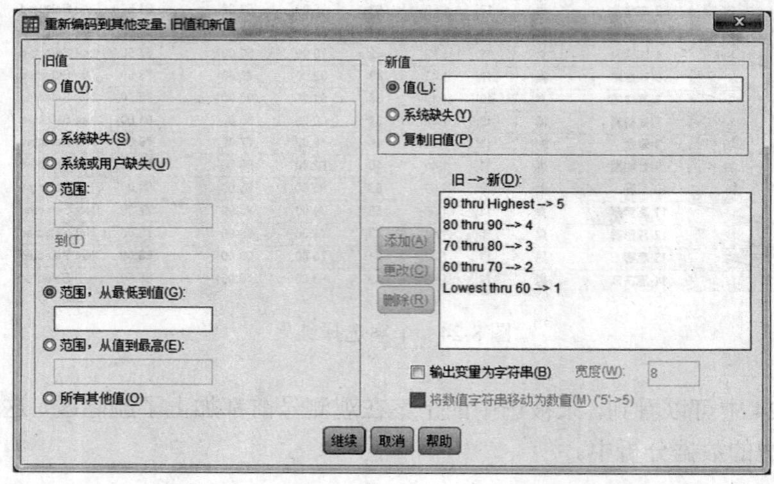

图 8-26　新旧值转换对话框

在旧值栏中选中一选项，将原变量的有效值或原值的范围输入被激活的矩形框，在 New Value 栏中，可以对将要给新变量赋予的新值做出如下选择。

在值框里键入新值，单击添加按钮添加到旧→新显示框中，框里显示出“原值（原值的范围）→新值”。

系统缺失。单击添加按钮移入旧→新栏，表明原变量的旧值被定义为新变量的系统缺失值。

复制旧值。表明在旧值栏中指定的原变量旧值仍作为新变量的值予以保留，而那些没有指定的值将不再包括在新变量的值之中，作为系统缺失值。

这里我们按照 60 以下，60～70，70～80，80～90，90 以上分别转换成 1，2，3，4，5。各选项确定后，单击继续按钮返回主对话框，单击确定执行原变量的重新赋值，如图 8-27 所示。

	编号	姓名	性别	年龄	身高	体重	数学成绩	语文成绩	成绩等级
1	1	蔡东琴	男	12	1.60	55	63.00	66.00	2.00
2	2	车兆龙	男	12	1.62	53	55.00	68.00	2.00
3	3	陈晨	女	11	1.55	44	68.00	66.00	2.00
4	4	陈梁明	女	11	1.52	42	75.00	60.00	2.00
5	5	陈彦坤	男	10	1.43	43	82.00	75.00	3.00
6	6	陈奕铭	女	10	1.46	38	91.00	90.00	5.00
7	7	崔新新	男	10	1.48	39	82.00	80.00	4.00
8	8	董悦	女	11	1.56	48	75.00	77.00	3.00
9	9	杜明思	男	11	1.46	40	82.00	90.00	5.00
10	10	段爱	女	12	1.60	53	96.00	86.00	4.00
11	11	高梦莎	女	11	1.55	55	74.00	80.00	4.00
12	12	段彤辉	男	10	1.43	43	71.00	69.00	2.00
13	13	高卿	男	11	1.46	41	76.00	60.00	2.00
14	14	高庆风	男	12	1.59	42	63.00	70.00	3.00
15	15	高升	女	10	1.48	39	69.00	70.00	3.00
16	16	耿静	女	11	1.50	40	65.00	75.00	3.00
17	17	韩昕妍	女	12	1.62	56	82.00	72.00	3.00
18	18	贺真亚	女	10	1.44	38	85.00	90.00	5.00
19	19	黄阔	女	10	1.44	37	85.00	95.00	5.00
20	20	黄宇琴	女	11	1.55	46	84.00	82.00	4.00
21	21	贾潞洁	男	11	1.55	48	81.00	67.00	2.00
22	22	贾晓彤	男	12	1.64	60	83.00	76.00	3.00
23	23	李明明	男	11	1.55	44	68.00	61.00	2.00
24	24	李宁	男	12	1.59	55	63.00	62.00	2.00

图 8-27 重编码结果

重编码结束后，将新生成的变量成绩等级中 1，2，3，4，5 分别用值标签定义成不及格，及格，中等，良好和优秀五个等级。

■本章小结

（1）SPSS 软件的特点：①Windows 风格的界面极为友好；②易学易用的统计分析软件；③功能全面的统计分析软件；④强大的编程能力，支持二次开发；⑤支持丰富的数据源，具备强大数据访问和管理能力；⑥灵活的配置方案；⑦支持多种操作系统。

（2）SPSS 软件的运行模式：完全窗口菜单运行模式、程序运行模式、混合运行模式。

（3）SPSS 软件最主要的界面有三个：数据编辑窗口、结果输出窗口和语句窗口。

（4）SPSS 软件数据文件介绍。SPSS 数据文件是一种结构性数据文件，由数据的结构和数据的内容两部分构成，也可以说由变量和观测两部分构成。

（5）SPSS 软件创建、读取和管理数据文件。能够创建 SPSS 数据文件，导入 Excel

数据文件，并能将创建或导入的文件进行编辑和保存。

（6）SPSS 软件数据整理。掌握 SPSS 软件数据整理中排序、文件拆分、数据文件的合并、变量的计算、选择观测量和重编码等操作。

思考与练习

1. SPSS 软件的特点。

2. SPSS 软件常用窗口有哪些？

3. 简述 SPSS 软件的三种运行模式。

4. 简述 SPSS 软件的变量各属性。

5. 设计一项关于大学生消费的调查问卷，将其结构建立成 SPSS 文件。

6. 根据本章例题上机操作完成排序、文件拆分、数据文件的合并、变量的计算、选择观测量和重编码等操作。

第九章 调查资料整理

本章主要讲述社会调查和社会调查学中调查资料的整理问题。我们收集来的数据往往是零散和不系统的。如果想要描述总体的特征，就需要对数据进行整理。

通过本章的学习，主要让学生了解整理资料的意义和原则、资料的回收与审核；掌握问卷的编码与录入、调查数据的清洁和预处理。

第一节　意义和原则

一、整理资料的意义

所谓整理资料，就是根据调查研究的目的，运用科学的方法，对调查所获得的资料进行审核、检验、分类、汇编等初步加工，使之系统化和条理化，并以集中、简明的方式反映调查对象总体情况的工作过程。

整理资料的重要意义如下。

1. 它是提高调查资料质量及其使用价值的必要步骤

因为运用各种调查方法获得的调查资料往往是分散的、零乱的，而且难免会出现虚假、差错、短缺、冗余等现象。所有这些现象，都会降低调查资料的质量和使用价值，甚至根本无法使用。要解决这些问题，除了在调查阶段组织调查人员就地自查、互查和指派专人督查外，还必须在研究阶段开始时进行一次全面检查和整理，以区分资料的真假和精粗，消除资料中的假、错、缺、冗等现象，以保证资料的真实、准确和完整。从一定意义上说，整理资料实际上是对调查工作的一次全面检查，必要时还应该组织力量进行补充调查。通过整理工作，调查资料的质量和使用价值就会大大提高。

2. 它是研究调查资料的基础

研究阶段的任务在于获得正确的调查结论，而正确的调查结论来源于科学的统计分析和思维加工，科学的统计分析和思维加工又有赖于调查资料的真实、准确和完整。为此，就必须把各种资料差错，特别是数据差错消灭在统计分析和思维加工之前。如果到统计分析和思维加工时才发现调查资料中的差错，再去改正这些差错，那么就会花去更多的时间和精力。因此，在开展研究之前，一定要认真鉴别、整理调查资料，坚决纠正或淘汰一切不合格资料，这是保证研究工作顺利进行的重要基础。

3. 它是保存调查资料的客观要求

社会调查的原始资料，不仅是当时得出调查结论的客观依据，而且对今后研究同类社会现象具有重要的参考价值。因此，每次社会调查都应认真整理调查资料，以便长期保存和研究。实践证明，真实、准确、完整的调查资料，往往具有长久的研究价值，而且随着时间的推移，其价值将越来越大。

总之，如果说调查阶段是认识的感性阶段、研究阶段是认识的理性阶段，那么，整理资料则是从调查阶段过渡到研究阶段、由感性认识上升到理性认识的一个不可缺少的中间环节。

二、整理资料的一般原则

整理资料应该遵循的主要原则如下。

1. 真实性原则

整理的资料必须是真实的、实事求是的，而不是虚假的、主观杜撰的。郭沫若曾指出："无论作任何研究，材料的鉴别是最必要的基础阶段。材料不够固然大成问题，而材料的真伪或时代性如未规定清楚，那比缺乏材料还要更加危险。因为材料缺乏，顶多得不出结论而已，而材料不正确便会得出错误的结论。这样的结论比没有更要有害。"真实性原则，是整理资料首要的、最根本的原则。

2. 准确性原则

整理后的资料，事实要清楚，数据要准确。如果整理出来的资料事实含混不清，数据互相矛盾，那么，就不可能得出科学的结论。当然，对准确性的要求应该从实际出发，以能说明问题为原则，而不是越精确越好。例如，了解人均收入，以元为单位就可以了；了解一个县的 GDP，以万元为单位就能说明问题。如果精度要求过高，不仅会增加许多工作量，而且可能会更不准确。对于那些模糊的社会现象，就应用模糊的概念来反映。否则，越具体、越"精确"，就可能越不清楚、越不准确。

3. 完整性原则

整理资料应该尽可能地全面、完整。也就是说，既要有历史资料，又要有现实资料；既要有正面、肯定的资料，又要有负面、否定的资料；既要有主体资料，又要有辅助资料；等等。只有这样，才能真实反映调查对象的全貌。如果资料残缺不全，就有可能犯以偏概全的错误，甚至从根本上失去研究价值。

4. 统一性原则

整理出来的资料要统一，包括调查对象要统一，调查指标及其操作定义要统一，调查数据的计算公式、计量单位要统一，调查结果表现形式要统一，等等。如果调查对象不一样，调查指标的解释和操作定义不统一，调查数据的计算公式或计量单位不一致，那么，调查资料就会失去统计和研究价值。

5. 简明性原则

整理所得的资料应该尽可能地系统化、条理化，并以集中、简明的方式反映调查对象的总体情况。如果整理后的资料仍然杂乱无章、没有条理，臃肿、凌乱，使人对调查对象的总体情况难以形成一个完整、清晰的概念，那么，就会给以后的研究工作增加许多困难。

6. 新颖性原则

整理资料时，要尽可能用新观点、新角度来审视资料、组合资料，尽量避免按照陈旧的思路考虑问题、反映问题，更不能简单地重复别人已经走过的老路。只有勤于思考、勇于创新，从调查资料中发现新情况、新问题，才能为创造性研究打下良好的基础。

总之，整理资料应力求真实、准确、完整、统一和简明，并尽可能新颖。只有在这样的调查资料基础上，后续研究才有可能得出科学的结论。

第二节 回收与审核

一、调查资料的回收

1. 回收率的概念和计算方法

调查的回收率（response rates）也称为调查的应答率或回答率，是调查者实际调查的个案数与计划调查的个案数之比。换句话说，就是社会调查过程中研究者成功完成调查询问的个案数占计划完成的样本总个案数的百分比。在自填式问卷调查中，它常常称为问卷回收率；而在结构式访问调查中，它又常常称为访问回答率。

回收率的计算方法是

$$回收率=\frac{实际完成调查的个案数}{计划完成的样本总个案数}\times 100\%$$

例如，一项调查从总体中抽取了400名调查对象作为样本，研究者采用自填问卷的方法收集资料，发出问卷400份，实际收回问卷380份。那么，根据上述公式计算，该项调查的回收率为

$$(380\times 400)\times 100\%=95\%$$

同样，如果研究者采用的是结构式访问的方法来收集资料，而在实际访问400名调查对象的过程中，有10位调查对象由于地址错误、外出打工、生病住院等客观原因而无法接触到，还有10位调查对象拒绝接受访问。结果，实际完成访问的对象为380人，回收率也是95%。

实际调查中，由于收回的问卷里还可能会有一部分不合格的问卷，所以，真正严格意义上的调查回收率也称为有效回收率，指的是通过对问卷的审核，剔除那些填答不全或明显乱填的废卷后所剩下的问卷数——有效问卷数占样本总个案数的百分比，即

$$有效回收率=\frac{实际完成调查的有效个案数}{计划完成的样本总个案数}\times 100\%$$

例如，通过审核发现上述调查中所收回的380份问卷里，有20份不合格的废卷，将这些废卷剔除后，该项调查的有效回收率就只有

$$[(380-20)/400]\times 100\%=[360/400]\times 100\%=90\%$$

由于最终进入数据分析的问卷数目是有效问卷数，所以，一般情况下研究者在研究报告中向读者报告的应该是有效问卷数和有效回收率。

2. 回收率的意义

对于社会调查而言，回收率最常见同时也最基本的方法论意义在于：它是决定和影响调查样本代表性的重要因素。“回收率是受访者样本代表性的一项指标”①，“是反映抽样调查结果对总体的代表性程度的重要指标之一”②。调查研究中，研究者虽然可以通过科学的抽样设计，达到从总体中抽取具有代表性的样本的目的，然而，这种抽样所得到的样本的代表性并不能最终反映调查结果的代表性。因为抽样所得样本对总体的代表性是一种处于调查开始之前的衡量指标。在进行调查的过程中，会有许多因素导致抽样样本中部分个案的缺失或失效，使得最终完成调查的样本只是抽样样本中的一个部分。而由于“未回答者通常与问卷的回答者有着相当的差别，他们通常是一些由于受教育程度低而看不懂问卷的人、一些年事已高而无法回答问卷的人或者是一些流动性较大而无法找到的人”③，所以，当调查的回收率较低（即未回答者的数量较大）时，调查结果的总体代表性就会受到明显的影响和破坏。这方面最著名的例子是美国《文学文摘》杂志关于美国总统选举的调查。该杂志在 1936 年的总统选举调查中收回了 200 多万份调查表，其收回的调查表规模可谓巨大。但是，相对于其所发出的 1000 多万张调查表来说，200 万的数字依然只是很小的一部分。正是这种 20%左右的回收率（以及研究者在抽样框方面的失误），彻底葬送了《文学文摘》杂志的这次调查结果，也最终导致了这家杂志的关门。回收率过低而影响到调查结果质量的另一个著名例子是美国学者海蒂关于美国女性的性调查。尽管这项著名调查的有效样本规模也达到了 4500 份，但相对于其发出的 10 万份问卷来说则小得可怜（回收率仅为 4.5%），其研究结果因此遭到学界猛烈批评。也正因为如此，“在调查研究中，回收率是研究者的一大担心”④。

我们可以用下列简单的图示（图 9-1）来说明回收率过低所带来的问题。

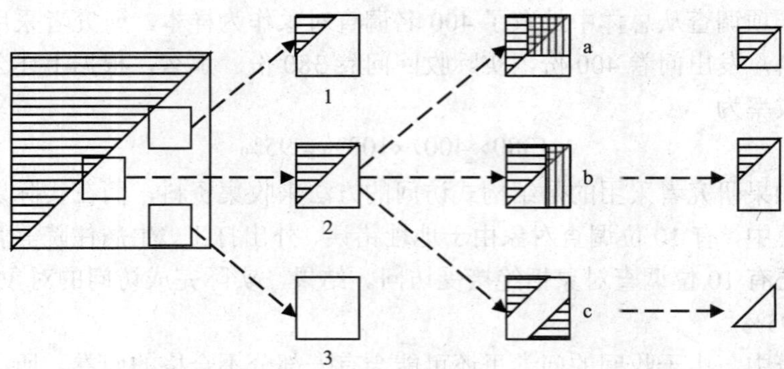

图 9-1 问卷回收率示意图

现有三种不同的抽样方式（用小方框 1、2、3 代表），得到三种代表性不同的样本（显然样本 2 的代表性最大）。如果样本的回收率很低时，那么即使抽出的是很有代表性的样本 （如样本 2），也难以保证对总体的代表性。假设回收率只有 30%时，就可能出现类

① 艾尔·巴比. 2000. 社会研究方法（上册）. 丘泽奇译. 北京：华夏出版社：331.
② 风笑天. 1987. 浅谈当前抽样调查中的若干失误. 天津社会科学, (3)：47-51.
③ Frankfort-Nachmias C, Nachmias D. 2000. Research Methods in the Social Sciences. 6th ed. New York：Worth Publishers：208.
④ Neuman W L. 1994. Social Research Methods. Boston：Allvn and Bacon：239.

似图 9-1 中 a、b、c 的多种情形（垂直条纹部分表示实际回收的样本）。有的也许仍然能较好地代表总体（如 a），有的则不大能代表总体（如 b），有的则完全歪曲了总体（如 c）。这些都说明，抽样方式决定的是所抽的样本有没有代表性的问题，而回答率则是告诉我们实际调查的样本与所抽取的样本之间会不会存在很大的差异的问题。

3. 回收率的标准

那么，可接受的回收率，以及很好的回收率的标准是什么呢？对此学界目前还没有统一的认识。纳克米亚斯等指出："要确定一种可接受的回收率标准并不是一件容易的事情，因为科学家在最低回收率的标准上意见不一致。"[①]美国社会学者巴比提出过一个简单的等级规则："要进行分析和报告撰写，问卷回收率至少要有 50%才是足够的；要至少达到 60%的回收率才算是好的；而达到 70%就非常好。"但他同时也明确指出："要记住，以上数据都只是概略指标，并没有统计上的基础。"[②]

由于回收率所代表的样本才是真正的样本，或者说，才是得出调查结果时实际用到的样本，所以，即使在抽样样本具有很好代表性的情况下，调查回收率的高低仍然可以影响到调查结果的代表性程度。正是这种由回收率所代表的调查样本的大小，成为衡量一项调查的结果所具有的代表性的最终指标。也正是在这种意义上，我们说调查的回收率越高越好。

但是，这只是一种理论上的答案。如果加上现实的因素，或许过高的回收率并不一定是件好事。这是因为，在现实社会中，要获得高质量的高回收率并不是一件容易的事情。现实中的社会调查总是会遇到这样那样的困难和挑战。在这些困难和挑战面前，为了保证调查的高回收率，研究者最经常采取的做法就是在调查对象抽取、调查访问实施等操作环节中进行若干改变或替换，以一种易于进行的方式来实施。而正是这些改变和替换，虽然保证了较高的回收率，却在不知不觉中降低了调查资料的质量。所以说，高回收率只是衡量调查结果质量的一个指标，尽管是一个比较重要的指标；另一个更为重要、同时与回收率密切相关的指标则是调查实施过程的严格性以及调查所得资料的质量。

总之，样本的完整与资料的质量是我们在调查中应该同等关注的两个问题。作为研究者，我们要在"高回收率"和"高质量"两个方面同时下工夫。一方面要设法尽可能地提高回收率；另一方面也要尽可能地防止和避免低质量的高回收率。当高回收率与高质量不可兼得的时候，研究者的任务就是要在"高质量的低回收率"与"低质量的高回收率"之间寻找到最佳的平衡点，达到调查研究的最佳效果。在这方面，我们或许应该记住巴比教授的忠告："明显不存在回收偏差比有偏差的高回收率重要得多。"特别是当对高回收率的追求有可能造成低质量资料的情况下，这种提醒就显得更加重要。

二、调查资料的审核

（一）问卷审核

问卷审查，是指对回收的问卷进行审阅，矫正错填、误填答项，剔除乱填、空白和严重缺答的废卷。其目的是使进入后续程序的问卷具有较高的准确性、完整性和真实性。

---

① Frankfort-Nachmias C, Nachmias D. 2000. Research Methods in the Social Sciences. 6th ed. New York：Worth Publishers：213.

② 艾尔·巴比. 2000. 社会研究方法（上册）. 丘泽奇译. 北京：华夏出版社：331.

问卷审查的主要内容是：①调查对象的选择是否符合设计要求。②调查指标的理解和操作定义的把握是否科学、合理。③对询问问题的回答是否符合原设计要求。④填写的数据是否真实、准确。⑤对检验性问题的回答是否经得起检验。⑥如果是访问问卷，还应审查访问员访谈的起止时间、对回答的评价和复核员的复核意见是否填写完整、符合要求。⑦编码是否正确、完整。⑧问卷的填写是否有漏填项目。此外，还要检查填写问卷的字迹是否清楚等。

在实践中，问卷审查有两种做法：一是就地审查，即在问卷调查过程中进行审查，包括调查员自查、互查和组织专人抽查。这样，有利于及时发现问题、就地重新调查、核实解决问题，但是审查标准很难统一，审查质量很难保证。二是集中审查，即在整理资料初期对回收问卷进行集中、全面审查。它的好处是，审查可以在统一指导下进行，审查标准比较一致，审查质量比较有保证，但是工作周期较长，不利于就地复查和核实。

对审查中发现的问题，应该进行适当处置。处置的原则包括以下五个方面。

（1）凡在问卷已有答项中能够解决的问题，都应在审查过程中立即予以更正，以免时过境迁遗忘了，留下质量隐患。

（2）凡在问卷已有答项中无法解决的问题，都应力争通过补充调查弥补问卷填写的缺陷，努力使这些问卷成为完全合格或基本合格的问卷。

（3）凡既无法进行补充调查又无法采取其他措施弥补的不合格回答，可对该项指标做无回答或无效回答处理。

（4）凡调查对象的选择违背原设计方案的问卷，以及问卷中主要内容填写错误而且无法弥补的问卷，均应作为不合格问卷予以坚决淘汰。

（5）访问员对回答的评价和复核员的复核意见，要集中起来，供撰写报告、阐明结果、估计偏误时参考。

总之，通过审查要努力提高问卷合格率和指标合格率，坚决淘汰一切不合格问卷和不合格指标。只有如此，才能保证问卷调查的基本质量。

（二）数字资料的审核

数字资料的完整性检查，主要包括两个方面：一是检查应该调查的对象和每个调查对象应该填报的表格是否齐全，有没有遗漏调查对象或表格的现象；二是检查每张调查表格的填写是否完整，有没有缺报的指标或漏填的内容。

数字资料的正确性检验，就是看资料的数字是否符合实际，计算是否正确。数字资料的正确性检验，一般采用三种方法。

（1）经验判断，就是根据已有经验来判断数字资料是否真实、正确。例如，已知某单位比较落后，而数字资料却超过了先进单位，那么，对这些数字资料就应该进一步调查核实。反之，也应该如此。

（2）逻辑检验，就是根根逻辑关系来检验统计资料是否正确、符合实际。例如，收入与支出、播种面积与总产量、教师人数与学生人数、职工人数与工资总额、劳动生产率与利税率等之间都有一定的逻辑关系。如果发现支出大大超过收入、播种面积与总产量不相吻合、教师人数与学生人数不成比例、劳动生产率与利税率大幅逆向增长等不符合逻辑的情况，那么这样的数字资料就可能是不正确的，就应该复查和核实。

（3）计算审核，就是通过各种数学运算来审核数字资料有无差错。例如，各分组数字之和是否等于总数，各部分占总体比例相加是否等于百分之百，各种平均数、发展速度、增长速度、指数的计算是否正确等，都可以通过数学运算来审核。此外，调查指标的计量单位是否一致、不同调查单位的计算方法是否统一等，也应该进行必要的审核。

通过检验发现的各种问题，如表格不齐、答案不全、数字不真或计算错误等，都应及时查明原因，并采取措施予以补充或更正。对于无法补充或更正的统计资料，则应作为无效资料剔除，以免影响整个数字资料的真实性和准确性。

（三）文字资料的审核

文字资料本身的真实性审查，是指通过细究和考察以判明调查所得的文献资料、观察和访问记录等资料本身的真伪。它一般采用两种方法：①外观审查，即从文字资料的作者、编者、出版者、版本、印刷技术、纸张等外在情况来判断文献的真伪。②内涵审查，即从文字资料的内容，使用的词汇、概念、写作技巧和风格等内在情况来判断文献的真伪。观察和访问记录等资料的真实性审查，还可从记录时间、地点、内容、语言、字迹和使用墨水等情况来判断其真伪。例如，那些内容贫乏、时间重叠或不填时间、语言雷同、字迹和墨水相同的记录，就可能是调查人员伪造的记录。

文字资料内容的可靠性审查，是指通过细究和考察以判明文字资料内容是否真实地反映了调查对象的客观情况。它一般采用四种方法：①根据以往的实践经验和常识来判断文献内容的可靠性，如果发现资料中有明显违反实践经验和常识的内容，那么就应重新调查或核实。②根据文献的内在逻辑来检验资料的可靠性，如果发现文献内容有逻辑矛盾，或者违背事物发展的逻辑，那么就应对这些资料重新核实，剔除不符合事实的部分。③根据文献来源来判断资料的可靠性。一般来说，当事人反映的情况比局外人反映的情况可靠性大一些，多数人反映的情况比少数人反映的情况可靠性大一些，有文字记录的情况比口耳相传的情况可靠性大一些，引用率高的文献比引用率低的文献可靠性大一些等。④根据多种来源的文献进行对比审核。例如，对访谈资料与观察记录进行对比审核，对不同调查人员的访谈、观察记录进行对比审核，对访谈、观察记录与文献资料进行对比审核，等等。一般来说，多种来源互相印证的资料比单一来源的资料可靠性要大一些。

文字资料的适用性审查，主要是审查文字资料是否符合原设计要求，是否适用于分析与解释调查所要回答的问题。如果搜集的文字资料违背了原设计要求，不适用于分析与解释调查所要回答的问题，或者字迹无法辨认等，都应列为不适用的文字资料。

对于不真实或不适用的文字资料，一般都应进行补充调查，使之成为真实的、适用的文字资料。如果无法补充调查，不能成为真实的、适用的文字资料，就应坚决剔除，弃之不用，以免影响整个调查资料的真实性和适用性。真实性审查是文字资料审核中最根本的要求，因为错误虚假的文字资料有可能导致错误的研究结论，甚至导致整个研究的失败。

第三节 问卷的编码与录入

一、问卷的前编码

所谓编码，就是对每一份问卷和问卷中每一个问题、每一个答项编定一个唯一的代码，并以此为依据对问卷进行数据处理。

对问卷的编码，包括受调查者的地址、类别、户或人的代码；调查开始时间、结束时间和合计时间的代码；调查完成情况的代码；调查员和调查结果评价的代码；复核员和复核意见的代码；录入员和录入意见的代码；等等。所有这些，都是对问卷分类和数据处理的依据。对问题的编码，就是对每一个询问问题编定一个代码。对答项的编码有前编码和后编码之分，封闭型回答的每一个答案，在设计问卷时就设计了代码，叫前编码（或预编码）；开放型回答的答项，一般是在调查结束后根据答项的具体情况再编定代码，叫后编码。

为了便于计算机录入和处理，一般编码都由英文字母 A，B，C，D…和阿拉伯数字 1，2，3，4…组成。编码的主要任务：一是确定代码，即给每一份问卷、每一个问题、每一个答项确定一个唯一的代码。例如，A1，A2，A3，A4；Q1，Q2，Q3，Q4；等等。二是编定位数，即根据受调查者人数、问题或答项内容所包含的数量，编定每一个代码的位数。例如，受调查者人数在 100 人以下的，代码就编定为 2 位数；在 1000 人以下的，代码就编定为 3 位数。同样，根据问题、答项内容所包含的数量，也要分别编定它们的位数（即 1～9 为 1 位数；1～99 为 2 位数；1～999 为 3 位数；1～9999 为 4 位数）。三是设计填写方式，即设计每一个代码的填写方式。常用的有：□ □ □，(　)(　)(　)，__ __ __等方式。

例如，受调查者的地址、类别、户或人的编码，可以设计为：

省编码	地市编码	县市编码	乡镇编码	村编码	类别编码	户（人）编码
A1	A2	A3	A4	A5	B1	C1
□□	□□	□□	□□	□□	□□	□□□

又如，问题及其答项的编码，可以设计为：

Q1 您的性别：

01 男　（　）；　02 女　（　）

Q2 您的文化程度：

q1 文盲或半文盲 □	q2 小学 □	q3 初中 □
q4 高中或中专、技校 □	q5 大专 □	q6 大学本科 □
q7 硕士 □	q8 博士 □	q9 博士后 □

再如，对家庭成员基本情况的编码，可以设计为表 9-1。

表 9-1　家庭成员概况调查表

A. 与回答人的关系	B. 性别	C. 年龄	D. 文化程度	E. 职业	…
	01 男 02 女	按周岁填写（即算年不算月）	01 小学以下 02 初中 03 高中、中专 04 大专 05 大学本科 06 硕士以上	01 单位负责人 02 专业技术人员 03 办事人员和有关人员 04 商业和服务业人员 05 农林牧渔业人员 06 生产工人和有关人员 07 其他人员	…
1.	□	□□	□□	□□	…

续表

A. 与回答人的关系	B. 性别	C. 年龄	D. 文化程度	E. 职业	…
	01 男 02 女	按周岁填写（即算年不算月）	01 小学以下 02 初中 03 高中、中专 04 大专 05 大学本科 06 硕士以上	01 单位负责人 02 专业技术人员 03 办事人员和有关人员 04 商业和服务业人员 05 农林牧渔业人员 06 生产工人和有关人员 07 其他人员	…
2.	□	□□	□□	□□	…
3.	□	□□	□□	□□	…
4.	□	□□	□□	□□	…
⋮	⋮	⋮	⋮	⋮	⋮
⋮	⋮	⋮	⋮	⋮	⋮

二、问卷的后编码

开放型答项的种类和编码，由于调查之前无法事先确定答项的种类及其数量，只能在调查结束后再来确定和填写，所以被称为“后编码”。后编码一般分以下四个步骤。

（1）预分类和预编码。就是在问卷总数中任意选择10%左右的问卷，把对有关问题的回答分类罗列出来并编码，从而形成预分类和预编码。这个阶段，分类应该尽可能详尽一些，只有这样才便于以后的选择和归并。

（2）“对号入座”和“不断加座”。就是按照预分类类别和预编码代码，对另外90%左右问卷中有关问题的回答“对号入座”进行分类和编码。如果在这些问卷的有关回答中，发现预分类中没有新回答的类别，就在预分类中“加座”，增加一个新类别；同时在预编码中“加座”，增加一个新代码。这样，“不断加座”的结果必然是预分类和预编码的清单越来越长，直至把开放型回答的全部答案都包括进去为止。

（3）选择、归并、确定后编码的类别和编码。按照研究需要，对预分类的类别清单进行选择和归并，即归并相近类别，保留有用类别，删除无用类别。最后，对选择归并后定型的回答类别正式编码，从而确定后编码的类别和编码。

（4）完成编码工作。就是按照确定的后编码类别和编码，对全部问卷中的开放型答项进行编码，从而完成后编码工作。

三、问卷数据的录入

数据录入就是把问卷调查的结果和其他原始资料转换为计算机可读取的数据，输入计算机中储存起来。数据录入主要有以下四种方式。

（1）登录表法。首先将问卷调查的结果在问卷上编码；其次，将编码的数据转录到专门的登录表上；最后，再把登录表上的数据录入计算机。这种录入法的优点是，计算机录入人员比较方便，录入速度较快。但是，它增加了一次转录过程，不仅增加了工作量，而且增加了可能出现差错的风险。

（2）直接录入。问卷调查完成后，预先在计算机中设定可以接受有关数据的程序，然后坐在计算机（或类似设备）前，听（如计算机辅助电话访问）或看着数据录入计算机。问卷数据输入计算机可以采用 PCEDIT、DBASE、FoxBASE、FoxPro、EpiData 等专门软件，这些软件可以对编码范围、变量之间的逻辑关系加以控制，减少输入差错。如果没有适当的软件，也可以直接用 SPSS 统计分析软件和 Excel 输入数据，但是速度较慢。直接录入的优点是，避免了再次转录可能出现的差错，不足之处是录入时要不断地翻动问卷，录入速度相对慢一些。

（3）光学扫描。问卷调查完成后，通过把方框或圆圈涂满的方式将它录入光学扫描卡上，接着再利用光学扫描器将资料转换、录入计算机中。这种录入法的优点是快速、准确，但是回答问题的方式过于简单，很难适应回答较复杂的问题，而且需要有光学扫描器等特殊设备，没有这类设备就无法使用。

（4）条形码。问卷调查完成后，将有关数据转换成不同宽度的条形码，分别表示不同的数值，然后再利用条码读写器将其转换、录入计算机中。快速、准确，是这种录入法的突出优点，但是它增加了一个将有关数据转换成不同宽度条形码的程序，从而增加了工作量和出现误差的可能，而且需要有条码读写器等设备，否则就无法使用。

数据录入看似简单，实际上很容易出错。要搞好数据录入工作：一要思想上高度重视；二要工作中认真负责；三要反复校对，即录入一段、校对一段，既可由录入员校对，也可换人校对。如果条件允许，最好采取双录入方法——既可以是一个录入员录入两次，也可以是两个录入员分别录入，然后互相校对、互相纠错，这样就有可能基本消除录入差错。

由于一项问卷调查的数据总量往往是很大的，所以实践中常常是由多人共同输入来完成的。因此，研究者必须对数据的输入工作进行精心组织和安排。具体说来，他要做好以下四个方面的工作。

（1）挑选和培训录入员。数据录入员应该是熟悉计算机操作，熟悉调查问卷的人，通常可从大学生调查员中挑选。对选出的录入员要进行一定的培训，熟悉录入方式和具体软件，并合理分工和加强管理。

（2）统一规定数据录入格式和数据文件名。由于多人录入，每个录入员应采取统一的录入格式，并各自规定自己存放数据的文件名，以防与他人录入的数据格式不同或发生混淆和丢失。尤其是录入格式一旦确定，每个录入员都必须严格遵守执行，否则以后很难处理，这一点十分关键。

（3）每个录入员独立完成各自所录的那一部分问卷，不同录入员的问卷相互之间，以及同一个录入员已录和未录的问卷之间，千万不要混淆搞乱，以免造成漏录或重复录入，影响数据质量。

（4）在每个录入员完成各自所负责的问卷录入任务后，由研究者把他们的数据合起来形成一个总的数据文件，以供统计分析时调用。

第四节　调查数据的清洁和预处理

一、调查数据的清洁

（一）一致性检查和逻辑检查

前面在审核阶段进行的初步的一致性审核主要采用手工形式，而此阶段的一致性检查主要是通过计算机进行的，更加全面广泛；一致性检查的内容主要包括变量的取值是否超出合理范围、有无逻辑错误以及有无极端值。

变量取值超出合理范围是不允许的，必须予以校正。例如，在要求被调查者给出满意度的 5 级量表中。表达满意度的选项为 1~5，假设用 9 表示缺失值，则如果出现 6，7，8，0 这些数字，就说明超出了取值范围。使用统计软件如 SPSS、SAS 等，对每个变量都可以很容易地找出超出范围的值，并能找出相应的被调查者代码、变量名、记录号以及超出范围的值等。对于超出范围的变量取值，应核对原始问卷进行改正。

逻辑检查就是检查数据有无逻辑错误。逻辑错误的形式是多样的。例如，在商品房租赁市场调查中，没有租房却填写房屋租金。又如，不知道某个品牌的产品却又频繁使用该产品。还有年龄为 15 岁的人文化程度为硕士以上。这些数据都有逻辑错误，需要核实改正。

此外还要检查有无极端值。尽管并非所有的极端值都来自误差，但有时通过极端值可以找出有问题的数据。例如，某被调查者对某品牌的评价非常低，原因是他对所有问题一律都答 1。

（二）缺失数据的处理

如果数据空缺或无效，一般视为缺失值，其中部分为合理缺失。例如，没看过某广告的被调查者就不用回答后面关于广告内容的问题，因而分析时不会带来问题。但有时缺失值会影响分析结果的可信度，如果缺失数据比例较大，或者缺失数据的分布与总体分布有明显差异时，就可能使分析有偏。要控制缺失值的影响，主要方法有两种：一种是事前控制，在收集阶段尽量减少无回答，在审核阶段严把关，控制数据质量，并采取再次回访调查或核实数据等。另一种是事后控制，即在数据清洁阶段对缺失数据加以处理。主要方法有以下四种。

（1）删除个案。将有缺失数据的个案都删除掉，不参加数据分析。这种方法只有在样本量很大、有缺失数据的个案比例较小，而且有缺失效据的个案与无缺失数据的个案在分布上无显著差异时才考虑使用。如果许多被调查者都有一些问题没有回答，这种方法将删除大量的数据，导致小样本，可能会使结果产生严重偏差。

（2）删除缺失值。不删除有缺失数据的所有个案，仅在计算时删除相应变量的缺失值，即对变量有完全回答的个案才能参加计算，对变量有缺失值的个案不参加该次计算。这样，在分析中参加不同计算的样本数可能不同。如果在某变量上有缺失值的个案与无缺失值的个案在分布上有明显差异，这种方法也能导致偏差。当样本量较大、缺失数据较少并且变量间不是高度相关的情况下，可以使用该方法。

（3）插补法。即利用其他数据替代或估算缺失值。复制估算法依据不同的标准又可划分为不同的类型。根据利用的数据的来源，可分为热卡法（hot-deck）和冷卡法（cold-deck）。热卡法是指根据目前调查的数据替代或推算缺失效据，冷卡法是指根据以前的同类调查或其他已有的有关数据替代或推算缺失数据。

根据具体的替代或估算方法的不同，主要有均值替代、回归估计、随机抽取、最近距离确定等方法。均值替代就是用变量的平均值去代替对应变量的某些缺失值。这样代替的结果是，变量的平均值不会变化，其他统计量（如相关系数等）也不会受到多大的影响。当然如果被调查者给出了答案的话，真实值可能会高于或低于平均值，因此均值替代仍会有一定误差。回归估计是根据现有的数据，用回归分析找出该变量与其他变量间的联系。然后根据被调查者对其他变量的回答，估计该缺失数据。例如，估计家庭对某产品的购买量，可以根据现有数据，建立购买量与家庭人口、家庭收入间的回归方程，然后根据被调查者回答的家庭人口和家庭收入，估计该家庭对某产品的购买量。随机抽取和最近距离确定都是根据某规则指定其他被调查者的回答替代缺失数据。

（4）加权组调控法。就是通过对调查中的回答数据使用加权因子，从而对数据进行调整，减少缺失值的影响。例如，不同文化程度的人对某问题的问答率差异很大，对缺失值比例较大的层赋予较大的权数，可以减少缺失值比例失衡的影响。

二、加权处理

用样本的调查结果对总体的目标量进行估计是基于这样的原理，每个样本单元不仅代表自己，而且代表研究总体中那些没有被选入样本的一些单元。抽样推断就是把调查的原始结果放大，得到总体参数的估计。通常，我们把一个样本单元所代表的总体单元的数量称为这个样本单元的设计权数，确定这些权数是估计过程的一个重要组成部分。但设计权数只是确定权数的开始，在调查中会有许多情况发生，与设计时的情况产生一些出入，需要对设计权数进行调整，如对特殊结构进行权数调整，对无回答情况进行权数调整等。

（一）设计权数

设计权数是由抽样设计所规定的每个样本单元所代表研究总体的单元数，也就是样本单元入样概率的倒数。概率抽样的特征是每个样本单元入样概率是可以计算的，因而是已知的。用 W_{di} 表示第 i 个单元的设计，则总体总值的估计为

$$\hat{Y}=\sum_{i=1}^{n}W_{\text{di}}y_i$$

在简单随机抽样中，因为在简单随机抽样条件下每个单元入样概率都为 $\frac{n}{N}$，则

$$W_{\text{di}}=\frac{N}{n},\quad i=1,2,\cdots,n$$

所以总体总值的估计又可以写为

$$\hat{Y}=\sum_{i=1}^{n}W_{\text{di}}y_i=\frac{N}{n}\sum_{i=1}^{n}y_i$$

这种每个单元入样概率都相等的方法又称为等概率抽样。在采用等概率抽样设计时，每个单元的设计权数是相同的，在数据整理中可以不增加权数变量。

对于分层抽样，如果按各层规模等比例分配样本，也是等概率抽样；如果不是按各层规模等比例分配样本，如内曼分配，则是不等概率抽样。在不等概率抽样条件下，每个单元的设计权数是不同的，数据文件中要生成相应的权数变量，该变量在相同的层内取值相同，不同层间取值不同。

在多阶段抽样条件下，设计权数由每个单元在不同阶段的入样概率相乘而得。例如，对于二阶段的抽样设计，令 P_{1i} 代表第 i 个单位在第一个阶段的入样概率，P_{2i} 代表第 i 个单位在第二个阶段的入样概率，则第 i 个单元的设计权数为

$$W_{di}=\frac{1}{P_{1i}P_{2i}}$$

以此可以得到更多阶段抽样设计的情况。

（二）权数的结构调整

权数的结构调整包括的范围比较广，主要指调查现场出现与抽样设计不同的情况时，为了保证抽样方案的落实而进行的某些权数调整。权数的结构调整可以通过我国劳动力抽样调查的例子说明。我国劳动力抽样调查是多阶段分层整群抽样，最后阶段抽取群，群由 30 个家庭户组成，对抽中群内的家庭户全部进行调查。在调查实施中，不可能保证所有的群都正好为 30 户，如在农村有自然村（30 户左右），该自然村就是一个群。在城市通常取某栋住宅楼或楼的某个单元为一个群。有些群的规模与抽样设计相同（正好 30 户）或相仿（30 户左右），有些群的规模则与抽样设计要求相差较大，这时就需要对入样单元的设计权数进行调整。在这个例子中，设第 i 群的规模为 M_i，如果 $M_i\neq 30$，则给该群每一个家庭户都赋予一个结构调整系数 $W_i^*=\dfrac{30}{M_i}$。例如，一个群包含 45 户，则该群每个住户的结构调整系数为 $W_i^*=\dfrac{30}{45}$。

（三）权数的无回答调整

调查中都会遇到无回答情况，只能得到回答者的数据，此时如果不对原有设计权数进行调整，那些无回答单位的权数就会更新换代，总体规模就会被低估，从而导致对总值进行估计时出现严重偏差。权数的无回答调整可以计算无回答调整系数，令 W_{uri} 为无回答调整系数，W_{ri} 为调查中回答单元的权数和，W_{ni} 为调查中无回答单元的权数和，则无回答调整系数为 $W_{\text{uri}}=\dfrac{W_{\text{ri}}+W_{\text{ni}}}{W_{\text{ri}}}$。

可以看出，调整的思路就是把无回答单元的设计权数在回答单元之间进行重新分配，无回答调整系数 W_{uri} 就是分配比例。

如果是大规模调查，无回答调整系数应该分别计算，如可以按群计算，或者按层计算。这里的假定是群内各单元，层内各单元具有更高的相似性，用与无回答更相近的回答单元代替无回答，估计的效果会更好一些。

（四）最终权数

最终权数是对目标量进行估计所使用的权数，是设计权数、结构调整系数、无回答

调整系数的结合体。令最终权数为W_i，则有

$$W_i = W_{di} \times W_i^* \times W_{nri}$$

三、变量的转换

根据数据分析的需要，在分析之前可能要对现有的变量进行一定的修改或产生新变量。常见的方式主要有以下四种。

（1）变量重新定义。某些分析方法可能对变量的数学特性有一定要求，因此可能要改变数据的测量水平，把定距、定比变量转为定序、定类变量。例如，把收入划分为高、中、低三组。

（2）变量转换。例如，进行聚类分析、因子分析时，必须消除量纲的影响，要在分析前先把变量标准化。又如，进行回归分析时，为了改进模型的拟合程度，要对变量进行对数变换、平方根变换等。

（3）定类变量转换为 0-1 变量。为分析需要，有时要把定类变量转换为 0-1 变量，如前面讨论多选题、排序题的编码设计时提到的两种方法的互换。这种转换便于进行定量分析。例如，被调查者的居住地包括北京、上海、广州、杭州这四类，可以将其转变为$X1$，$X2$，$X3$ 这三个 0-1 变量。如果居住地是北京，则 $X1=1$，$X2=0$，$X3=0$。居住地为上海，$X2=1$ 其他两个变量为 0，居住地为杭州，三个变量值均为 0。

（4）重新组合新变量。为了某些特定的统计分析（如拟合模型），需要把几个变量重新组合为一个新变量，重新进行定义。例如，根据被调查者对耐用消费品在若干方面的评价，把各方面的评价值加权平均，就可以得到一个新变量“综合评价得分”。

四、量表的转换

为了保证数据的可比性，便于进行数据分析，有时候还要做一些量表的变换。

1. 量表同向化变换

一些量表会分别从正反两个方向设计问题，因此分析时应注意统一方向，如全部正向提问或全部反向提问，这样可以使数据便于比较。例如，从以下 6 个角度调查观众对某广告的看法（其中，A、C、F 为反向提问，B、D、E 为正向提问）。

请问您是否同意以下观点？

表 9-2　观众对某广告看法调查

	（1）非常同意	（2）同意	（3）不同意	（4）非常不同意
A. 这个广告与我无关				
B. 这个广告吸引我的注意力				
C. 我不想进一步了解有关它的更多信息				
D. 这个广告让我产生购买欲望				
E. 这个广告令人信任				
F. 天天播此广告，让我产生反感				

在分析数据前，应把量表问题的方向统一才能比较分析，否则各题的答案之间没有可加性。例如，同样都选 2，对 D 为正面评价，对 F 则是反面评价。假设将以上问题统一为正面问题，则要改变 A、C、F。以 F 为例，改为 F1“天天播此广告，不会让我产生反感”，当然该题的取值也应颠倒位置，原来选 1 现在改为 4，原来选 4 现在改为 1，原来选 2 现在改为 3，原来选 3 现在改为 2。这样，同样都选“不同意”，对 D 和 F 都是反面评价。

有时为了合乎人们比较的习惯或其他分析需要，要对量表数据进行转换。例如，把 4 级改为 2 级，即“非常同意”和“同意”合并，“非常不同意”和“不同意”合并。

此外，为了使不同单位或不同量表的变量在分析中具有可比性，可以对数据进行标准化。例如，对品牌 A 的评价使用的是 7 级量表（$X1$），品牌 B 使用的是 5 级量表（$X2$），等等，直接比较这些品牌的得分是没有意义的，对此，通常先对数据进行变换处理。

2. 标准化变换

将每个变量值减去该变量的均值，再除以该变量的标准差。

$$Z_i = \frac{X_i - \text{mean}(X_i)}{\text{SD}(X_i)}$$

3. 规格化变换

先找出每一个变量的最大值和最小值，各变量的最大值减去最小值称为极差，将各变量值 $X1$，$X2$，…，Xm 减去最小值后除以极差，就得到规格化数据。

$$Z_i = \frac{X_i - \min(X_i)}{\max(X_i) - \min(X_i)}$$

本章小结

（1）整理资料的意义：①它是提高调查资料质量及其使用价值的必要步骤。②它是研究调查资料的基础。③它是保存调查资料的客观要求。整理资料的一般原则：真实性、准确性、完整性、统一性、简明性、新颖性。

（2）资料的回收与审核。调查的回收率也称为调查的应答率或回答率 ，是调查者实际调查的个案数与计划调查的个案数之比。换句话说，就是社会调查过程中研究者成功完成调查询问的个案数占计划完成的样本总个案数的百分比。在自填式问卷调查中，它常常称为问卷回收率；而在结构式访问调查中，它又常常称为访问回答率。调查资料的审核分为：问卷审核、数字资料的审核和文字资料的审核，其目的是使进入后续程序的调查具有较高的准确性、完整性和真实性。

（3）问卷的编码与录入。所谓编码，就是对每一份问卷和问卷中每一个问题、每一个答项编定一个唯一的代码，并以此为依据对问卷进行数据处理。对问卷的编码，包括受调查者的地址、类别、户或人的代码；调查开始时间、结束时间和合计时间的代码；调查完成情况的代码；调查员和调查结果评价的代码；复核员和复核意见的代码；录入员和录入意见的代码等。所有这些，都是对问卷分类和数据处理的依据。对问题的编码，就是对每一个询问问题编定一个代码。对答项的编码有前编码和后编码之分，封闭型回答的每一个答案，在设计问卷时就设计了代码，叫前编码（或预编码）；开放型回答的答项，一般是在调查结束后根据答项的具体情况再编定代码，叫后编码；数据录入就是把问卷调查的结果和其他原始资料转换为计算机可读取的数据，输入计算机中储存起来。数据录入主要有四种方式：登录表法、直接录入、光学扫描和条形码。

（4）调查数据的清洁包括：一致性检查和逻辑检查以及缺失数据的处理。数据的预处理包括：加权处理、变量的转换、量表的转换。

思考与练习

1. 阐述整理资料的意义和原则。
2. 阐述问卷回收率的概念和计算方法。
3. 如何对问卷资料进行审核？
4. 如何对数字资料进行审核？
5. 如何对文字资料进行审核？
6. 什么是前编码和后编码？
7. 设计问卷并调查，综合运用本章所学知识。

第十章

统计分析

调查所得的原始资料经过审核、整理与汇总后，还需要进行系统的统计分析，才能揭示出调查资料所包含的众多信息，才能得出调查的结论，因而统计分析是社会调查方法中十分重要的一部分。

通过本章的学习，主要让学生了解统计分析的目的和类型，掌握单变量统计分析方法和双变量统计分析方法，了解多变量统计分析方法，并能够熟练操作 SPSS 软件实现单变量和双变量的统计分析。

第一节 统计分析概述

不同类型的调查数据，适用不同的统计分析方法。分析方法的选择要能有效地满足调查目的，并非使用的方法越多越好，或者越难越好。

一、统计分析的目的

统计分析就是运用统计学原理和方法处理调查所获得的数据资料，简化和描述数据资料，揭示变量之间的统计关系，并进而推断总体的一整套程序和方法。

（一）简化和描述数据

在社会调查中，搜集的数据多种多样，数量非常庞大。总结调查结果时，没有必要、也没有可能罗列每个数据，而是运用统计分析方法对调查数据简化后再描述出来。例如，一项 3000 个人的调查，每个被调查者都有很多反映其特性或状态的变量数据，如性别、年龄、文化程度、职业、收入、态度与行为等。在报告调查结果时，没有必要和可能将这 3000 人的每个数据都罗列一番，而是通过统计分析后用平均数、百分比、标准差等简化了的统计量（如平均年龄 42.8 岁、男性占 50.82%、标准差 5.80 等），把他们的特性或状态描述出来。简化和描述数据的方法，在统计学中属于描述统计的内容。

（二）用样本推断总体

在随机抽样调查中，对样本进行调查只是手段而不是目的，真正的目的在于通过对样本调查获得的样本统计量，来推断总体参数。样本统计量简称统计量，就是运用统计方法对样本数据进行处理而得出的统计值，如样本平均数、样本标准差、样本百分比等，是对样本群体特性的描述或反映。总体参数简称参数，是反映总体特征的统计数值，如总体平均数、总体标准差、总体百分比等。用样本推断总体分为两种类型：一是参数估计，二是假设检验，在统计学中属于推断统计的内容。

（三）发现变量之间的统计关系

科学研究的目的在于揭示现象之间的关系，发现事物发展的规律。同样，社会调查中统计分析的目的之一，就是发现并展示各种变量之间的统计关系和规律。在社会调查中，调查者收集到的是一大堆表面看来杂乱无章的数据，只有通过统计分析才能把隐藏在这些数据后面的统计关系和规律揭示出来。例如，研究农村产业结构与农民收入之间的关系，就可把农村产业结构作为一个变量，农民年人均纯收入作为另一个变量，通过计算农户若干年内这两个变量之间的相关系数，就可以知道它们之间是否存在着相关关系。

二、统计分析的类型

统计分析可按照不同标准划分类别。按照统计分析的性质，可分为描述统计和推断统计；按照统计分析涉及变量的多少，可分为单变量统计分析、双变量统计分析和多变量统计分析。

（一）描述统计与推断统计

描述统计，将数据以表格、图形或数值形式表现出来，着重于对数据的水平、离散度、形状等分布特征的描述。

推断统计，是以概率理论为基础，运用样本统计量推断总体的统计分析方法。社会调查的目的大都是要通过对样本的调查来了解总体。因此，在社会调查的统计分析中，一般都要运用推断统计方法。

描述统计是推断统计的基础和前提。只有在描述统计求出了样本统计量的基础上，才能推断总体参数或进行假设检验。推断统计则是描述统计的深化和发展。

（二）单变量、双变量、多变量统计分析

在社会调查中，通常都会涉及多个变量。但是，在统计分析中，究竟是进行单变量统计分析，还是进行双变量统计分析或多变量统计分析，则取决于研究者的意图和目的。

单变量统计分析，通过计算变量的平均数、百分比、标准差等描述统计量，对其数量水平或其他特征进行概括，或对总体的相应特征进行推断。因为只涉及一个变量，所以不可能对变量之间的关系做出解释。

双变量和多变量统计分析，涉及两个或两个以上变量，可以分析它们之间的关系（包括相关关系和因果关系），进而用自变量来解释因变量。这就是说，如果要进行解释性研究，就必须进行双变量统计分析或多变量统计分析。

三、数据的计量尺度

由于社会调查研究中所涉及的现象具有各种不同的性质和特征，我们予以计量或测度的程度是不同的，有的数据只能或只需进行分类，有些则可以或必须用比较精确的数字加以计量。按照对客观事物测度的程度或精确水平的不同，可以将所采用的计量尺度由低级到高级、由粗略到精确分为四个层次，即定类测量、定序测量、定距测量和定比测量。用不同的计量尺度测度的数据可使用的统计分析方法也不相同。

（一）定类测量

定类测量也称列名测量或名义测量，是测量层次中最低的一种。定类测量在本质上是一种分类体系。即将调查对象的不同属性或特征加以区分，标以不同的名称或符号，以确定其类别。定类测量的数学特征主要是“等于”与“不等于”（或者“属于”与“不属于”）。在社会调查中，对诸如人们的性别、职业、婚姻状况、宗教信仰等特征的测量，都属于定类测量。它们分别将被调查者划分成“男性与女性”，“工人、农民、教师、商人……”或者“未婚者、已婚者、离婚者……”，“信佛教、信天主教……不信教”等各种不同的群体或类别，而每一个被调查者则分别属于或者不属于其中某一类别。

（二）定序测量

定序测量也称为等级测量或顺序测量。定序测量的取值可以按照某种逻辑顺序将调查对象排列出高低或大小，确定其等级及次序。例如，测量人们的文化程度，可以分为文盲、半文盲、小学、初中、高中、大专、大学及以上等，这是一种由低到高的等级排列；测量城市的规模，可以将它们分为特大城市、大城市、中等城市、小城市等，这是一种由大到小的等级排列。在社会调查中，研究者可用定序测量对人们的社会地位、生活水平、住房条件、工作能力，以及对事物的态度、意见、感觉、偏好等特征进行类似的等级排列。

定序测量不仅能够像定类测量一样，将不同的事物区分为不同的类别，还能反映出事物或现象在高低、大小、先后、强弱等等级序列上的差异。定序测量的数学特征是大于或小于（＞或者＜），比定类测量的数学特征高一个层次，所得到的信息比定类测量更多。

（三）定距测量

定距测量也称为间距测量或区间测量。不仅能够将社会现象或事物区分为不同的类别、不同的等级，而且可以确定它们相互之间的间隔距离和数量差别。例如，测量人的智商和测量自然界中的温度就是定距测量的典型例子。定距测量不仅可以说明哪一类别的等级较高，还能说明这一等级比那一等级高出多少单位。也即是说，定距测量所测出来的结果相互之间可以进行加减运算。如果测得张三的智商为 125，李四的智商为 110，那就可以说张三比李四的智商高 15。测量北京和武汉的温度分别为 20℃和 30℃，从这一测量中，不仅可以了解到北京与武汉的气温不同（定类测度的结果），武汉的气温比北京的气温高（定序测量的测量结果），还了解到武汉的气温比北京的气温高出 10℃（定距测量的结果）。

需要注意的是，定距测量所得的值虽然可以为 0，但这个却不具备数学中我们所熟悉的 0 的含义。例如，在冬天测得北京的气温为 0℃，但它却并不是表示北京“没有温度”，而只是代表北京的气温达到了水的“结冰点温度”。

（四）定比测量

定比测量也称为等比测量或比例测量。除具有上述三种层次测量的全部性质之外，还具有一个绝对的 0 点（有实际意义的 0 点）。所以，除了可以分类、比较大小以及加减运算以外，还可以进行乘除运算。例如，对人们的收入、年龄，以及某一地区的出生率、性别比等所进行的测量，都是定比层次的测量。它们的测量结果都能进行乘除运算。例如，测得张三的收入为 4800 元，李四为 2400 元。由此我们可以说，张三的收入是李四的 2 倍。应该注意，是否有一个具有实际意义的零点（绝对零点）存在，是定比测量与定距测量的唯一区别。

四种尺度对事物的度量层次是由低级到高级、由粗略到精确逐步递进的。高层次计量尺度的数据可以转化为低层次计量尺度的数据；反之则不行，即低层次计量尺度的数据不能转化成高层次计量尺度的数据。低层次计量尺度的数据适用的统计方法高层次计量尺度的数据也适用；反之也不行，即高层次计量尺度的数据适用的统计方法低层次计量尺度的数据并不适用。定类尺度和定序尺度的数据统称为定性数据，定距尺度和定比尺度的数据统称为定量数据。

明确不同的测量层次所具有的不同的数学性质，在社会调查中十分重要。因为在对调查资料进行整理和统计分析过程中，需要根据不同层次测量所具有的数学特性来选用不同的统计分析方法。

第二节　单变量统计分析

一、定性数据的描述统计分析

（一）定性数据的频数分布表

频数分布表是遵循既不重叠又不遗漏的原则，按变量的取值归类分组，把所有单位按组归并，得到各组所包含的数据数目（频数），进而构成的汇总表格。简而言之，频数分布表包括两个要素：组别、频数。组别是各组的名称或标志值；频数是各组的单位数，频数的总和等于观测单位的总数。在频数的基础上，还可计算频率，即将每组的频数除上观测单位的总数，频率体现的是各组所占的比重，频率的总和等于 100%。

【例 10-1】某班有 20 名学生，对他们的父亲的职业情况进行调查，得到下列结果：工人、工人、工人、工人、农民、农民、干部、干部、干部、干部、干部、干部、教师、教师、教师、商人、商人、商人、商人、商人。可用表 10-1 来描述学生父亲的职业分布状况。

表 10-1 学生父亲职业的频数分布表

父亲的职业	频数/人	频率/%
工人	4	20
农民	2	10
干部	6	30
教师	3	15
商人	5	25
合计	20	100

频数分布表的作用主要有两个方面，一是简化功能，即将调查所得到的一长串原始数据，以一个十分简洁的统计表反映出来。二是认识功能，即通过频数分布表，可以清楚地了解到现象总体内部的结构和差异。例如，从表 10-1 中，既可以了解该班学生的父亲在职业方面的分布范围（从工人、农民到商人，总共有五类），还可以了解不同职业的分布情况（如干部最多、农民最少等）。同时，它还是下一步对调查资料进行统计分析的基础。

定序数据的频数分布有一定特殊性。首先，组别的排列顺序应与变量值的顺序一致。其次，除了可以计算各组的频数、频率之外，还可计算累积频数和累积频率。按照累积的方向，分为向上累积和向下累积。向上累积，是从小组向大组累积，每组的向上累积频数或频率表示小于等于该组水平的单位数或百分比。向下累积，是从大组向小组累积，每组的向下累积频数或频率表示大于等于该组水平的单位数或百分比。

【例 10-2】 某市工会组织为了解本市职工的工作满意度状况，在甲乙两行业随机抽取了 307 名职工，按非常满意、满意、一般、不满意、非常不满意五个等级打分，整理后得到该满意度调查的频数分布表，如表 10-2 所示。

表 10-2 两行业工作满意度的频数分布表

甲行业			乙行业		
满意度	频数/人	频率/%	满意度	频数/人	频率/%
非常不满意	4	2.65	非常不满意	13	8.33
不满意	12	7.95	不满意	19	12.18
一般	25	16.56	一般	45	28.85
满意	58	38.41	满意	48	30.77
非常满意	52	34.44	非常满意	31	19.87
合计	151	100	合计	156	100

可以看到，上述满意度频数分布表，各组是按照满意度从低到高的顺序排列。乙行业非常不满意的职工比例高于甲行业，甲行业非常满意的顾客比例高于乙行业。在此基础上进一步计算累积频数或累积频率，如表 10-3 所示。

表 10-3 两行业工作满意度的累积频数分布表

甲行业			乙行业		
工作满意度	向上累积频数/人	向上累积频率/%	工作满意度	向上累积频数/人	向上累积频率/%
非常不满意	4	2.65	非常不满意	13	8.33
不满意	16	10.60	不满意	32	20.51
一般	41	27.15	一般	77	49.36
满意	99	65.56	满意	125	80.13
非常满意	151	100	非常满意	156	100

表 10-3 中是各组的向上累积频数和频率，以不满意组为例，甲行业的累积频数和频率分别为 16 和 10.6%，表示甲行业工作满意度在不满意及以下的职工人数为 16 人，占 10.6%。乙行业相应的数字为 32 和 20.51%，说明乙行业工作满意度在不满意及以下的职工比例远高于甲行业。

（二）定性数据的统计图：条形图、饼图

如果想获得更生动的展示，可以使用统计图，统计图是用几何图形或具体事物的形象来表现统计数据的一种形式。一张好的统计图，往往胜过冗长的文字表述，能更加鲜明、一目了然、形象具体地显示数据的特征和关系。统计图的种类很多，多数统计图既可以做成平面图还可以做成立体图。反映定性数据的统计图，常用的主要有条形图和饼图。

1. 条形图

条形图是用不同的条形表示变量的取值，条形的长短或高低表示频次或频率，而条形的宽度没有意义，一般使用等宽长条。条形图适用于定类变量，也适用于定序变量。定类变量对条形的顺序没有要求，但定序变量要求条形排列要和变量值的顺序一致，不能打乱。条形图分为单式和复式两种，单式条形图适用于表现一组观测数据的分布，复式条形图适用于多组观测数据分布特征的比较。

【例 10-3】 根据表 10-2 中的频率数据，绘制条形图，如图 10-1 所示。

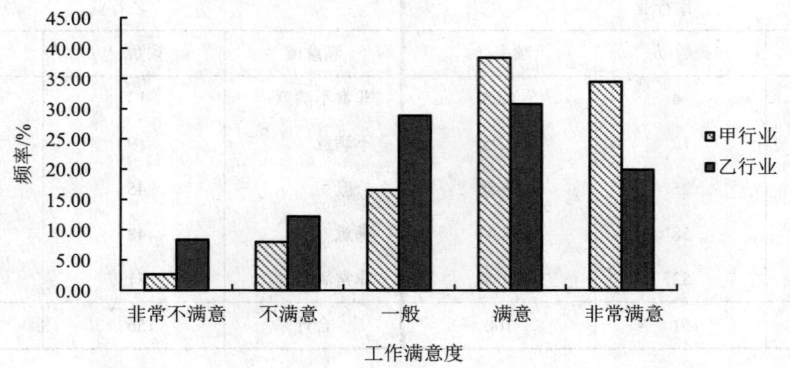

图 10-1 两行业职工工作满意度条形图

图 10-1 直观地展示出两行业职工的工作满意度分布差异，甲行业在满意度水平较低

的三个组的频数均低于乙行业，而在满意度较高的两个组的频数则高于乙行业，总的来看，甲行业职工的工作满意度高于乙行业。

2. 饼图

饼图又叫圆形图，是以圆的整体面积代表被研究现象的总体，按各构成部分占总体比重的大小把圆面积分割成若干扇形来表现部分与总体的比例关系。饼图一般只能用于单选问题，整个圆代表 100%，每一部分的面积表示该部分占总体的百分比。饼图不能切成太多的部分，一般不超过七个部分。

【例 10-4】 根据表 10-1 中的数据，绘制饼图，如图 10-2 所示。

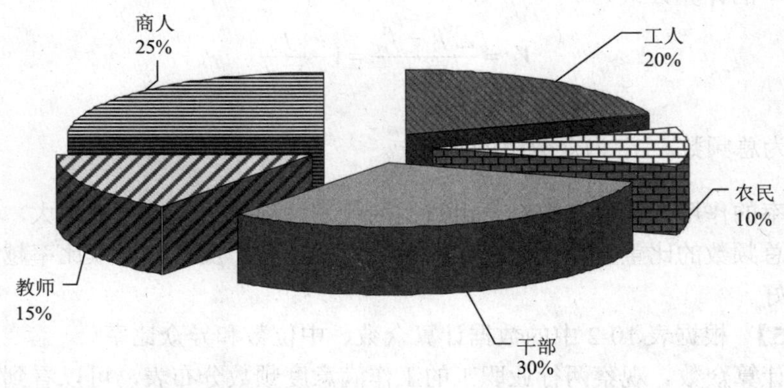

图 10-2 学生父亲职业分布的饼图

（三）定性数据的描述统计量

对于定性数据除了计算频数和频率之外，还可用众数、中位数描述数据的集中位置，用异众比率描述数据的离散程度。

1. 众数

众数是一组数据中出现次数最多的变量值，记作 M_0。寻找定性数据的众数，需要先把数据整理成频数分布表，频数最多的那一组的变量值为众数。例如，在每年进行的《福布斯》世界富豪榜上，因为美国的富豪最多，因此，富豪国籍这个变量的众数就是美国。

从分布图来看，众数应对应于图形的最高点。如果数据的分布只有一个最高点，众数只有一个；如果数据的分布没有明显的最高点（如均匀分布），众数不存在；如果有两个或多个最高点，也就有两个或多个众数。

对于定性数据，众数是刻画其集中趋势的很好办法。但众数也有一定缺陷：众数可以告诉我们的是这个值出现的次数比其他值出现的次数多，但它并未告诉我们它比别的数值多的程度。例如，一个 100 人组成的群体，无论是 51 女 49 男的情况，还是 99 女 1 男的情况，其性别变量的众数都是女性。这两种情况是非常不同的，但众数并不能加以区分。

2. 中位数

中位数是一组数据排序后处于中间位置的变量值，是一组数据的中点，高于和低于中位数的数据各占一半，记作 M_e。定类数据各类别之间没有顺序之分，因此不能计算中位数。中位数适用于定序及以上尺度的数据。

寻找定序数据的中位数，需先把数据整理成频数分布表，计算各组的累积频数，计算中位数的位置 $\frac{n+1}{2}$，该位置所在组的变量值就是中位数。

3. 异众比率

定性数据的离散程度通常用异众比率来度量。异众比率是指非众数组的频数占总频数的比率，用 V_r 表示。

异众比率的计算公式为

$$V_r = \frac{\sum f_i - f_m}{\sum f_i} = 1 - \frac{f_m}{\sum f_i}$$

式中，$\sum f_i$ 为总频数；f_m 为众数组的频数。

异众比率的作用是衡量众数对一组数据的代表性程度。异众比率越大，说明非众数组的频数占总频数的比重就越大，众数的代表性就越差；反之，异众比率越小，众数的代表性就越好。

【例 10-5】 根据表 10-2 中的数据计算众数、中位数和异众比率。

首先，计算众数。观察两行业职工的工作满意度频数分布表，可以看到，两行业频数最高的组都是满意组，因此，两行业职工工作满意度的众数 M_0 都等于“满意”。

其次，计算中位数。先计算中位数的位置，甲行业的中位数的位置为 $(151+1)/2=76$，查找表 10-3 中的累积频数，一般组和满意组的累积频数分别为 41 和 99，说明满意组包括数据第 42 个到第 99 个数，76 这个位置正好在这一范围内，所以满意组为中位数所在组，进而甲行业的职工工作满意度的中位数 M_e=满意。同理，乙行业的职工工作满意度的中位数 M_e=满意。

最后，计算异众比率。

甲行业：$V_r = 1 - \frac{f_m}{\sum f} = 1 - \frac{58}{151} = 0.6159$。

乙行业：$V_r = 1 - \frac{f_m}{\sum f} = 1 - \frac{48}{156} = 0.6923$。

可见，虽然甲乙两行业的众数和中位数都相等，但两者的异众比率相差很多，乙行业的异众比率高于甲行业，说明其众数的代表性更差，数据分布更离散。

二、定量数据的描述统计分析

（一）定量数据的频数分布表

频数分析同样适用于定量数据。只要先把数据分组，即确定组数、组距和组限，然后分组汇总频数、频率即可。定量数据分组的方法有单变量值分组和组距分组两种。

1. 单变量值分组

单变量值分组是把每个变量值作为一组所进行的分组。

【例 10-6】 某居民楼共 30 户居民，为便于管理，调查这些居民户的基本情况，包括家庭人口数、家庭子女数、户主的性别、年龄等信息，将这些居民户按家庭子女数进行分组，形成频数分布表，如表 10-4 所示。

表 10-4 某居民楼住户按家庭子女数分组的频数分布表

按家庭子女数分组	频数/户	频率/%
1	13	43.33
2	15	50.00
3	2	6.67
合计	30	100.00

表 10-4 中的分组属于单变量值分组，这种分组方法只适用于离散型变量，而且在变量值较少的情况下使用。对于连续变量或变量值较多的离散型变量，就应采用组距分组。

2. 组距分组

组距分组是将全部变量值依次划分成若干区间，并将每一区间的变量值作为一组。例如，将学生单科成绩按 60 分以下，60～70 分，70～80 分，80～90 分，90 分以上进行分组，就属于组距分组。

组距分组和编制频数分布表的具体步骤如下。

（1）确定组数。一组数据需要分多少组，与数据本身特点以及数据多少有关。组数太多或太少都会造成分布过于分散或者过于集中不利于观察数据的特征和规律。实际分组时，组数的确定可参考美国学者 Sturges 的经验公式。

$$K = 1 + \frac{\lg N}{\lg 2} \approx 1 + 3.3\lg N$$

式中，N 为数据个数，K 为组数，多取四舍五入的整数。值得注意的是，这个公式只是一个经验公式，实际应用时不可盲目照搬。

（2）确定各组的组距。组距是一个组的上下限之差。组距可根据全部数据的最大值、最小值和组数来确定。

组距=（最大值–最小值）÷组数

为便于计算，实际中组距多使用 5 或 10 的倍数。若出现小数取整时，数值只入不舍。

（3）确定各组组限。确定各组组限时，要注意以下四个方面。

首先，穷举与互斥原则。又称“不重不漏”原则。即在确定各组组限时，要确保每项数据都能够归入某一组，且只能分到一组中，不能在多个组同时出现。

其次，最小组的下限小于最小值，最大组的上限大于最大值。存在极端数值时，为了避免出现次数为 0 的空白组或数值被漏掉，第一组和最后一组可以使用“××以下”或“××以上”，这样缺上限或者下限的组称之为开口组。开口组的组距通常视为与相邻组的组距相等。

再次，连续型变量需要采用重叠组限。为解决“不重”的问题，统计上习惯上规定“上限不在内原则”，即恰好等于某个组限的变量值，要归入其充当下限的那一组。如某同学英语成绩正好为 70 分，那么他应该位于 70～80 分组，而不应被分在 60～

70 分组中。

最后，组中值问题。为反映各组数据的一般水平，通常用组中值作为该组数据的一个代表值。各组上限与下限的中点称为组中值。开口组的组中值参照相邻组距计算。

组中值=（上限+下限）/2

下开口组的组中值=本组上限−相邻组距/2

上开口组的组中值=本组上限+相邻组距/2

（4）统计各组频数，制作频数分布表。

【例 10-7】 为进行一项青少年营养健康状况调查，在某小学二年级随机抽取了 50 名学生，其身高数据如表 10-5 所示，试编制频数分布表。

表 10-5　50 名二年级小学生的身高数据　　单位：厘米

117	122	124	129	139	107	117	130	122	125
108	131	125	117	122	133	126	122	118	108
110	118	123	126	133	134	127	123	118	112
112	134	127	123	119	113	120	123	127	135
137	114	120	128	124	115	139	128	124	121

第一步，对原始数据排序。找出最大值和最小值，计算全距。

$$R = x_{\max} - x_{\min} = 139 - 107 = 32$$

第二步，确定组数，$K = 1 + 3.3\lg 50 \approx 7$。

第三步，确定组距，$d = \dfrac{R}{K} = 32 \div 7 = 4.6$。

按照组距最好取 5 或 10 的整数倍数的要求，本例中组距可考虑 5。为便于观察和计算，组的上限、下限变量值最好也选择 5 或 10 的整数倍数，而且第一组的下限应小于或等于最小变量值，最后一组的上限应大于最大变量值。这样我们确定的七个组依次为：105～110 厘米、110～115 厘米、115～120 厘米、120～125 厘米、125～130 厘米、130～135 厘米、135～140 厘米。

表 10-6　50 名二年级小学生身高数据的频数分布表

按身高分组/厘米	频数/人	频率/%
105～110	3	6
110～115	5	10
115～120	8	16
120～125	14	28
125～130	10	20
130～135	6	12
135～140	4	8
合计	50	100

（二）定量数据的统计图：直方图、累积分布图、茎叶图、箱线图

1. 分组数据：直方图、累积分布图

已分组的数据，可用直方图或累积分布图来观察其分布特征。

（1）直方图。对定量数据分组后形成的频数分布表，可绘制直方图，更加形象直观地显示数据的分布特征。

在直角坐标系中，将数据分组放在横轴，各组的频数或频率放在纵轴，就得到一个直方图，每组对应一个矩形，矩形的底是该组的组距，高是该组的频数或频率。

【例 10-8】 根据表 10-6 中的数据，绘制直方图，如图 10-3 所示。

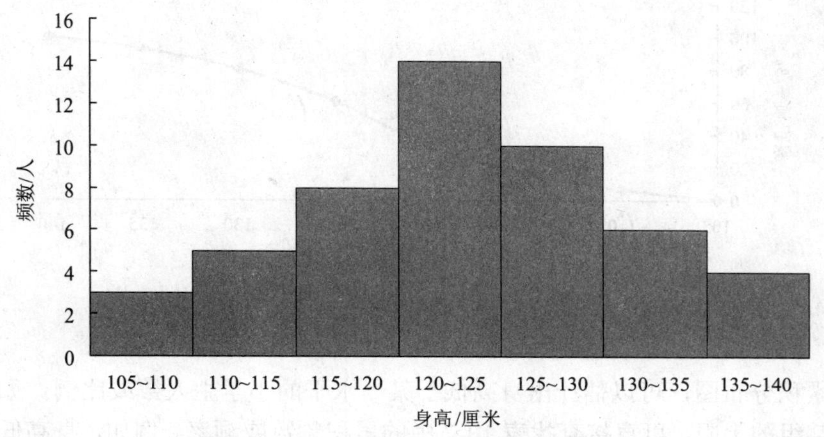

图 10-3 50 名二年级小学生身高数据的直方图

由图 10-3，可以看出 50 名二年级小学生身高数据的分布呈现出中间高两边低的特征，其中，120～125 组的频数最高，分布最集中。

直方图与条形图不同。首先，虽然两者均用矩形的高度表示频数，但直方图中矩形的宽度表示该组组距，而条形图中矩形的宽度没有实际意义。其次，直方图各矩形相互连接不间断，而条形图则是分开排列。

（2）累积分布图。除了对数据的分布形态有所了解之外，有时我们还希望了解变量值低于某个水平的单位数所占的比例。累积频数和累积频率可以帮助我们获得这样的信息，而累积分布图是将累积频数或频率的信息直观表现出来的一种统计图。

【例 10-9】 根据表 10-6 中的数据，计算累积频数和频率，并绘制累积分布图。

首先，计算各组的向上累积频数和频率，结果如表 10-7 所示。

表 10-7 50 名二年级小学生身高数据的累积频数和频率

按身高分组/厘米	累计频数/人	累计频率/%
105～110	3	6
110～115	8	16
115～120	16	32
120～125	30	60

续表

按身高分组/厘米	累计频数/人	累计频率/%
125～130	40	80
130～135	46	92
135～140	50	100

为了画出累积频数分布图，在横轴上标出每组上限，在纵轴上找出相应的累积频数或频率，将各点连接成线，就得到了累积分布图。图 10-4 是根据累积频率绘制的。

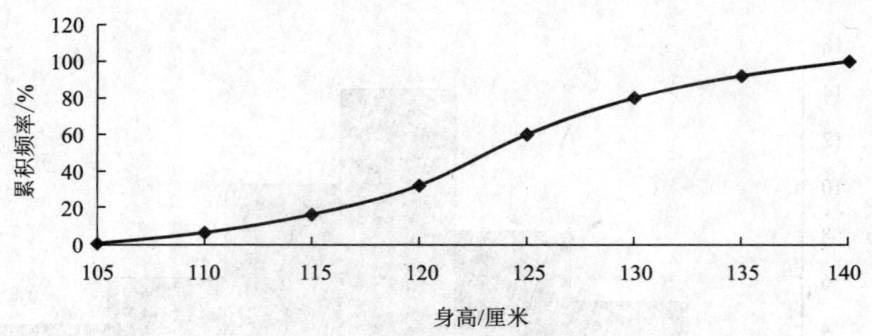

图 10-4　50 名二年级小学生身高数据的累积分布图

通过累积分布图，可以估计出身高低于某一水平的小学生人数或比例。如果这一水平恰好是某组的上限，可直接查找表 10-7 中的累积频数或频率。例如，身高低于 130 的小学生有 40 个，占 80%。如果这一水平是除各组组限之外的数值，估计的方法，是在横轴上找到这一水平，从这点做垂线到累积分布线上，在交点处向纵轴做垂线，在纵轴上的垂点就是我们要估计的比例。

2. 未分组数据：茎叶图和箱线图

未分组的原始数据，可用茎叶图和箱线图来观察其分布特征。

（1）茎叶图。茎叶图由数字组成，分为“茎”和“叶”两部分。通常是以该组数据的高位数值作为树茎，最后一个数字作为树叶。将每个数值按照高位数值归入相应的树茎，再将其最后一位数字按从小到大的顺序写在树叶的位置。

茎叶图类似于横置的直方图。与直方图相比，既能给出数据的分布状况，又保留了原始数据信息。直方图能显示数据分布，但不能保留原始数值。一般而言，所研究的观察值比较少时，采用茎叶图比较方便，而当所研究的观察值比较多时，采用直方图比较好。

【例 10-10】 19 个考生的某项测试成绩如下，对这组数据作一个茎叶图。

76 74 82 96 66 76 78 72 52 68 86 84 62 76 78 92 82 74 88

首先找出其中的首位数字，沿着一条垂线的左侧放置作为茎；接下来把所有数值第二位数字对应放置在垂线的右侧作为叶（图 10-5）。

树茎	树叶								数据个数
5	2								1
6	6	8	2						3
7	6	4	6	8	2	6	8	4	8
8	2	6	4	2	8				5
9	6	2							2

图 10-5 19 名学生测试成绩的茎叶图

由图 10-5 很容易看到分数集中在 70 多周围，并且分布呈现出中间多两边少的趋势，但是并不对称。

（2）箱线图。箱线图又称箱图、盒型图，由一个箱子和两条线段组成，根据一组数据的最大值、最小值、中位数和两个四分位数绘制而成。其绘制方法是：先找出一组数据的上述 5 个特征值；其次，连接两个四分位数画出箱子；最后将两个极值点与箱子相连，中位数画在箱子中相应的位置。

箱线图可用于观察数据的位置、分散程度、偏斜程度等信息，将多组数据的箱线图绘制在一张图上，还可进行多组数据分布特征的比较。

【例 10-11】 对例 10-10 中 19 名考生的成绩数据，绘制箱线图。

先计算五个特征值：最大值 max =96；最小值 min =52；中位数 M_e =76；下四分位数 Q_L =71；上四分位数 Q_U =82.5。再绘制箱线图，如图 10-6 所示。

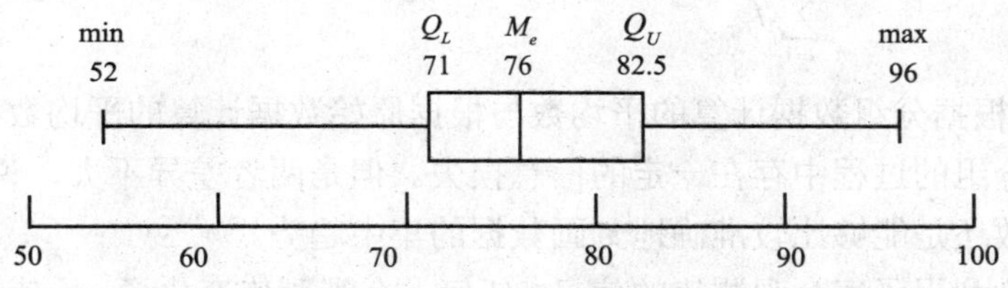

图 10-6 19 名学生测试成绩的箱线图

由图 10-6 可以看出，学生测试成绩的中间水平是 76。整个数据比较分散，在 52～96 这么大的范围内变动，而且不对称，左尾较长。但中间的 50%数据比较集中，在 71～82.5 的范围内波动，中位数基本位于箱子的中间，也说明中间 50%数据分布比较对称。

（三）定量数据的描述统计量

用图表展示数据，可对数据分布的形状和特征有一个大致的了解。但要进一步掌握数据分布的特征，还需要计算反映数据分布特征的各个描述统计量。数据分布的特征主要从三个方面进行测度和描述：集中趋势、离散程度、分布的形状。

1. 数据分布的集中趋势：平均数、中位数、众数

数据的集中趋势分析就是确定数据一般水平的代表值或中心值。常用的描述统计量有三种，即平均数、中位数和众数。

（1）平均数。对中心位置或集中趋势的描述，最常用的是平均数，是一组数据相加后除以数据的个数，记作 $\bar{x}$ 。根据掌握数据的不同，选择不同的计算公式。

对于未分组数据 $x_1,x_2,\cdots,x_n$，直接计算简单平均数，即用观测值的个数去除观测值的和。

$$\overline{x}=\frac{x_1+x_2+\cdots+x_n}{n}=\frac{\sum_{i=1}^{n}x_i}{n}$$

对于分组数据，则需使用加权平均数的公式。假定有 k 个组，x_i 表示第 i 组的组中值，f_i 表示第 i 组的频数。则

$$\overline{x}=\frac{x_1 f_1+x_2 f_2+\cdots+x_k f_k}{f_1+f_2+\cdots+f_k}=\frac{\sum_{i=1}^{k}x_i f_i}{\sum_{i=1}^{k}f_i}$$

【例 10-12】 对例 10-7 中的小学生身高数据，分别用原始数据和表 10-7 中的分组数据计算平均数。

对于原始数据：$\overline{x}=\frac{\sum_{i=1}^{n}x_i}{n}=\frac{117+122+\cdots+121}{50}=\frac{6149}{50}=122.98$

对于分组数据：$\overline{x}=\frac{\sum_{i=1}^{k}x_i f_i}{\sum_{i=1}^{k}f_i}=\frac{107.5\times 3+112.5\times 5+\cdots+137.5\times 4}{50}=\frac{6160}{50}=123.2$

可以看出，根据分组数据计算的平均数与根据原始数据计算的平均数存在一定差异，原因在于数据分组的过程中存在一定的信息损失。但是两者差异不大，说明根据频数分布表计算平均数还是能够比较准确地刻画数据的集中趋势。

平均数充分利用了每个观测值的信息，任何一个观测值变化了，均值都会随之改变，而中位数和众数都不具备这个性质。但也正因如此，平均数易受到极端值的影响，在数据存在极端值或不对称时，最好用中位数而不是平均数。

（2）中位数。定量数据中位数的计算过程与定序数据相似，但有一定的差别。先要将样本观测值 $x_1,x_2,\cdots,x_n$ 升序排列，对于已排序的观测值，根据 $\frac{n+1}{2}$ 确定中位数的位置。如果观测值个数 n 为奇数，则 $x_{\left(\frac{n+1}{2}\right)}$ 为中位数。如果 n 为偶数，则取 $\frac{n+1}{2}$ 位置两侧数值 $x_{\left(\frac{n}{2}\right)}$ 和 $x_{\left(\frac{n}{2}+1\right)}$ 的平均数为中位数。

【例 10-13】 5 位女士的身高分别为 160，158，163，170，165，计算其中位数。

先排序，158，160，163，165，170。

再确定中位数的位置：$\frac{n+1}{2}=3$，则第 3 个数 163 就是 5 位女士身高的中位数。

如果此时增加一位女士，身高为 165，这个数据集共有 6 个数，158，160，163，165，165，170。中位数的位置：$\frac{n+1}{2}=3.5$，中位数就是第 3 个数 163 和第 4 个数 165 的平均数 $\frac{163+165}{2}=164$。

何时用中位数来刻画一组数据的集中趋势呢？当一组数据呈现出非对称分布时，应该使用中位数。例如，房价和收入数据都是非常典型的非对称分布。大部分房价在中间部分，但有些房子的价格特别高。房价的平均数会高估房价的平均水平，而房价的中位数能够更好地体现房价的代表性水平，如果某地区的房价中位数是每平方米 10 000 元，那就意味着一半的房价低于这个数，另一半的房价高于这个数。

中位数不易受极端值的影响，具有稳健性。但中位数除了中间值，没有利用其他观测值，也就没有充分利用数据中的所有信息。

（3）众数。众数比较适用于描述定性数据，也可描述分组整理后的定量数据。未经过分组的定量数据，变量值较多时，其众数往往不能很好地反映数据的集中趋势，特别地，当样本观测值没有重复或重复很少时（多出现在连续变量的情况下），众数就没有任何意义了。在某些情况下，众数是一个较好的代表值。例如，女鞋专柜进货时，进货量最大的往往是 37 码的鞋，因为女性穿这个鞋码的人最多。再如，农贸市场上某种商品的价格常以很多摊位报价的众数值为代表。

有时，一个变量有两个值经常出现，这样它就有两个众数。出现这种情况时，这个变量的观测值常常是由来自两个群体的数据混合而成。例如，一个班级学生的身高数据就可能有两个众数，因为这些学生中有男生也有女生。

2. 数据分布的离散程度：极差、四分位差、方差、标准差、变异系数

（1）极差，又称全距，是一组数据中最大与最小值之差。计算公式是

$$R=\max(x_i)-\min(x_i)$$

极差是描述数据离散程度的最简单的方法，表明数据的分布范围。它计算简单，易于理解。但是极差是由两端数值所决定，不能反映中间数据的分布离散状况。

（2）四分位差。四分位差是上四分位数和下四分位数之差，记作 IQR。四分位数也称四分位点，共有三个点，将已经排序的全部数据等分为四部分，每一部分包含四分之一的数据。显然，第二个四分位点就是中位数，第一个四分位点是下四分位数，记作 Q_L，第三个四分位点是上四分位数，记作 Q_U。

四分位数的计算方法与中位数类似，先确定四分位数的位置，下四分位数的位置是 $\frac{n+1}{4}$，上四分位数的位置是 $\frac{3(n+1)}{4}$。再确定对应着该位置的数值，当 n+1 是 4 的整数倍时，可直接在排序后的数据中找到对应着该位置的数值。否则，需计算该位置两侧数值的加权平均数。

【例 10-14】 对例 10-7 中 50 名小学生的身高数据计算四分位差。

首先，将数据排序。

其次，确定四分位数的位置。

Q_L 的位置：$\dfrac{n+1}{4}=\dfrac{50+1}{4}=12.75$。$Q_U$ 的位置：$\dfrac{3(n+1)}{4}=\dfrac{3(50+1)}{4}=38.25$。

再次，计算四分位数。

排序后处在第 12 位的数字是 117，处在第 13 位的数字是 118，Q_L 是这两个数字的加权平均数，$Q_L=0.25\times117+0.75\times118=117.75$。

排序后处在第 38 位和第 39 位的数字都是 128，$Q_L=0.25\times128+0.75\times128=128$。

最后，计算四分位差。$\text{IQR}=Q_U-Q_L=128-117.75=10.25$。

四分位差就是箱线图中箱子的长度，反映了中间的 50%数据的离散程度，其数值越小，说明中间的数据分布越集中，数值越大，说明中间的数据越分散。

（3）方差和标准差。方差和标准差是反映定量数据离散程度最常用的指标。它们反映的是所有观测值对均值的离散关系，其数值越大，说明数据分布越离散。方差是各变量值与其均值离差平方的平均数，标准差是方差的平方根。样本方差的公式如下。

未分组数据：

$$s^2=\frac{\sum_{i=1}^{n}(x_i-\overline{x})^2}{n-1}$$

分组数据：

$$s^2=\frac{\sum_{i=1}^{k}(x_i-\overline{x})^2 f_i}{\left(\sum_{i=1}^{k}f_i\right)-1}$$

【例 10-15】 对例 10-7 中小学生身高的数据，分别用原始数据和表 10-7 中的分组数据计算方差和标准差。

对原始数据：

$$s^2=\frac{\sum_{i=1}^{n}(x_i-\overline{x})^2}{n-1}=\frac{(117-122.98)^2+(122-122.98)^2+\cdots+(121-122.98)^2}{50-1}=\frac{3156.98}{49}=64.43$$

$$s=\sqrt{\frac{\sum_{i=1}^{n}(x_i-\overline{x})^2}{n-1}}=\sqrt{64.43}=8.03$$

对分组数据：

$$s^2=\frac{\sum_{i=1}^{k}(x_i-\overline{x})^2 f_i}{(\sum_{i=1}^{k}f_i)-1}=\frac{(107.5-123.2)^2\times3+\cdots+(137.5-123.2)^2\times4}{50-1}=\frac{3100.5}{49}=63.28$$

$$s=\sqrt{\frac{\sum_{i=1}^{k}(x_i-\overline{x})^2 f_i}{(\sum_{i=1}^{k}f_i)-1}}=\sqrt{63.28}=7.95$$

方差的量纲是原数据量纲的平方，有时候难以理解。而标准差的量纲与原数据一致，其含义更加直观，表示一个典型的观测值到均值的距离，所以比方差更为常用。

（4）变异系数，又称离散系数，是标准差与均值的比值。变异系数是一种无量纲的相对数，消除了测度单位和观测值水平不同的影响，便于进行不同数据离散程度的比较。其计算公式如下：

$$\mathrm{CV}=\frac{s}{\overline{x}}$$

当进行两个或多个数据集变异程度的比较时，如果均值相同，直接比较标准差即可。但是如果均值不同，其标准差就不可比，就需要计算变异系数。例如，如果想知道大象家族体重差异大还是老鼠家庭的体重差异大，就不能用标准差作比较，因为两者的平均体重差异过于悬殊。

3. 数据分布的形状：偏度系数、峰度系数

集中趋势和离散程度是数据分布的两个重要特征，但要全面了解数据分布的特点，还需知道数据分布的形状是否对称、偏斜程度以及分布的扁平程度。偏度和峰度就是对分布形状的测度。

（1）偏度系数。偏度是数据分布的偏斜方向和程度。偏度系数的计算公式如下。

未分组数据：

$$\mathrm{SK}=\frac{n\sum_{i=1}^{n}(x_i-\overline{x})^3}{(n-1)(n-2)s^3}$$

分组数据：

$$\mathrm{SK}=\frac{\sum_{i=1}^{k}(x_i-\overline{x})^3 f_i}{ns^3}$$

偏度测度了数据分布的非对称程度。偏度为0时，分布是对称的；若为正值，说明正偏离的差值较大，分布为正偏或右偏；若为负值，说明分布为负偏或左偏。偏度的绝对值越大，分布的偏斜程度越大。

（2）峰度系数。峰度是指分布集中趋势高峰的形状，通常是与标准正态分布比较而言的。若分布的形状比标准正态分布更瘦更高，称为尖峰分布。相反，若更扁平，称为平峰分布。峰度系数的计算公式如下。

未分组数据：

$$K=\frac{n(n+1)\sum_{i=1}^{n}(x_i-\overline{x})^4-3\left[\sum_{i=1}^{n}(x_i-\overline{x})^2\right]^2(n-1)}{(n-1)(n-2)(n-3)s^4}$$

分组数据：

$$K=\frac{\sum_{i=1}^{k}(x_i-\overline{x})^4 f_i}{ns^4}-3$$

标准正态分布的峰度系数为 0，峰度系数>0 时为尖峰分布，峰度系数<0 时，为平峰分布。

第三节 双变量统计分析

事物之间存在着普遍联系，社会现象之间的联系更纷繁复杂、千变万化。社会调查的目的，就是通过研究社会现象之间的相互联系、相互影响去探索社会发展的规律。对社会现象之间的联系进行定量分析，涉及变量之间的关系问题。关于变量间的关系，可以考虑以下的问题：从数据来看变量间有关系，在总体中是否也有这种关系？若有关系，这种关系有多强？如何表现和利用这种关系？这种关系是否为因果关系？

对变量关系的统计分析，分双变量统计分析和多变量统计分析。双变量统计分析只涉及两个变量，它是最简单的变量关系分析。多变量分析涉及 3 个或 3 个以上的变量，其分析方法也更为复杂。

在双变量分析中，变量的测量层次不同，适用的分析方法也不同。变量的测量层次，可分为定类、定序、定距、定比四种类型，这样就形成了多种不同测量层次的变量的两两组合。这些组合可概括为三种情况：两个定量变量、两个定性变量、一个定性变量一个定量变量。

一、定量–定量变量分析

两个定量变量的统计分析，是传统统计分析的主要内容，包括相关分析和回归分析两种方法。相关分析是回归分析的前提和基础。只有当两个变量之间存在着较强的相关关系时，回归分析才有价值，而且相关程度越高回归预测效果越好。因此通常是先进行相关分析，再选择其中那些有比较强的相关关系的变量进行回归分析。两定量变量之间可能是线性关系，也可能是非线性关系，本书只对线性关系进行分析。

（一）相关分析

相关分析是对两个变量之间关系的描述和度量。要解决的问题是，变量之间是否存在关系？如果存在关系，如何描述它们的关系并对其关系的密切程度进行测度？

1. 散点图

散点图（scatter diagram）是描述变量之间关系的一种直观方法（图 10-7）。对于两变量 x 和 y，如果用坐标的横轴代表变量 x，用纵轴代表变量 y，那么每组数据（x_i，y_i）在坐标系中就可表示为一个点，n 组数据在坐标系中形成的 n 个点称为散点，由坐标及其散点构成的二维数据图称为散点图。从散点图中可以大体看出变量之间的关系形态及关系强度。

相关的形式分为线性相关和非线性相关。一个变量变动时，另一个变量随之发生大致均匀的变动，在散点图上，其观测值的分布近似地表现为一条直线，称为线性相关。一个变量变动时，另一个变量也随之发生变动，但变动不均匀，在散点图上，其观察值的分布表现为曲线的形式，称为非线性相关。图 10-7 中，（a）（b）两图均为线性相关，

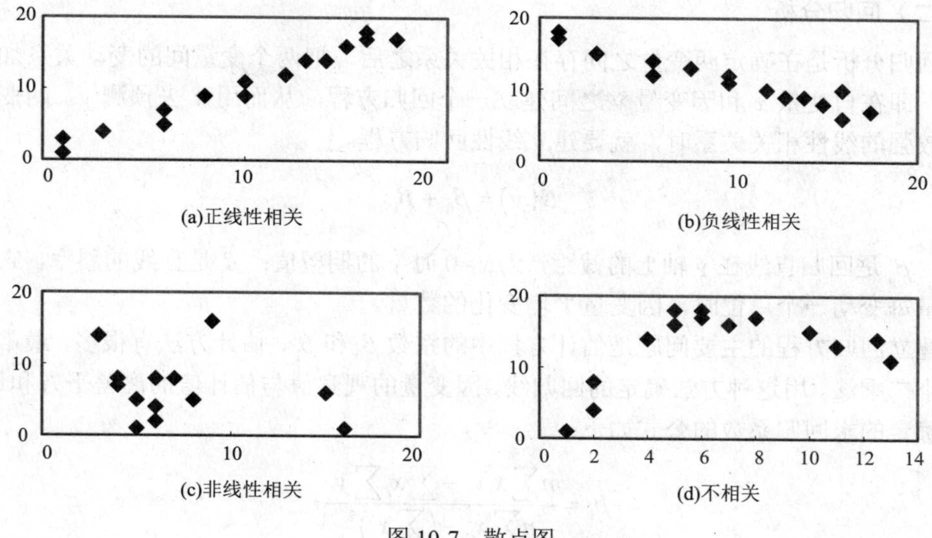

图 10-7 散点图

而（c）图为非线性相关。

相关的方向分为正相关和负相关，两个变量的变动方向相同称为正相关，反之称为负相关。例如，航班的正点率与投诉次数负相关，父亲的身高与儿子的身高正相关。

相关的程度分为完全相关、不完全相关和不相关。一个变量的取值完全依赖于另一个变量，各观测点全部落在一条线上，称为完全相关；如果观测点很分散，无任何规律，表明变量之间不相关；而介于两者之间则为不完全相关。图 10-7 中，（a）图为正相关，而（b）图为负相关，（a）（b）（c）图均为不完全相关，（d）图为不相关。

2. 相关系数

通过散点图可判断两变量之间有无相关关系，并对变量间的关系形态做出大致描述，但是不能对变量间关系的密切程度进行准确测度。变量间的线性相关关系，通常用 Pearson 相关系数来测度，其计算公式如下：

$$r = \frac{n\sum xy - \sum x \sum y}{\sqrt{n\sum x^2 - \left(\sum x\right)^2} \cdot \sqrt{n\sum y^2 - \left(\sum y\right)^2}}$$

相关系数的取值范围在−1 和+1 之间；$r>0$ 则表明两变量为正相关，$r<0$ 则表明两变量为负相关；$|r|=1$，表明两变量完全线性相关，即函数关系；$r=0$ 表示两变量间不存在线性相关关系，但并不说明两者没有其他关系，它们之间可能存在非线性相关关系；$0<|r|<1$ 时，表示变量间存在着一定程度的线性相关关系。$|r|$越接近于 1，表示两者的线性相关程度越密切，$|r|$越接近于 0，则表示 x 与 y 的线性相关程度越低。根据经验可将相关程度分为以下几种情况：若$|r|<0.3$，称为微弱相关；若 $0.3\leqslant|r|<0.5$，称为低度相关；若 $0.5\leqslant|r|<0.8$，称为显著相关；若 $0.8\leqslant|r|<1$，称为高度相关。

（二）回归分析

回归分析是在确定两变量之间存在相关关系之后，把两个变量间的变动关系加以模型化，即在自变量 x 和因变量 y 之间建立一个回归方程，从而用 x 去预测 y。两变量间呈现较强的线性相关关系时，就要建立线性回归方程。

$$E(y)=\beta_0+\beta_1 x$$

式中，β_0 是回归直线在 y 轴上的截距，为 x=0 时 y 的期望值；β_1 是直线的斜率，它表明自变量每变动一个单位时，因变量平均变化的数量。

建立回归方程的主要问题是估计方程中的系数 β_0 和 β_1，估计方法有很多，最常用的是最小二乘法。用这种方法确定的回归线，因变量的观察值与估计值的离差平方和最小。据此确定的求回归系数的公式如下：

$$\hat{\beta}_1=\frac{n\sum x_i y_i-\sum x_i\sum y_i}{n\sum x_i^2-\left(\sum x_i\right)^2}$$

$$\hat{\beta}_0=\overline{y}-\hat{\beta}_1\overline{x}$$

偷税现象在很多企业中不同程度的存在，隐瞒销售收入是常见的偷税手法。对所有企业进行税务检查，费时费力且收效甚微。能否通过对众多企业某些财务指标的分析，较为迅速地发现隐瞒收入的企业，有针对性地进行税务稽查呢？这种做法是可行的。即使隐瞒销售收入的企业，工人工资总额数据也较为真实。一般情况下，企业销售收入越高，发放的职工工资总额也越多，而且同一地区同一行业中，销售收入相近的企业，其工人工资总额也相近。因此，可以研究某地区某行业若干家规范核算企业的销售收入和工人工资总额的关系，建立回归分析模型，基于该模型预测该地区该行业其他企业的工人工资总额，这一工资总额可认为是企业在其销售收入下应实现的工人工资总额，如果企业账面工资总额高于预测工资总额，可认为存在隐瞒销售收入的嫌疑。

【例 10-16】 为了进行偷税识别，收集某市 10 户核算规范的轮胎企业年销售收入和工人工资总额数据如表 10-8 所示，是否可以据此进行偷税识别？

表 10-8 偷税识别中的销售收入和工人工资总额

企业	销售收入/万元	工人工资总额/万元
1	271.5	76.1
2	155.1	45.6
3	318.2	87.5
4	923.3	253.9
5	202.6	60.5
6	443.3	129.2
7	1325.5	371.0

续表

企业	销售收入/万元	工人工资总额/万元
8	648.2	194.5
9	553.6	155.0
10	337.9	98.4

大致地看一下数据，可以发现高销售收入的企业工资总额也较高，而低销售收入的企业工资总额也较低，两个变量看上去是相关的。但要得到更具体的信息，需要进行详细的相关和回归分析。

首先，绘制散点图，观察两个变量的关系。由于销售收入影响工人工资总额，所以销售收入画在横轴上，工人工资总额画在纵轴上，如图 10-8 所示。

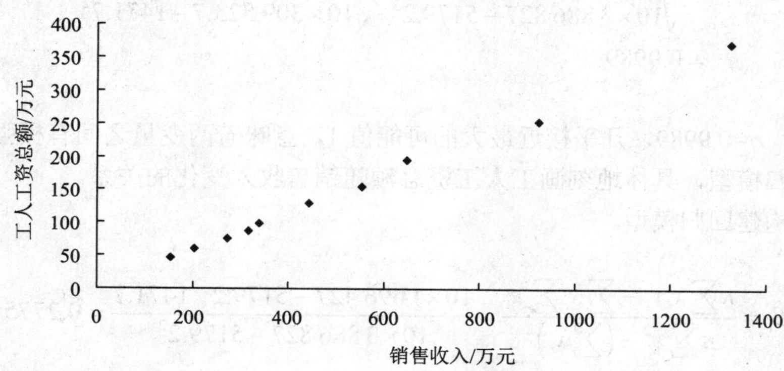

图 10-8 销售收入和工人工资总额的散点图

两个变量的散点图表明，销售收入越高，工人工资总额也越高，数据点散布在一条从左下角到右上角的直线周围，说明两变量之间存在正的线性相关关系。

其次，计算相关系数，测度两者相关的程度，如表 10-9 所示。

表 10-9 销售收入与工资总额的相关关系计算表

企业	销售收入 x /万元	工资总额 y /万元	x^2	y^2	xy
1	271.5	76.1	73 712.25	5 791.21	20 661.15
2	155.1	45.6	24 056.01	2 079.36	7 072.56
3	318.2	87.5	101 251.20	7 656.25	2 7842.50
4	923.3	253.9	852 482.90	64 465.21	234 425.90
5	202.6	60.5	41 046.76	3 660.25	12 257.30
6	443.3	129.2	196 514.90	16 692.64	57 274.36
7	1 325.5	371.0	1 756 950.00	137 641.00	491 760.50
8	648.2	194.5	420 163.20	37 830.25	126 074.90

续表

企业	销售收入 x /万元	工资总额 y /万元	x^2	y^2	xy
9	553.6	155.0	306 473.00	24 025.00	85 808.00
10	337.9	98.4	114 176.40	9 682.56	33 249.36
合计	5 179.2	1 471.7	3 886 827.00	309 523.70	1 096 427.00

$$r=\frac{n\sum xy-\sum x\sum y}{\sqrt{n\sum x^2-\left(\sum x\right)^2}\cdot\sqrt{n\sum y^2-\left(\sum y\right)^2}}$$
$$=\frac{10\times 1\,096\,427-5179.2\times 1471.7}{\sqrt{10\times 3\,886\,827-5179.2^2}\cdot\sqrt{10\times 309\,523.7-1471.7^2}}$$
$$=0.9989$$

很明显，$r=0.9989$，几乎接近最大的可能值 1，意味着两变量之间有极强的相关性，可以构建回归模型，具体地刻画工人工资总额随销售收入变化的关系。

最后，构建回归模型。

$$\hat{\beta}_1=\frac{n\sum x_i y_i-\sum x_i\sum y_i}{n\sum x_i^2-\left(\sum x_i\right)^2}=\frac{10\times 1\,096\,427-5179.2\times 1471.7}{10\times 3\,886\,827-5179.2^2}=0.2775$$

$$\hat{\beta}_0=\overline{y}-\hat{\beta}_1\overline{x}=\frac{1471.7}{10}-0.2775\times\frac{5179.2}{10}=3.4565$$

即 $y=3.4565+0.2775x$。

其中，回归系数 0.2775 表示，销售收入每增加 1 万元，工人工资总额平均增加 0.2775 万元。如果某个企业的销售收入是 300 万元，代入回归方程，工人工资总额的预测值为 86.7 万元。如果账面工人工资总额远高于 86.7 万元，说明存在瞒报销售收入的可能性。

二、定性-定性变量分析

社会调查研究中，有时会遇到要求判断两个定性变量是否存在联系的问题。例如，原料的质量是否与产地有关；对父母的孝敬程度是否与孩子的性别有关；青少年犯罪行为是否与其家庭和睦程度有关；工作价值观取向是否与职业有关；工作满意度是否与所处的行业有关；等等。

研究两个定性变量的关系，可先构建列联表，初步分析两个变量是否有关，再用 χ^2 检验判断两个变量的相关性是否显著存在，最后用几种基于列联表的相关系数测度两个变量相关的程度。如果两个定性变量均为定序尺度，还可计算秩相关系数刻画其相关程度。

（一）列联表

观测数据按两个或两个以上变量进行交叉分类形成的频数分布表，称为列联表。

【例 10-17】 某研究机构为了研究教育程度与投票行为的关系，随机抽选了 357 名选民。将被调查者按这两个变量交叉分组，分别统计各组的频数，就得到了下面的列联表，如表 10-10 所示。

表 10-10　受教育程度与投票行为的列联表（频数）

投票行为	受教育程度		合计
	大学以上（含大学）	大学以下	
投票	160	129	289
弃权	7	61	68
合计	167	190	357

受教育程度在大学以上的选民，投票的有 160 人，弃权的仅有 7 人。受教育程度在大学以下的选民，投票的有 129 人，弃权的有 61 人。可见，受教育程度越高，弃权的越少，说明受教育程度和投票行为这两个变量有一定的关联。

为了能在相同的基数上比较，使列联表中的数据提供更多的信息，可计算相应的百分比，将绝对频数转化为相对频数（表 10-11）。

表 10-11　受教育程度与投票行为的列联表（百分比）

投票行为	受教育程度		合计
	大学以上（含大学）	大学以下	
投票/人	160	129	289
行百分比/%	55.36	44.64	80.95
列百分比/%	95.80	67.89	—
总百分比/%	44.82	36.13	—
弃权/人	7	61	68
行百分比/%	10.29	89.71	19.15
列百分比/%	4.20	32.11	—
总百分比/%	1.96	17.09	—
合计/人	167	190	357
百分比/%	46.78	53.22	100.00

表 10-11 交叉位置的每个单元中有四个数据：频数、行百分比、列百分比、总百分比。例如，第一个单元（受教育程度为大学以上且投票）中，55.36%为行百分比，即 160/289=55.36%，表明投票的人中，教育程度在大学以上的占 55.36%；95.80%为列百分比，即 160/167=95.80%，表明受教育程度在大学以上的人中，投票的占 95.80%；44.82%为总百分比，即 160/357=44.82%，表明受教育程度在大学以上且投票的人占总样本量的 44.82%。

最右边一列反映投票行为的分布情况：投票者为 289 人，占 80.95%，弃权者为 68

人，占19.15%。最下边一行反映受教育程度的分布情况：大学以上的有167人，占46.78%，大学以下的有190人，占53.22%。

想要分析受教育程度是否影响选民的投票行为，只需观察列百分比。受教育程度在大学以上的选民，投票率为95.8%，弃权率为4.2%；受教育程度在大学以下的选民，投票率为67.89%，弃权率为32.11%。可见，受教育程度越高，投票率越高，弃权率越低。说明受教育程度和投票行为这两个变量之间存在一定的依存关系。

（二）χ^2 检验

观察列联表，只能对两个变量的关系进行初步分析，要检验列联表中的两个变量的相关是否显著存在，需要用到 χ^2 检验。

对两个变量的关系进行 χ^2 检验的步骤如下。

第一步，建立假设。

H_0：行变量和列变量之间是独立的（不存在相关关系）。

H_1：行变量和列变量之间不独立（存在相关关系）。

第二步，计算检验统计量。

$$\chi^2=\sum_{j=1}^{c}\sum_{i=1}^{r}\frac{\left(f_{ij}-f_{e_{ij}}\right)^2}{f_{e_{ij}}}$$

$$f_{e_{ij}}=\frac{n_{i.}n_{.j}}{n}$$

式中，r 为行数，c 为列数，f_{ij} 是第 i 行第 j 列的观测频数，$f_{e_{ij}}$ 是第 i 行第 j 列的期望频数，$n_{i.}$ 为第 i 行频数之和，$n_{.j}$ 是第 j 列频数之和，χ^2 统计量的自由度 $\mathrm{df}=(r-1)(c-1)$。

第三步，根据选定的显著性水平，查 χ^2 分布表，得到临界值。

第四步，把依公式计算的 χ^2 值与临界值进行比较，若 χ^2 值大于临界值，则拒绝原假设，否则不拒绝原假设。拒绝原假设，表明两个变量间存在显著的相关关系。

【例 10-18】 对例 10-17 中，教育程度与投票行为是否存在相关关系进行检验。

解 第一步，建立假设。

H_0：教育程度与投票行为之间是独立的（不存在相关关系）。

H_1：教育程度与投票行为不独立（存在相关关系）。

第二步，计算检验统计量 χ^2 的值。计算此检验统计量，需要先计算期望频数，计算结果如表 10-12 所示。

$$f_{e_{11}}=\frac{n_{1.}n_{.1}}{n}=\frac{289\times167}{357}=135.2$$

$$\chi^2=\sum_{j=1}^{2}\sum_{i=1}^{2}\frac{\left(f_{ij}-f_{e_{ij}}\right)^2}{f_{e_{ij}}}=44.91$$

表 10-12 教育程度与投票行为列联表的期望频数

投票行为	受教育程度		合计
	大学以上（包括大学）	大学以下	
投票	135.2	153.8	289
弃权	31.8	36.2	68
合计	167	190	357

第三步，做出决策。

根据显著性水平（$\alpha = 0.05$）和 χ^2 的自由度 $=(r-1)(c-1)=1$，查 χ^2 分布表，得到相应的临界值 $\chi^2_{0.05}(1)=3.841$。由于 $\chi^2 > \chi^2_{0.05}(1)$，所以拒绝 H_0，即教育程度与投票行为存在相关关系。

【例 10-19】 某超市引进一批水果，该批水果来自三个不同的地区，水果质量分成三个不同等级。从这批水果中随机抽取 500 个进行检验，结果如表 10-13 所示。要求检验地区与水果质量之间是否存在相关关系（$\alpha = 0.05$）。

表 10-13 水果产地与水果质量的列联表

	一级	二级	三级	合计
甲地区	52	64	24	140
乙地区	60	59	52	171
丙地区	50	65	74	189
合计	162	188	150	500

解 第一步，建立假设。

H_0：地区和水果等级之间是独立的（不存在相关关系）。

H_1：地区和水果等级之间不独立（存在相关关系）。

第二步，计算检验统计量 χ^2 的值。计算此检验统计量，需要先计算期望频数，计算结果如表 10-14 所示。

$$f_{e_{11}} = \frac{n_{1.}n_{.1}}{n} = \frac{140\times 162}{500} = 45.36$$

$$\chi^2 = \sum_{j=1}^{3}\sum_{i=1}^{3}\frac{\left(f_{ij} - f_{e_{ij}}\right)^2}{f_{e_{ij}}} = 19.82$$

表 10-14 水果产地与水果质量列联表的期望频数

	一级	二级	三级	合计
甲地区	45.36	52.64	42.00	140
乙地区	55.40	64.30	51.30	171
丙地区	61.24	71.06	56.70	189
合计	162	188	15	500

第三步，做出决策。

根据显著性水平（$\alpha=0.05$）和χ^2的自由度$=(r-1)(c-1)=4$，查χ^2分布表，得到相应的临界值$\chi^2_{0.05}(4)=9.488$。由于$\chi^2>\chi^2_{0.05}(4)$，所以拒绝H_0，即地区和水果等级之间存在相关关系，表明水果的质量受地区的影响。

实施χ^2检验时，每一个单元中的期望频数不能过小。因为单元期望频数过小，计算χ^2统计量的值时会出现较大的波动，检验统计量不服从χ^2分布，不能使用χ^2检验。一般来说，如果列联表中只有两个单元，这两个单元的期望频数都应大于 5；如果单元数多于两个，期望频数小于 5 的单元数不能超过总单元数的 20%。出现单元期望频数过小的情况时，需要将相邻的类别合并后再做检验。

（三）列联表中的相关测量

测度列联表中的两个变量的相关程度，可以计算ϕ相关系数、列联相关系数、V 相关系数、λ相关系数。

1. ϕ相关系数

$$\phi=\sqrt{\frac{\chi^2}{n}}$$

$\phi=0$时，两个变量不相关。$|\phi|=1$时，两个变量完全相关。ϕ相关系数仅适用于 2×2 列联表相关度的度量。因为仅对 2×2 列联表，ϕ能控制在–1 和 1 之间，当 r，c 大于 2 时，ϕ将随着r，c的增大而增加，没有上限，因此不适合反映相关度的高低。

2. 列联相关系数

$$c=\sqrt{\frac{\chi^2}{\chi^2+n}}$$

当两个变量独立时，c=0。若两个变量存在相关，c 的最大值会随着 r，c 的大小而变化，但它永远小于 1。两变量完全相关时，对于 2×2 列联表，c=0.7071，对于 3×3 列联表，c=0.8165，对于 4×4 列联表，c=0.87。因此，两个列联系数不能比较，除非是从行、列数都相同的列联表获得的数据。

3. V相关系数

$$V=\sqrt{\frac{\chi^2}{n\times\min[(r-1),(c-1)]}}$$

V的取值在 0 和 1 之间，两个变量相互独立时，V=0；完全相关时，V=1。如果列联表中有一维为 2，V 相关系数等于ϕ相关系数。

上述三个相关系数均是基于χ^2统计量计算的。

例 10-17 中，教育程度与投票行为的相关系数分别为$\phi=0.355$, $c=0.334$, $V=0.355$。

例 10-19 中，水果产地与质量的相关系数分别为$c=0.195$, $V=0.141$，由于是 3×3 的列联表，所以不必计算ϕ相关系数。

4. λ相关系数

λ相关系数有两种形式，一是对称形式，即不分自变量和因变量；另一种是不对称形式，要求区分自变量（x）和因变量（y）。

两个计算公式如下：

对称公式为

$$\lambda=\frac{\sum m_x+\sum m_y-(M_x+M_y)}{2n-(M_x+M_y)}$$

不对称公式为

$$\lambda_y=\frac{\sum m_y-M_y}{n-M_y}$$

式中，m_x 表示变量 y 的每个取值下变量 x 的最大频数；m_y 表示变量 x 的每个取值下变量 y 的最大频数；M_x 表示变量 x 的最大频数；M_y 表示变量 y 的最大频数。

【例 10-20】 对例 10-17 中受教育程度和投票行为的列联表计算λ相关系数。

解

$$M_x=190 \quad \sum m_x=160+61=221$$
$$M_y=289 \quad \sum m_y=160+129=289$$

$$\lambda=\frac{\sum m_x+\sum m_y-(M_x+M_y)}{2n-(M_x+M_y)}=\frac{221+289-(190+289)}{2\times357-(190+289)}=0.132$$

$$\lambda_y=\frac{\sum m_y-M_y}{n-M_y}=\frac{289-289}{357-289}=0$$

【例 10-21】 对例 10-19 中水果产地和质量的列联表计算λ相关系数。

解

$$M_x=189 \quad \sum m_x=60+65+74=199$$
$$M_y=188 \quad \sum m_y=64+60+74=198$$

$$\lambda=\frac{\sum m_x+\sum m_y-(M_x+M_y)}{2n-(M_x+M_y)}=\frac{199+198-(189+188)}{2\times500-(189+188)}=0.032\,10$$

$$\lambda_y=\frac{\sum m_y-M_y}{n-M_y}=\frac{198-188}{500-188}=0.032\,05$$

（四）秩相关系数

如果两个定性变量均为定序尺度，可计算 Spearman 秩相关系数来刻画两个变量的相关程度。Spearman 秩相关系数又叫等级相关系数，其计算公式为

$$r_s = 1 - \frac{6\sum_{i=1}^{n} d_i^2}{n(n^2-1)}$$

式中，d_i是两个变量的等级差。

Spearman 相关系数的取值范围[−1，1]，$r_s = -1$表明 xy 的变化完全相反，类似于 Pearson 相关系数中的完全负相关；$r_s = 1$表明 xy 的变化完全一致，类似于 Pearson 相关系数中的完全正相关。绝对值越接近于 0，相关度越低，越接近于 1，相关度越高。$r_s > 0$为正相关，$r_s < 0$为负相关。

【例 10-22】 对某地区 12 个街道进行调查，并对经济发展水平和卫生水平进行排名，排名结果如表 10-15 所示。计算经济发展水平和卫生发展水平的 Spearman 秩相关系数。

表 10-15 某地区各街道经济水平与卫生水平的排名等级

经济水平排名等级	卫生水平排名等级	等级差	等级差的平方
6	9	−3	9
9	6	3	9
1	2	−1	1
12	10	2	4
3	1	2	4
10	11	−1	1
7	7	0	0
4	5	−1	1
5	4	1	1
11	12	−1	1
8	8	0	0
2	3	−1	1
合计			32

解
$$r_S = 1 - \frac{6\sum D_i^2}{n(n^2-1)} = 1 - \frac{6\times 32}{12(12^2-1)} = 1 - 0.1119 = 0.8881$$

该地区的经济发展水平和卫生水平存在着正相关关系，相关程度较高，为 0.8881。

三、定性–定量变量分析

要研究一个定性变量对一个定量变量的影响，可进行方差分析，并用 Eta 平方系数测量两变量的相关程度。

（一）方差分析

方差分析是 20 世纪 20 年代，英国统计学家 Fisher 为解释试验数据而提出的。从形式是看，方差分析是比较多个总体的均值是否相同，但在本质上，它研究的是定性自变量对定量因变量是否有显著影响。

【例 10-23】 为了比较五种治疗感冒药的疗效，将 30 个病人随机分成 5 组，每组 6 个病人，让同组的病人使用同一种药，并记录下病人从开始用药到痊愈所需要的天数 X，如表 10-16 所示。

表 10-16 五种治疗感冒药治愈病人天数

	药物 1	药物 2	药物 3	药物 4	药物 5
治愈所需天数	6	4	6	7	9
	8	6	4	4	4
	7	6	4	6	5
	7	3	5	6	7
	10	5	2	3	7
	8	6	3	5	6

比较这 5 种药物的疗效，需检验这 5 种药物治愈病人所需时间的均值是否相等。如果其均值没有显著差异，说明“药物”对“治愈所需天数”没有影响；如果均值不全相等，即 5 种药物之间的疗效有显著差异，则意味着“药物”对“治愈所需天数”有影响。

按照涉及的影响因素的个数多少，方差分析分为单因素方差分析和多因素方差分析。

进行单因素方差分析的步骤一般如下。

（1）明确自变量和因变量，建立原假设和备择假设。

假设因变量为 Y，自变量为 X，X 有 k 个水平（类别）。在 X 的第 i 个水平（类别）下，Y 的观测值有 n_i 个，总样本量为 $n=\sum_{i=1}^{k}n_i$。

原假设 H_0：$\mu_1=\mu_2=\cdots=\mu_i=\cdots=\mu_k$（即 X 的每个水平下，Y 的总体均值都相等，或 X 对 Y 没有显著性影响）。

备择假设 H_1：$\mu_1,\mu_2,\cdots,\mu_i,\cdots,\mu_k$ 不全相等（X 对 Y 有显著影响）。

（2）对数据分别计算总方差、组间方差、组内方差，建立方差分析表，计算检验统计量 F，如表 10-17 所示。

$$F=\frac{\text{MSA}}{\text{MSE}}\sim F(k-1,n-k)$$

表 10-17 单因素方差分析表

误差来源	平方和 SS	自由度 df	均方 MS	F 值
组间（因素影响）	$\text{SSA}=\sum_{i=1}^{k}n_i(\overline{y}_i-\overline{y})^2$	$k-1$	$\text{MSA}=\frac{\text{SSA}}{k-1}$	$F=\frac{\text{MSA}}{\text{MSE}}$
组内（随机影响）	$\text{SSE}=\sum_{i=1}^{k}\sum_{j=1}^{n_i}(y_{ij}-\overline{y}_i)^2$	$n-k$	$\text{MSE}=\frac{\text{SSE}}{n-k}$	
总和	$\text{SST}=\sum_{i=1}^{k}\sum_{j=1}^{n_i}(y_{ij}-\overline{y})^2$	$n-1$		

注：$\overline{y}_i$ 是自变量 X 的第 i 个水平下，因变量 Y 的平均数；$\overline{y}$ 是因变量的总平均数

（3）在自由度为（k–1，n–k）的 F 分布中，查找大于等于 F 值的概率，即为此检验的 P 值。如果 P 值低于显著性水平 α，则拒绝原假设，否则，不拒绝原假设。

（4）分析结果。如果原假设没有被拒绝，说明自变量对因变量没有显著影响，反之，说明自变量对因变量有显著影响。

运用例 10-23 的数据，检验药品疗效是否有显著差异，其步骤如下。

解　（1）构建假设。

H_0：$\mu_1 = \mu_2 = \cdots = \mu_5$，即药物对疗效没有显著性影响。

H_1：$\mu_1, \mu_2, \cdots, \mu_i, \cdots, \mu_k$ 不全相等，即药物对疗效有显著性影响。

（2）计算检验统计量。

药物 A_1 的样本均值为

$$\overline{y}_1 = \frac{\sum_{j=1}^{n_1} y_{1j}}{n_1} = \frac{6+8+7+7+10+8}{6} = 7.67$$

其余 4 种药物的样本均值计算方法相同，结果分别为 5.00、4.00、5.17、6.33。

全部观测值的总均值为

$$\overline{y} = \frac{\sum_{i=1}^{k}\sum_{j=1}^{n_i} y_{ij}}{n} = \frac{\sum_{i=1}^{k} n_i \overline{y}_i}{n} = \frac{6+8+\cdots+7+6}{30} = 5.63$$

总误差平方和为

$$\text{SST} = \sum_{i=1}^{k}\sum_{j=1}^{n_i}(y_{ij} - \overline{y})^2 = (6-5.63)^2 + \cdots + (6-5.63)^2 = 100.97$$

组间平方和为

$$\begin{aligned}\text{SSA} &= \sum_{i=1}^{k}\sum_{j=1}^{n_i}(\overline{y}_i - \overline{y})^2 = \sum_{i=1}^{k} n_i(\overline{y}_i - \overline{y})^2 \\ &= 6\times(7.67-5.63)^2 + \cdots + 6\times(6.33-5.63)^2 = 47.47\end{aligned}$$

组内平方和或残差平方和为

$$\text{SSE} = \sum_{i=1}^{k}\sum_{j=1}^{n_i}(y_{ij} - \overline{y}_i)^2 = \text{SST} - \text{SSA} = 53.5$$

检验统计量为

$$F = \frac{\text{MSA}}{\text{MSE}} = \frac{\text{SSA}/k-1}{\text{SSE}/n-k} = \frac{47.47/4}{53.5/25} = 5.55$$

（3）计算 P 值，得出结论。

查自由度为(4, 25)的 F 分布表，大于等于 5.55 的概率为 0.0024，所以 P 值等于 0.0024。

α=0.05 或 0.01 时，P 值<α，拒绝原假设，5 种药物疗效有显著差别，即药物对疗效有显著影响。

（二）Eta 平方系数

Eta 平方系数用于测量定性-定量变量之间的相关程度，其计算公式如下：

$$E^2=\frac{\sum_{i=1}^{k}n_i\overline{y}_i^2-n\overline{y}^2}{\sum_{i=1}^{k}\sum_{j=1}^{n_i}y_{ij}^2-n\overline{y}^2}$$

例 10-23 中，n=30，$\overline{y}=5.63$，$\overline{y}_i$ 分别为 7.67，5.00，4.00，5.17，6.33，$\sum_{i=1}^{k}\sum_{j=1}^{n_i}y_{ij}^2=1053$，$\sum_{i=1}^{k}n_i\overline{y}_i^2=6\times(7.67^2+5.00^2+\cdots+6.33^2)=999.76$。

将数据代入上式，得到

$$E^2=\frac{\sum_{i=1}^{k}n_i\overline{y}_i^2-n\overline{y}^2}{\sum_{i=1}^{k}\sum_{j=1}^{n_i}y_{ij}^2-n\overline{y}^2}=\frac{999.76-30\times5.63^2}{1053-30\times5.63^2}=0.4785$$

即药物与疗效的相关程度为 0.4785。

在此基础上，也可对相关的显著性进行检验，采用 F 检验。

$$F=\frac{E^2}{1-E^2}\left(\frac{n-k}{k-1}\right)\sim F(k-1,n-k)$$

将数据代入上述公式，得到 F 值等于 5.7347，查临界值，$F_{0.05}(4,25)=2.76$，拒绝相关关系不显著的原假设，即样本结论可以推断总体，药物与疗效之间存在显著的相关关系。

第四节 多变量统计分析

社会现象之间的关系往往是错综复杂的，要把社会现象之间的复杂关系解释清楚，多变量分析通常比单变量和双变量分析更具有解释力。

20 世纪 80 年代以来，由于计算机的普及和统计软件的广泛应用，多变量统计分析方法迅速发展起来，已形成一个互相交叉、内容丰富、层次复杂的方法体系，并迅速应用到包括社会研究的各个领域。这里，我们只简略地介绍比较常用的几种多变量统计分析方法。

一、多变量相关分析

多变量相关分析是相对于双变量相关分析而言的。双变量分析中，是用一个统计量（如相关系数等）反映两个变量间的相关关系。当变量达到三个或三个以上时，相关关系的分析就属于多变量相关分析或多元相关分析了。从本质上说，多变量相关分析与双变量相关分析一样，也是用一个统计量（如偏相关系数、复相关系数等）来简化和反映多个变量之间的相互依存关系，只是这种关系更加复杂而已。与多变量相关分析直接有关的方法，有偏相关分析、复相关分析和典型相关分析等。

1. 偏相关分析

偏相关分析是指在控制了其他变量影响的情况下，用一个统计值来测量某一变量 X 和另一变量 Y 之间相关关系强弱程度与方向的方法，这个统计值称为偏相关系数。

2. 复相关分析

复相关分析是测量多个自变量共同对一个因变量发挥作用时形成的相关关系的方法，它用一个统计值来表示这些自变量与另一因变量关系的强弱和方向，这个统计值称为复相关系数。

3. 典型相关分析

典型相关分析是一种用于测量两组变量（每组变量均多于一个变量）关系强弱与方向的多元统计方法。在进行典型相关分析时，习惯上将自变量组称为预测变量，而将因变量组称为标准变量，用于测量典型相关的统计量称为典型相关系数。实际上，典型相关是简单相关和复相关分析的进一步推广，因为当两个变量组均只有一个变量时，典型相关系数就成了双变量分析中的简单相关系数；同理，当典型相关中的两组变量中有一组变量只有一个变量时，典型相关便成了复相关。也就是说，简单相关和复相关都是典型相关的特例。

二、多元回归分析

多元回归分析是研究两个以上自变量和一个因变量之间的关系，并用自变量解释与预测因变量的多变量统计分析方法。在社会研究中，应用较多的是多元线性回归分析方法和 Logistic 回归分析方法等。

1. 多元线性回归分析

多元线性回归分析是多元回归分析方法中的基本形式，它的应用通常对数据有比较严格的要求。例如，它要求各自变量之间不能产生严重的多重共线性，也就是各自变量之间不能存在高度的线性相关性。还要求自变量和因变量均为定距（比）变量，如果自变量为定类或定序变量，则可将其转化为虚拟变量后进行多元线性回归分析。在社会研究中，很多数据难以完全符合这些要求，因而多元线性回归分析方法的应用受到了很大的限制。

2. Logistic回归分析

Logistic 回归分析是自变量为定量变量（或虚拟变量），因变量为定性变量条件下的多元回归分析方法。Logistic 回归分析方法的广泛运用，促进了社会定量研究的突破性发展。

Logistic 回归分析可分成三种类型。

（1）二维 Logistic 回归分析（binary Logistic），适用于因变量为二分变量（即因变量只取 1、0 两个值）的情况。

（2）多维定类 Logistic 回归分析（multinomial Logistic），适用于因变量为定类变量且水平数（或维度）大于 2 的情况。

（3）多维定序 Logistic 回归分析（ordinal Logistic），适用于因变量为定序变量且水平数（或维度）大于 2 的情况。

三、其他的多变量统计分析方法

1. 多元方差分析

多元方差分析是对多个定类变量（自变量）与多个定距变量（因变量）关系的多元分析方法，其分析的统计原理与方法同一元方差分析相似，只是程序更加复杂。

2. 因子分析

因子分析是一种从众多相关变量中抽取若干个共同因子，从而使复杂数据得以简化的多变量分析方法。被抽取的因子，称为公共因子。因子分析的作用主要表现在两个方面：其一，探索数据的基本结构和变量之间的关系。其二，用公共因子简化数据，以便于进一步的分析。因子分析分为探索性（exploratory）因子分析和验证性（confirmatory）因子分析两种方法。

3. 对数线性模型分析

对数线性模型，是在自变量和因变量都是定类或定序变量时，用以分析它们之间相互关系的多元统计分析方法，它处理的是以列联表形式出现的定类或定序数据。

4. 结构方程模型分析

结构方程模型（structural equation modeling，SEM），是一种用于建立、估计、检验因果关系模型的、功能强大的多元统计分析方法，它把因子分析、回归分析、路径分析、方差分析等多种多变量统计方法有机地整合在一起，形成一种思路新颖 、用途广泛的综合性统计分析技术。

5. 多层线性模型分析

多层线性模型（hierarchical linear modeling，HLM），是专门用于对具有层次结构特性的数据进行多元分析的统计方法。

上面用非常简略的文字介绍了几种主要的多变量统计方法，其目的是让对社会统计学发展感兴趣的读者了解这方面的信息。对于要学习多元统计分析方法的读者来说，还必须参考和阅读其他相关的专门书籍。

第五节　统计分析的SPSS实现

CGSS 是中国一个全国性、综合性、连续性的大型社会调查项目。从 2003 年起定期、系统地收集中国人与中国社会各个方面的数据。CGSS 调查数据及其他调查资料向全社会完全开放，其数据在国内外产生重大影响，被视为研究中国最重要的数据来源之一。

目前开放的 CGSS 数据有 2003 年、2005 年、2006 年、2008 年四次年度调查。2008 年的 CGSS 以 Stata 的格式发布，而 2006 年的 CGSS 以 SPSS 的格式发布。因此，本节将以 2006 年的 CGSS 作为数据源，展示如何使用 SPSS 统计软件实现调查数据的统计分析。这一数据集的样本量为10 151，变量数为1610个，包括各种测量尺度，可选择的分析角度非常多。

一、单变量描述统计的实现

（一）定性数据的频数分布表和统计图

【变量】 被调查者的幸福感，“E49. 总体而言，您对自己所过的生活的感觉是怎么样的呢？您感觉您的生活是：1. 非常不幸福；2. 不幸福；3. 一般；4. 幸福；5. 非常幸福”。

【操作程序1】

步骤一：打开数据文件，进入数据视图。依次点击［分析］—［描述统计］—［频率］，出现图10-9对话框。

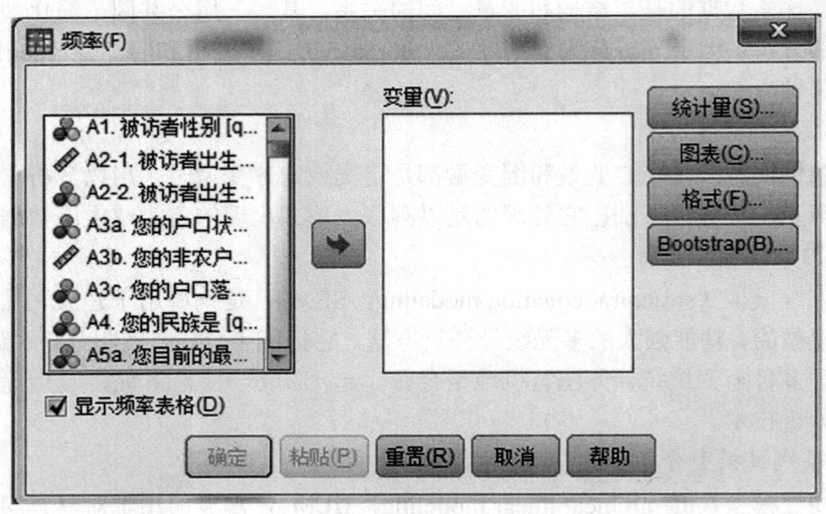

图10-9 频率

步骤二：从左边的变量列表中选择要分析的变量，“E49.总体而言，您对自己所过的生活的感觉是怎么样的呢？您感觉您的生活是：”，放入右侧变量框中。

步骤三：勾选左下方“显示频率表格”，点击确定，得表10-18所示的频数分布表。

表10-18 被调查者幸福感的频数分布表

	频数	百分比/%	有效百分比/%	累积百分比/%
非常不幸福	103	1.0	1.0	1.0
不幸福	682	6.7	6.7	7.7
一般	4 682	46.1	46.1	53.9
幸福	4 121	40.6	40.6	94.5
非常幸福	563	5.5	5.5	100.0
合计	10 151	100.0	100.0	

表 10-18 中输出四种频数：频数、百分比（频率）、有效百分比、累积百分比。幸福感属于定序变量，其累积百分比有意义。

步骤四：在步骤二的基础上，点击图表按钮，选择条形图或饼图。输出结果如图 10-10 和图 10-11 所示。

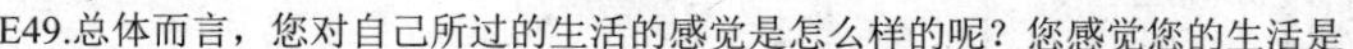

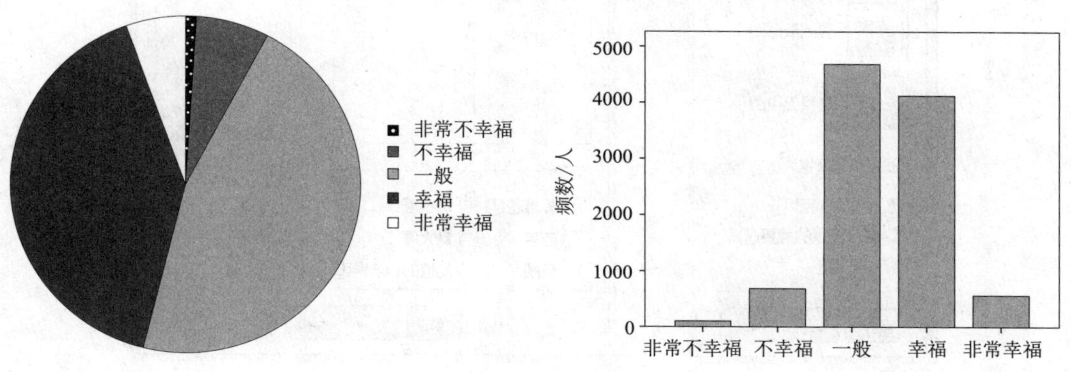

图 10-10　被调查者幸福感的饼图

10-11　被调查者幸福感的条形图

【操作程序 2】

如果定性数据已经进行分组整理，要直接根据频数分布表画条形图，就要用到［加权个案］命令。以表 10-18 中的频数分布表为例，将表 10-18 中数据录入 SPSS，生成两个变量：一个是幸福感变量；另一个是频数变量。画条形图的具体程序如下。

步骤一：点击［数据］—［加权个案］，打开加权个案对话框，点击加权个案，将“频数”选入频率变量框中。

步骤二：点击［图形］—［条形图］，进入图 10-12 所示的条形图对话框，点击定义按钮，进入定义简单条形图对话框，将“幸福感变量”选入类别轴，点击确定即可。

条形图的对话框很有代表性，图形菜单下许多统计图的对话框与之相似。

（二）定量数据的描述统计量

【变量】家庭月生活费支出，“D37a.每月生活费大约是”。

【操作程序 1】

步骤一：打开数据文件，进入数据视图。依次点击［分析］—［描述统计］—［频率］，出现图 10-13 所示的对话框。

步骤二：从左边的变量列表中选择要分析的变量，“D37a.每月生活费大约是”。

步骤三：点击右侧统计量按钮，出现对话框如图 10-13 所示。

对话框中包括四部分。左上角百分位值，包括四分位数、割点、百分位数。其中，四分位数分别是 25%、50%、75%；割点是自行设置将数据等分为 n 份，SPSS 将给出对应的分位数；百分位数也可自行指定，通过添加按钮，设定要显示的百分位数。右上角是集中趋势，可选项为均值、中位数、众数。左下角是离散度，可选项为标准差、方差、范围（极差）、最大值、最小值、均值的标准误。右下角是分布形状，包括偏度和峰度。

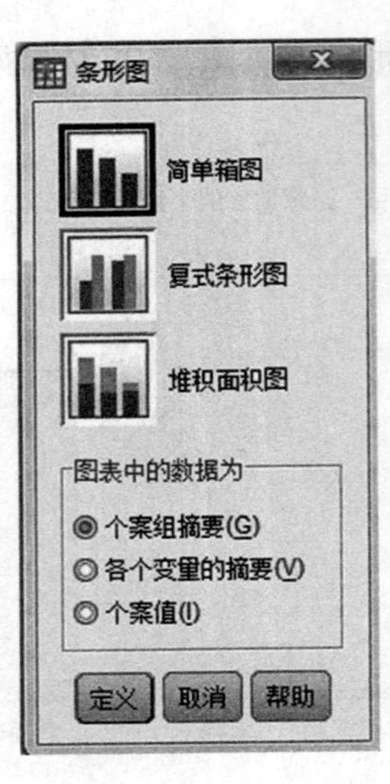

图 10-12 条形图

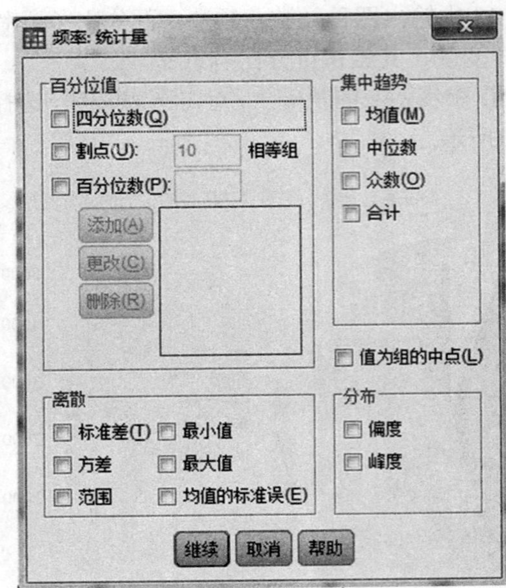

10-13 频率：统计量

步骤四：根据需要进行选择和设定后，点击确定，即得到表 10-19 所示的描述统计量表格。

表 10-19 每月生活费的描述统计量

Mean		743.66
Std. Error of Mean		7.830
Median		600.00
Mode		1 000
Std. Deviation		774.422
Variance		599 729.083
Skewness		7.332
Std. Error of Skewness		0.025
Kurtosis		112.819
Std. Error of Kurtosis		0.050
Range		20 000
Minimum		0
Maximum		20 000
Percentiles	5	100.00
	25	300.00
	50	600.00
	75	1 000.00
	95	2 000.00

【操作程序 2】

步骤一：打开数据文件，进入数据视图。依次点击［分析］—［描述统计］—［描述］，选择要分析的变量“D37a.每月基本生活费大约是”，出现图 10-14 所示的对话框。

步骤二：点击选项按钮，出现图 10-15 所示的对话框，选择感兴趣的描述统计量，点继续，再点确定，即得到表 10-20 所示的输出结果。

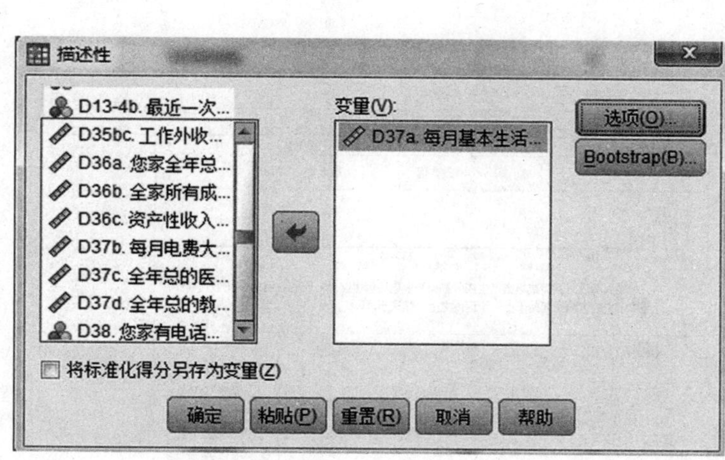

图 10-14 描述统计

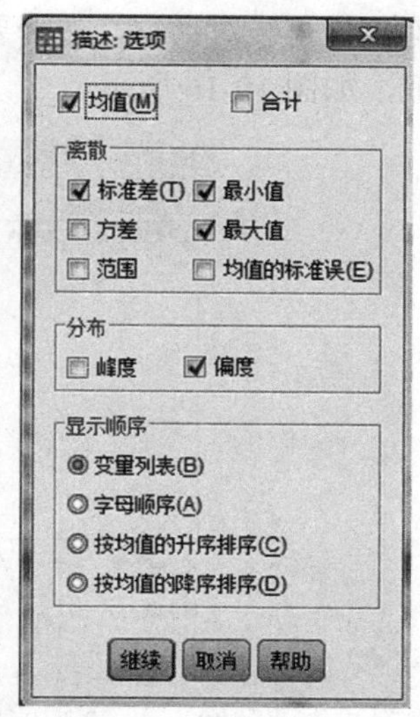

图 10-15 描述：选项

【输出结果】

表 10-20 每月生活费的描述统计量

Minimum	Maximum	Mean	Std. Deviation	Skewness		Kurtosis	
Statistic	Statistic	Statistic	Statistic	Statistic	Std. Error	Statistic	Std. Error
0	20 000	743.66	774.422	7.332	0.025	112.819	0.050

可以看到，操作程序 1 和操作程序 2 的区别主要有两点：第一，前者的输出结果为竖排，后者为横排；第二，前者可以输出的描述统计量更为详细。

（三）定量数据的频数分布表和直方图

未分组的定量数据，如果是取值范围较小的离散型变量，其频数分析和直方图可按照定性数据频数分析和条形图的步骤来实现，即打开数据文件，进入数据视图。依次点击［分析］—［描述统计］—［频率］；选择要分析的变量；勾选左下方“显示频率表格”；点击图表按钮，选择直方图。

未分组的定量数据，如果是连续型变量，或者虽是离散型变量但取值范围较大，就需先使用［重编码］或［可视离散化］的命令来实现统计分组，再构建频数分布表。

【变量】 家庭月电费支出，“D37b.每月电费大约是”。

根据定量数据分组确定组数的经验公式，确定组数约为 15 组，组距约为 80，但是考虑到此数据存在明显的右偏特征，如果在整个取值范围内等距分组，会出现较大组频数过低，较小组都聚在一起，无法很好地展示分布特征的情况。因而，进行适当调整，使用开口组处理分布的两端，中间部分进行详细分组。对数据进行基本的描述统计，找到1%、5%和99%分位点，分别是5、10和400，据此确定分组，最小组为10以下，中间各组组距设为30，共13组，最大组为400以上。

【操作程序】

步骤一：打开数据文件，进入数据视图。依次点击［转化］—［可视离散化］，打开可视化封装对话框，选择要分组的变量“D37b.每月电费大约是”，放入要离散化的变量框，如图10-16所示。

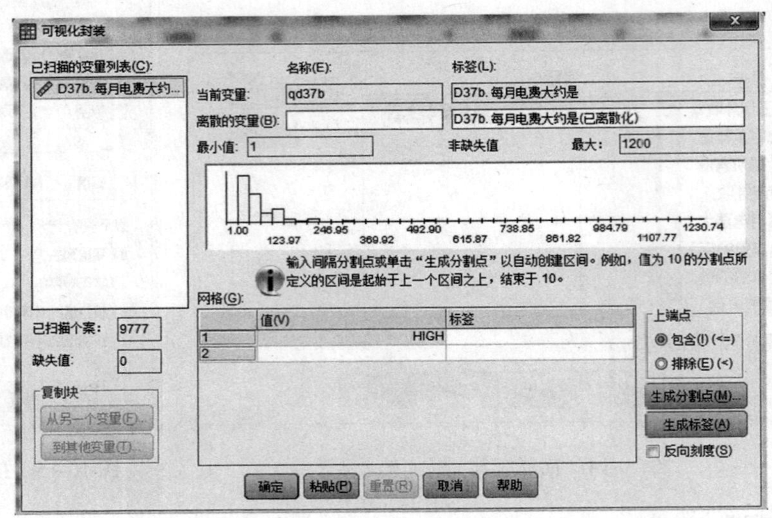

图10-16 可视化封装

步骤二：在名称处输入分组后的新变量名（fenzu），变量标签使用默认的“D37b.每月电费大约是（已离散化）”。在网格处按顺序输入各组的上限值，标签所在列输入各组的名称，如10以下，10～40等，为了保证“上限不在内”，上端点处选择“排除”。点击确定后，数据集中出现一个新变量“fenzu”，其操作过程如图10-17所示。

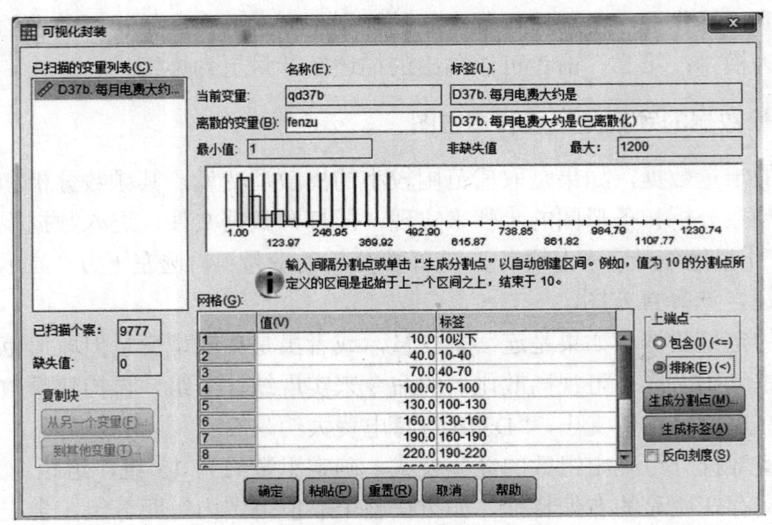

图10-17 可视化封装：设置分割点

步骤三：依次点击［分析］—［描述统计］—［频率］；选择要分析的变量“D37b. 每月电费大约是（已离散化）”；勾选左下方“显示频率表格”；点击图表按钮，选择直方图，点击继续和确定，即可得到相应的输出结果。其中，频数分布表如表 10-21 所示。

【输出结果】

表 10-21 分组后的频数分布表

	Frequency	Percent	Valid Percent	Cumulative Percent
10 以下	274	2.8	2.8	2.8
10～40	4220	43.2	43.2	46.0
40～70	2543	26.0	26.0	72.0
70～100	824	8.4	8.4	80.4
100～130	1182	12.1	12.1	92.5
130～160	214	2.2	2.2	94.7
160～190	40	0.4	0.4	95.1
190～220	266	2.7	2.7	97.8
220～250	7	0.1	0.1	97.9
250～280	23	0.2	0.2	98.1
280～310	75	0.8	0.8	98.9
310～340	3	0.0	0.0	98.9
340～370	6	0.1	0.1	99.0
400 以上	100	1.0	1.0	100.0
Total	9777	100.0	100.0	

分组后的定量数据，绘制直方图的操作程序与分组后的定性数据的条形图相似，不再赘述。

未分组的定量数据画直方图，也可直接调用［直方图］命令。操作程序如下：点击［图形］—［直方图］，选择要画图的变量，点击确定即可。系统会按默认设置输出直方图，如果想要改变组数或组距，可双击图形，进入图 10-18 所示的图形编辑窗口。

在图形上右击鼠标，打开图 10-19 所示的属性窗口，点击分箱标签，*X* 轴选择定制，设置区间数或区间宽度，点应用，就得到改变后的直方图。

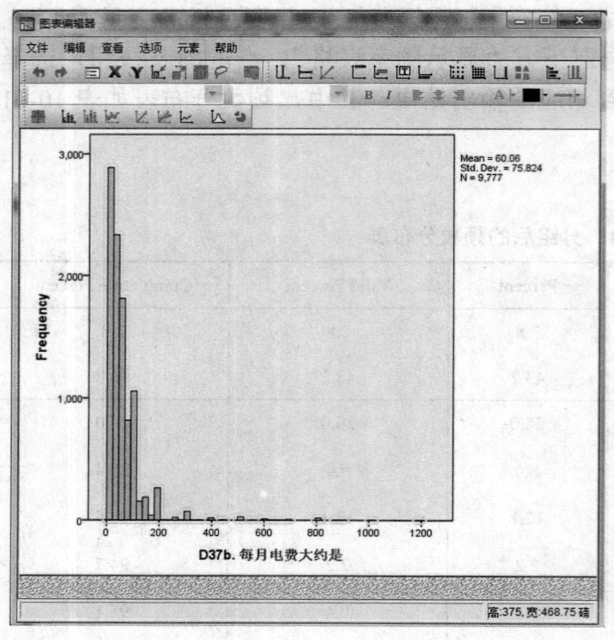

图 10-18 图形编辑器

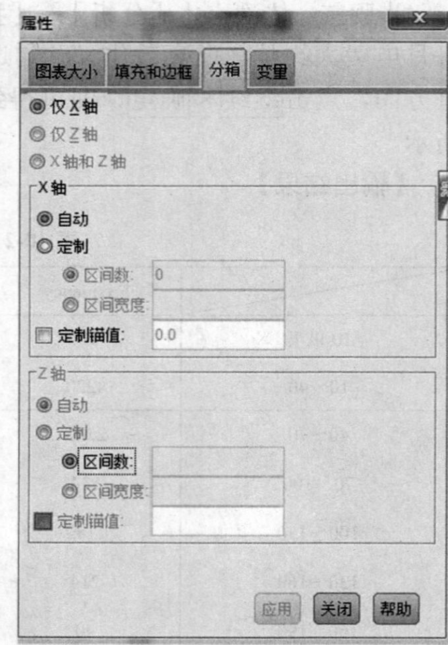

图 10-19 图形属性

（四）定量数据的茎叶图和箱线图

茎叶图和箱线图可通过一个命令一次性输出。

【操作程序】 依次点击［分析］—［描述统计］—［探索］，进入图 10-20 所示的探索对话框，将要分析的变量选入因变量列表。其他位置默认设置即可，点击确定，就可同时输出茎叶图、箱线图及自行选择的一些统计量等。其中，点击绘制，进入图 10-21 所示的对话框，可对图形进行其他设置。

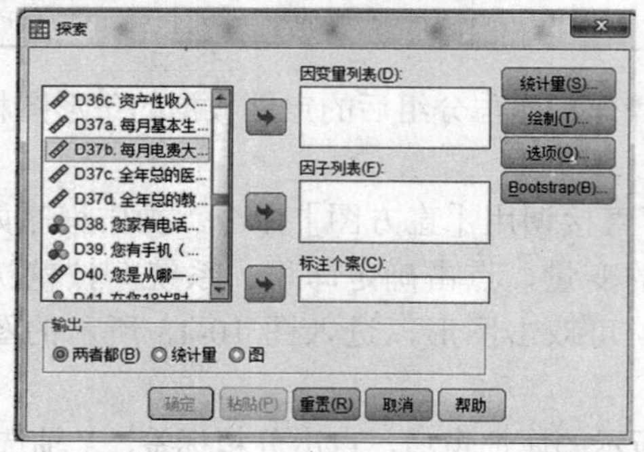

图 10-20 探索性分析

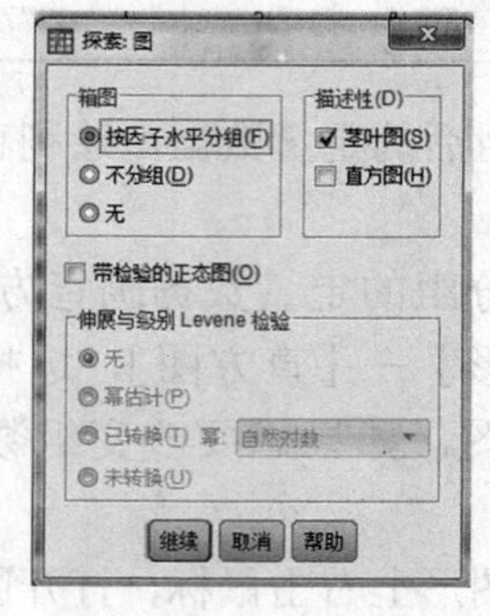

图 10-21 探索：图

二、双变量统计分析的实现

（一）相关分析

依次选择［分析］—［相关］—［双变量］，进入图 10-22 所示的双变量相关对话框。

将要分析的两个变量选入右侧变量框，再选择适当的相关系数即可。其中 Pearson 相关系数适用于定量数据，而 Kendall-tau 相关系数和 Spearman 秩相关系数属于非参数统计方法，适用于定序及以上尺度的数据。

（二）回归分析

依次选择［分析］—［回归］，可以有多种回归模型可供选择，如图 10-23 所示。

如果两变量呈线性关系，就选择［线性］，进入线性回归对话框，如图 10-24 所示。将相应的变量选入因变量和自变量框中，点击确定即可输出回归分析的结果。对话框右侧的按钮分别是用来设定要输出的统计量、绘制的图等。中间部分的方法是指自变量进入模型的方法，多元回归时用到。

如果两变量呈非线性关系，就选择［曲线估计］，进入曲线估计对话框，如图 10-25 所示。将相应的变量选入因变量和自变量框中，通过两变量的散点图，判断两个变量的回归模型形式，可选的模型有二次项模型、对数模型、指数模型、Logistic 模型等。

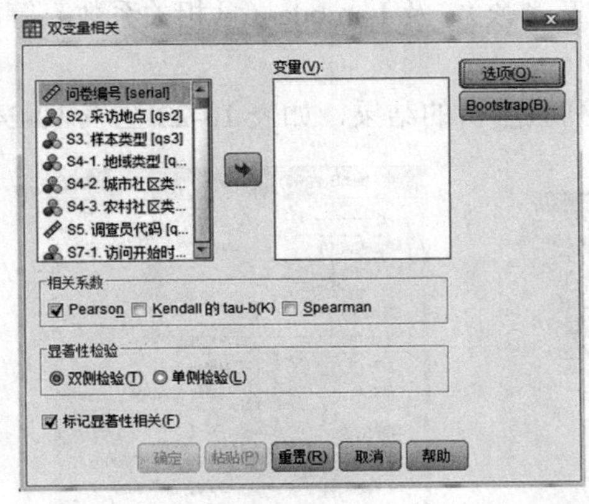

图 10-22 双变量相关

图 10-23 模型选择

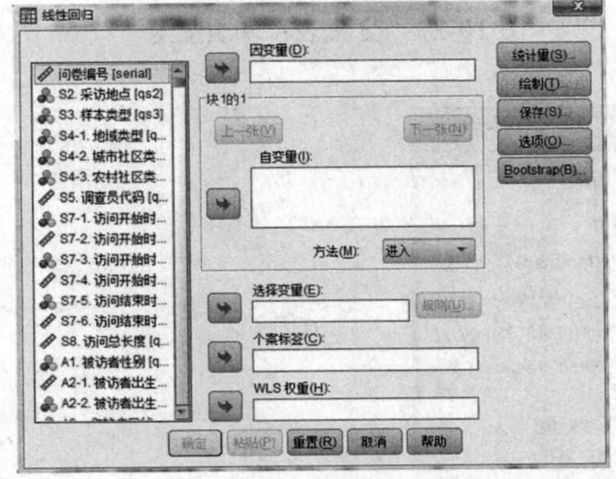

图 10-24 线性回归

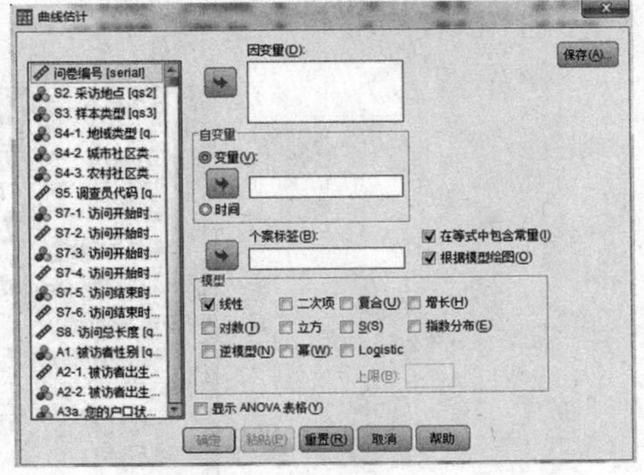

图 10-25 非线性回归

（三）列联分析

列联分析主要用于分析两个定性变量的关系，定量变量也可进行统计分组转化定序变量，进行列联分析。

【变量】婚姻状况与幸福感。在 CGSS 数据文件中对应着，“D1. 您目前的婚姻状况属于以下哪一类呢？（单选）1. 从未结过婚；2. 同居；3. 已婚有配偶；4. 分居；5. 离婚；6. 丧偶”和“E49. 总体而言，您对自己所过的生活的感觉是怎么样的呢？您感觉您的生活是：1. 非常不幸福；2. 不幸福；3. 一般；4. 幸福；5. 非常幸福”。

【操作程序】

步骤一：打开数据文件，进入数据视图。依次点击［分析］—［描述统计］—［交叉表］，出现图 10-26 所示的交叉表对话框。

步骤二：将婚姻状况变量选入行，将幸福感变量选入列。

步骤三：单击单元格按钮，进入图 10-27 所示的交叉表中的单元显示对话框，设置单元格中要显示的结果。计数部分包括观测频数和期望频数。百分比部分包括行百分比、列百分比及总计百分比。选择需要显示的选项后，单击继续按钮。

步骤四：单击统计量按钮，进入图 10-28 所示的统计量对话框，选择卡方选项，并且根据数据的类型和需要选择其他统计量，如基于卡方统计量相依系数（即列联系数 C）、Phi 和 Cramer（即 ϕ 相关系数和 Cramer V 系数），及 Lambda（λ 相关系数）等，点击继续按钮。

步骤五：点击确定按钮，即可得到列联分析的结果，如表 10-22 至表 10-24 所示。

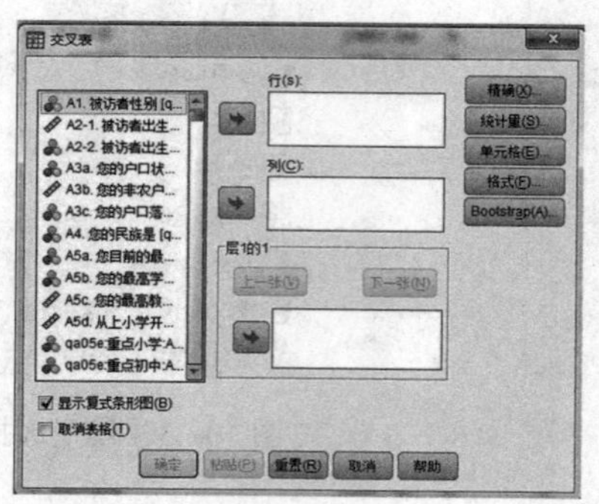

图 10-26　交叉表对话框

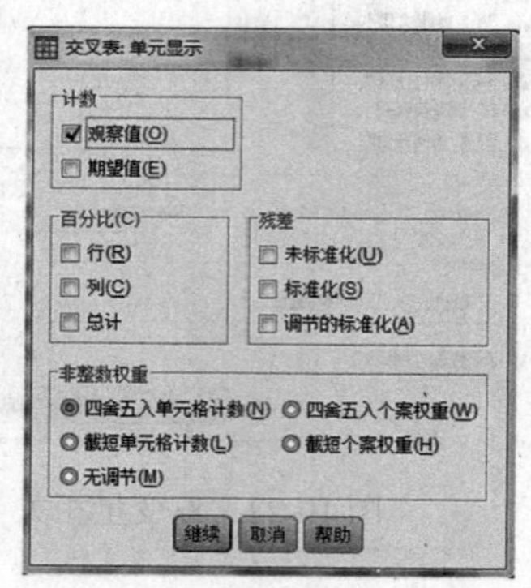

图 10-27　交叉表：单元显示

图 10-28　交叉表：统计量

表 10-22 展示了观测频数、行百分比、列百分比。从行百分比来看，婚姻状况不同的受访者在幸福感的不同程度上的比例存在很大差异。例如，已婚有配偶者非常不幸福的比例仅为 0.8%，而分居者和离婚者的比例却高达 5%和 6.5%。同居者非常幸福的比例为 8.3%，分居者非常幸福的比例为 0，离婚者非常幸福的比例也仅为 0.6%。

表 10-22　婚姻状况与生活幸福感的列联表

			E49. 总体而言，您对自己所过的生活的感觉是怎么样的呢？您感觉您的生活是					Total
			非常不幸福	不幸福	一般	幸福	非常幸福	
D1. 您目前的婚姻状况属于以下哪一类呢？	从未结过婚	Count	14	83	587	564	78	1326
		% within D1	1.1%	6.3%	44.3%	42.5%	5.9%	100.0%
		% within E49	13.6%	12.2%	12.5%	13.7%	13.9%	13.1%
	同居	Count	1	0	24	19	4	48
		% within D1	2.1%	0.0%	50.0%	39.6%	8.3%	100.0%
		% within E49	1.0%	0.0%	0.5%	0.5%	0.7%	0.5%
	已婚有配偶	Count	62	500	3762	3405	464	8193
		% within D1	0.8%	6.1%	45.9%	41.6%	5.7%	100.0%
		% within E49	60.2%	73.3%	80.4%	82.6%	82.4%	80.7%
	分居	Count	2	5	17	16	0	40
		% within D1	5.0%	12.5%	42.5%	40.0%	0.0%	100.0%
		% within E49	1.9%	0.7%	0.4%	0.4%	0.0%	0.4%
	离婚	Count	11	37	98	23	1	170
		% within D1	6.5%	21.8%	57.6%	13.5%	0.6%	100.0%
		% within E49	10.7%	5.4%	2.1%	0.6%	0.2%	1.7%
	丧偶	Count	13	57	194	94	16	374
		% within D1	3.5%	15.2%	51.9%	25.1%	4.3%	100.0%
		% within E49	12.6%	8.4%	4.1%	2.3%	2.8%	3.7%
Total		Count	103	682	4682	4121	563	10151
		% within D1	1.0%	6.7%	46.1%	40.6%	5.5%	100.0%
		% within E49	100.0%	100.0%	100.0%	100.0%	100.0%	100.0%

表 10-23 是卡方检验的结果，其中卡方统计量等于 269.07，双侧 P 值为 0.000，拒绝两个变量无关的原假设，即婚姻状况与幸福感显著相关，婚姻状况不同的被访者幸福感有显著差异。

表 10-23　婚姻状况与生活幸福感的卡方检验

	Value	df	Asymp.Sig.(2-sided)
Pearson Chi-Square	269.074	20	0.000
Likelihood Ratio	221.591	20	0.000
Linear-by-Linear Association	85.144	1	0.000
N of Valid Cases	10 151		

表 10-24 展示了相依系数（即列联系数 *C*）、Phi 和 Cramer（即 ϕ 相关系数和 Cramer *V* 系数）。可以看到数值虽然都不高，但都通过了显著性检验。

表 10-24　婚姻状况与生活幸福感的相关系数

		Value	Approx. Sig.
Nominal by Nominal	Phi	0.163	0.000
	Cramer's V	0.081	0.000
	Contingency Coefficient	0.161	0.000
N of Valid Cases		10 151	

（四）方差分析

【变量】 目前职业状况与收入，在 CGSS 数据文件中对应着，“C1a. 下列哪种情况符合您目前的职业状况？1. 受雇于他人（有固定雇主的受雇者）；2. 零工、散工（无固定雇主的受雇者）；3. 在自家企业工作，不领工资；4. 在自家企业工作，领取工资；5. 自己一个人工作，没雇佣他人；6. 为自己的经营、买卖或企业工作，没有雇佣其他人；7. 自己是老板，雇有 1 到 7 名雇员；8. 自己是老板，雇有 8 名以上的雇员。”和“D35a. 2005 年，您个人的全年总收入是多少元？”

【操作程序】

步骤一：从整个数据文件中筛选目前有工作的，职业状况和收入数据都不缺失的，共有 3945 条记录。

步骤二：依次点击［分析］—［比较均值］—［单因素 ANOVA］，进入图 10-29 所示的单因素方差分析对话框。

步骤三：将收入变量 D35a 选入因变量列表，将目前职业状况 C1a 选入因子框。

步骤四：点击右侧选项按钮，进入图 10-30 所示单因素方差分析中的选项对话框，根据需要选择相应的复选项后，点击继续按钮。

步骤五：点击确定按钮，得到方差分析的结果。

表 10-25 主要是不同职业状况的受访者，其收入的均值、标准差及均值的区间估计等，可以看到不同职业之间的差异是很大的。零工、散工的平均收入仅为 7334 元，其他几种职业状况都在 10 000 元以上，自己是老板的则在 30 000 以上。

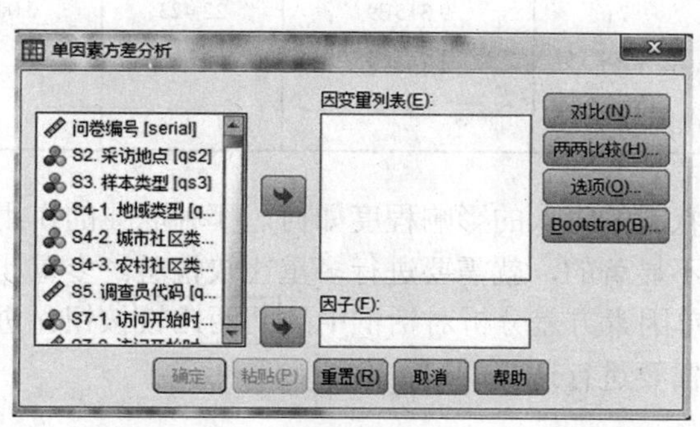

图 10-29 单因素方差分析

图 10-30 单因素方差分析：选项

表 10-25 方差分析中的描述统计

工作状态	N	Mean	Std. Deviation	Std. Error	95% Confidence Interval for Mean		Minimum	Maximum	Between-Component Variance
					Lower Bound	Upper Bound			
受雇于他人（有固定雇主的受雇者）	2 639	15 248.20	17 888.732	348.225	14 565.38	15 931.02	250	500 000	
零工、散工（无固定雇主的受雇者）	253	7 334.82	8 300.323	521.837	6 307.11	8 362.54	300	60 000	
在自己家的企业中工作/帮忙，不领工资	21	16 052.38	24 647.142	5 378.447	4 833.14	27 271.63	300	100 000	
*在自己家的企业中工作/帮忙，领取工资	32	12 759.38	13 323.127	2 355.218	7 955.88	17 562.87	1000	70 000	
自己一个人工作，没有雇佣其他人	402	11 561.09	14 717.258	734.030	10 118.07	13 004.12	240	200 000	
为自己的经营、买卖或企业工作，没有雇佣其他人	430	13 720.93	34 966.502	1 686.234	10 406.62	17 035.24	100	670 000	
自己是老板，雇有1到7名雇员	143	31 143.36	30 777.776	2 573.767	26 055.51	36 231.21	2 000	150 000	
*自己是老板，雇有8名以上的雇员	25	32 136.00	20 860.946	4 172.189	23 525.02	40 746.98	8 000	100 000	
Total	3 945	14 865.80	20 765.826	330.617	14 217.60	15 513.99	100	670 000	

表 10-26 是单因素方差分析的结果，F 统计量等于 22.423，P 值为 0.000，因此拒绝各种职业状况的平均收入都相等的原假设，即存在显著差异，职业状况对收入有显著影响。

表 10-26　单因素方差分析结果

	Sum of Squares	df	Mean Square	*F*	Sig.
Between Groups	6.521E10	7	9.315E9	22.423	0.000
Within Groups	1.636E12	3937	4.154E8		
Total	1.701E12	3944			

如果还想进一步确定不同的职业状况的收入的影响程度如何，哪种职业的作用明显不同于其他水平，哪种职业的作用是不显著的，就需要进行多重比较检验。多重比较检验的具体方法，即通过点击图 10-29 单因素方差分析对话框中的两两比较按钮，进入单因素方差分析：两两比较对话框，依需要进行选择即可。

本章小结

（1）统计分析的目的是简化和描述数据资料、用样本统计量推断总体、寻求并展示变量间的统计关系。

（2）统计分析有不同类型之分。按照统计分析的性质，可分为描述统计和推断统计；按照统计分析涉及变量的多少，可分为单变量统计分析、双变量统计分析和多变量统计分析。

（3）计量尺度分为四个层次，即定类、定序、定距和定比。用不同的计量尺度测度的数据可使用的统计分析方法是不同的。定类和定序尺度的数据统称为定性数据，定距和定比尺度的数据统称为定量数据。

（4）单变量统计分析分为定性变量统计分析和定量变量统计分析两种，都可从频数分布表、统计图、描述统计量三个方面进行。

（5）定性变量可通过频数分布表、条形图、饼图观察其分布特征，也可计算众数、中位数刻画其分布的集中趋势，计算异众比率刻画其分布的离散度。

（6）定量变量编制频数分布表时，需根据数据特征确定采用单变量值分组还是组距式分组。对于组距式分组，需确定组数、组距和组限。按组归并时，要注意“上限不在内”原则。

（7）定量变量的统计图分为两大类：分组数据可绘制直方图和累积分布图，未分组数据可绘制箱线图和茎叶图。

（8）定量变量的描述统计量分为三类：描述数据集中趋势的平均数、中位数、众数；描述数据离散程度的极差、四分位差、方差、标准差、离散系数；描述数据分布形状的偏度系数和峰度系数。

（9）双变量分析是分析两个变量之间的关系，选择双变量统计分析方法的基础是变量的测量层次。概括起来分为三类：两个定量变量，两个定性变量，一个定性变量一个定量变量。

（10）两个定量变量的统计分析是传统统计分析的主要内容，包括相关分析和回归分析两种方法。

（11）两个定性变量的统计分析包括列联表、χ^2 检验、基于列联表的相关系数和秩相关系数。

（12）定性-定量变量的统计分析包括方差分析、Eta 平方系数。

（13）多变量分析是涉及两个及三个以上变量的统计分析方法 ，是当代统计学中发展较为迅速、活跃的领域。

（14）多变量分析的常用方法包括多变量相关分析、多元回归分析、多元方差分析、因子分析、对数线性模型分析、结构方程模型分析、多层线性模型分析等。

思考与练习

1. 怎样理解统计分析的目的？
2. 描述统计和推断统计是一种什么样的关系。
3. 怎样测量定性数据的集中趋势和离散度？
4. 条形图和直方图有什么区别？
5. 收集你所熟悉的一个定性变量的数据，给出它的频数分布，并据此绘制条形图和饼图。
6. 怎样绘制和分析箱线图？
7. 收集你的一部分同学的身高数据，画茎叶图，通过这幅图你能得到哪些认识？
8. 对你的一部分同学的身高数据画箱线图，比较箱线图和茎叶图的区别。
9. 怎样测量定量数据的集中趋势？
10. 比较平均数、中位数和众数的异同。
11. 假设你收集了一组数据：12，16，15，9，8，14，11，10，18，20，12，请确定这组数的中位数，它也是众数吗？
12. 怎样测量定量数据的离散度？
13. 什么时候使用变异系数？
14. 阐述相关分析和回归分析的关系。
15. 举出两个可能相关的定量变量的一个例子，并列出变量的一些取值。
16. 判断一下下列两变量间的相关关系是正相关还是负相关：

（1）某产品是否畅销与其价格；

（2）办公室的大小与工资；

（3）室外的温度与游泳馆售出票的数量。

17. 根据实际经验列举出几对变量，思考如果画散点图的话，哪个变量应在 x 轴，哪个变量应在 y 轴？
18. 怎样判断两个定性变量是否有关系？
19. 怎样测量两个定性变量的相关度？
20. 收集你所熟悉的两个定性变量的数据，建立列联表，这两个变量是否有关系？显著吗？如果有关系，关系有多强？
21. 方差分析的含义是什么？
22. 选择统计分析方法时主要应考虑哪个方面？

调查报告的撰写

本章主要介绍了调查报告撰写，包括调查报告的基本特点与类型，调查报告的基本结构，撰写调查报告的步骤以及应遵循的基本原则。

通过本章的学习，主要让学生了解调查报告的基本特点与类型，熟知调查报告的基本结构，掌握撰写调查报告的步骤以及应遵循的基本原则，能够熟练运用所学知识独立完成调查报告的撰写。

调查报告是反应社会调查最终成果的一份书面报告，是对整个社会调查研究过程的全面总结。调查报告的撰写关系到成果质量的高低。要撰写好调查报告就应研究调查报告的特点、分类、结构、体例、撰写步骤和格式等问题。

第一节　调查报告的特点和类型

调查报告是以文字、图表等形式反映社会调查对象实际情况、表达研究者观点和方法的书面报告。它是社会调查研究成果的集中体现，是交流、使用和保存调研成果的重要载体。调查报告不同于学术论文、新闻报道、工作报告等，有其自身的特点，可分为许多类型。

一、调查报告的特点

1. 真实性，又称客观性

调查报告最基本的特点是真实性，调查报告必须真实客观地反映社会事实，用事实来说话是社会调查报告的最基本的表现手段。这就要求：调查报告中的事实必须是真实的，而不是虚假的；必须是具体的，而不是抽象的；必须是准确的，而不是含混不清的；必须是完整的，而不是残缺不全的。如果调查报告不能真实地反映社会客观现实，或事实不具体，或数据不准确，或内容不完整，那就失去了调查报告的意义。

2. 针对性

写调查报告必须具有明确的目的，做到有的放矢。这里所说的针对性具有两层含义：一是必须明确研究报告的读者对象。任何调查报告都是写给别人看的，或领导机关，或专业同行，或一般群众。二是必须明确要解决什么问题。任何调查报告都是为解决某一问题而写的，或反映客观现实，或做学术探讨，或供决策参考等。解决问题或读者对象不同，报告内容侧重点、发表形式和写作方法等也将不同。如果读者对象不清楚或解决问题不明确，则肯定无法完成一份较好的调查报告。

3. 时效性

调查报告中反映的通常是现实社会生活中迫切需要解决的问题，这就决定了调查报告必须讲究时效性。所以，调查报告要及时地提出解释社会现象和解决社会问题的答案与对策，以达到促进社会进步的目的。如果调查报告的写作或发表延误时间，错过时机，没有及时解答人们迫切需要回答的问题，就会“时过境迁”成为“马后炮”，那么，调查报告就会失去或降低指导作用和应有的社会意义。

4. 新颖性

任何调查报告都应该引用一些新事实，提出一些新观点，形成一些新结论。只有这样的调查报告，才能达到提高人们认识、指导人们行动的目的。如果调查报告使用的都是一些人们早已熟悉的事实，提出的都是一些陈旧落后的观点，形成的都是一些众所周知的结论，那么，这样的调查报告就没有写作意义和存在价值。

调查报告的上述特点是相互联系的。针对性是调查报告的目的；真实性是调查报告的基础，是针对性、新颖性和时效性赖以存在的前提；新颖性、时效性则是针对性、真实性的客观要求。

二、调查报告的类型

调查报告涉及的内容纷繁复杂，应用范围广泛，其表现形式多种多样。根据社会调查的对象、范围、具体内容以及阅读对象的不同，调查报告可以划分为不同的类型。其中，根据调查报告内容的广度的不同，调查报告可以分为综合性调查报告和专题性调查报告；根据调查报告内容的深度的不同，调查报告可以分为描述性调查报告和因果性、预测性调查报告；根据调查报告的主要用途的不同，调查报告可以分为应用性调查报告和学术性调查报告。

1. 综合性调查报告和专题性调查报告

综合性调查报告是指对研究对象的基本情况和发展变化过程进行比较全面、系统、完整、具体反映的调查报告。这类调查报告的特点是内容比较广泛、全面，反映情况比较丰富，篇幅一般较长。例如，美国学者甘博于1921编著的《北京的社会调查》，真实记录了20世纪初迅速变化中的中国，内容涉及政府、人口、教育、商业、贫穷、慈善业、娱乐、宗教、警察和社会弊病等各个社会层面①，被誉为“世界上唯一的一本关于中国一个大都市的实况调查”。

专题性调查报告是指围绕某一特定事物、问题或问题的某一方面而撰写的调查报告。这类调查报告的特点是内容比较狭窄、专一，问题比较集中，篇幅一般比较短小。例如，陈阿江等撰写的《“癌症村”调查》通过对“癌症村”案例的深入调查，深入分析了各个

① 甘博. 2010. 北京的社会概况调查. 北京：中国书店出版社.

“癌症村”中癌症发病与环境污染、村民生活习惯等方面的关系[①]。某些重大的、基础性的专题调查报告，篇幅也可能相当长。

综合性调查报告与专题性调查报告的区分是相对的。一般地说，综合性调查报告的内容较“广”、较“全”，专题性调查报告的内容较“窄”、较“专”，但两者之间并没有绝对分明的界限。

2. 描述性调查报告和因果性、预测性调查报告

描述性调查报告是对社会真实情况具体描写和叙述的调查报告，它的内容可以是定性的，也可以是定量的，但都以回答“是什么”和“怎么样”的问题为主。

因果性、预测性调查报告是以揭示社会现象之间因果联系为主要内容的调查报告，它不仅要说明“是什么”和“怎么样”的问题，而且要回答“为什么”和“怎么办”的问题，有的因果性调查报告，还包含有预测性内容或对策性建议。

描述性调查报告尽管在内容层次上比较浅，但却是任何调查报告不可缺少的基本组成部分。任何因果性、预测性调查报告，都必然包括一定篇幅的描述性内容，并以描述性调查为立论基础。

3. 应用性调查报告和学术性调查报告

应用性调查报告是以解决现实问题为主要目的而撰写的调查报告，这类调查报告大体上还可分为以下六种类型。

（1）以认识社会为主要目的的调查报告。这类调查报告，主要是为了认识社会现象、了解社会问题。撰写这类调查报告，应该突出事实，在事实叙述上要力求全面、系统、具体、深入。

（2）以政策研究为主要目的的调查报告。这类调查报告，主要为正确制定政策或正确执行政策服务。撰写这类调查报告，不仅要叙述必要的调查材料，而且要进行深入的分析和论证，阐述利弊，权衡得失，并对今后实际工作提出政策性的具体建议。

（3）以经验总结为主要目的的调查报告。这类调查报告，主要是为了总结、推广先进经验，同时也有树立典型、表彰先进的作用。撰写这类调查报告应具体说明其产生的社会历史条件、发展的阶段和过程，特别是要详细介绍曾经遭遇过的困难、问题和解决办法，以及已经取得的成绩和推广的意义等。

（4）以揭露问题为主要目的的调查报告。这类调查报告，主要是揭露社会生活中的阴暗面、消极面，以达到提高认识、吸取教训、改进工作的目的。撰写这类调查报告，不仅要如实地揭露问题，而且要深入地分析原因，客观地判明性质，指出问题的严重性和危害性，有的还要提出解决问题的办法和建议。

（5）以支持新生事物为主要目的的调查报告。这类调查报告，主要是通过反映新人、新事、新思想、新创造，以达到宣传新生事物、发展新生事物的目的。撰写这类调查报告，应着重说明新生事物“新”在何处，它的产生条件、发展过程，如何解决前进中的矛盾和困难，揭示出它的成长规律和重要意义，并指明它的发展方向以及应该采取的对策等。

（6）以思想教育为主要目的的调查报告。这类调查报告，主要是向广大干部和群众

① 陈阿江. 2013. “癌症村”调查. 北京：中国社会科学出版社.

进行思想教育，以达到明辨是非、统一认识的目的。撰写这类调查报告，要准确把握人们的思想脉搏，针对现实生活中人们普遍关注的热点、疑点问题，采取平等对话态度，有理有据地摆事实、讲道理。

学术性调查报告是以揭示社会现象的本质及其发展规律为目的而撰写的调查报告，它大体上还可分为理论研究性调查报告和历史考察性调查报告两种。

（1）理论研究性调查报告。这类调查报告，主要是通过对现实问题的调查研究，做出理论性的概括和说明。其写作特点是，对调查对象、调查程序、调查方法等都要进行具体说明，调查资料要真实、系统和完整，论证过程要符合逻辑，研究结论要明确和新颖，对不同的理论观点要做出评论或分析。

（2）历史考察性调查报告。这类调查报告，主要是通过对文献资料的调查分析，来揭示某些社会现象的内在本质及其发展规律。写这类调查报告，要从历史事实出发，既要旁征博引，注意资料的全面性、真实性，又要约之行文，注意归纳、综合，以揭示出社会现象的本质及其发展规律。

应用性调查报告与学术性调查报告的区分，是就其主要目的而言的。它们的区分只具有相对意义，它们的社会作用往往是互相渗透的。应用性调查报告也可以做出理论性概括，学术性调查报告也可以用于指导实践。

第二节 调查报告的结构与体例

调查报告的格式同调查研究类型有着密切的关系，所以各类调查报告的结构也必然互不相同。但是，各类调查报告基本结构和内容仍存在着共性，有一定规律可循，这就是所谓的“定体则无，大体则有”。一般地说，调查报告由“标题”“前言”“主体”“结束语”等部分组成，有的调查报告在前言之前还有“简介”，在结束语之后还有“后记”和“附录”。

一、标题

标题，是调查报告的题目。一个好标题往往能起到“画龙点睛”的作用，因此有“题好一半文”之说。撰写调查报告，应重视标题的推敲。标题的写作是灵活多样的，通常有以下五种方式。

（1）陈述式，即直接用调查对象或调查内容作标题。这类标题，直接指明了调查对象或内容，概括了报告的主题。优点是对象明确、简明客观、主题突出，但比较呆板平淡，缺乏吸引力。这种标题形式多用于专题性较强的调查报告，如《中国农地流转问题调查》。

（2）判断式，也称结论式，即以判断或结论性语言作标题。这类标题，揭示了报告的主题，表明了作者的态度，比较吸引人，但调查对象在标题中往往不易看出。这种标题形式多用于经验总结、政策研究、支持新生事物等类型的调查报告，如《改变法国的丑闻》。

（3）提问式，即用提问方式作标题。这类标题，提出了问题，设置了悬念，是一种比较尖锐、鲜明的标题形式，有较强的吸引力，但从标题中一般看不出调查结论。这种标题形式多用于揭露、探讨问题的调查报告，如《谁设计了宇宙？》。

（4）抒情式，即用抒发作者感情的方式作标题。这类标题充分表达了作者的感情，具有较强的感染力和吸引力，但仅从标题很难判断报告的内容。这种标题形式一般用于表彰新生事物或鞭挞消极社会现象的调查报告，如《腐败床榻》。

（5）双标题，即两个标题。这类标题比较复杂、冗长，但综合了各种形式的标题的优点，因而是调查报告使用较多的一种形式。它又分两种形式：一种是主标题和副标题，如《当代中国县级政府公共服务能力及其影响因素的实证研究——基于鄂赣两省的调查与分析》。另一种是引题和主标题，如《“社会复合主体”的追求：生活中更高品质的创新和创业——社会学视野下“杭州经验”的理论与实践》等。

标题的写法可以灵活多样，无论采取哪种标题形式，都要力求概括、简明、新颖、对称。这就是说，标题要概括调查报告的主要内容；要简明地表达调查报告的主题；要有新鲜感、吸引力和感染力；要与调查报告内容相对称，既不应“大头戴小帽”，也不应“大帽盖小头”。

二、前言

前言，又称导言或绪论，是调查报告的开头部分，对全文起着总领和引导作用，其主要任务是向读者简要介绍本次社会调查的背景、主旨、目的和方法等。应用性调查报告与学术性调查报告的前言，在写作上有很大的不同。

1. 应用性调查报告的前言

根据应用性调查报告的前言所包含的内容的不同，应用性调查报告的前言又分为以下三种。

（1）主旨陈述式前言，即在前言中说明调查的主要目的和宗旨。这种写法，有利于读者准确把握调查报告的主要宗旨和基本内容，是一种最常见的写作方法。例如，在《金融危机影响下女性农民工回流分析——基于对湖北省的调查》中，作者在前言中陈述了此次调查以受金融危机影响的女性农民工为研究对象，探讨哪些女性农民工易受金融危机的影响，从而使人们对金融危机中女性农民工的就业状况有了更深入的了解①。

（2）结论前置式前言，即在前言中先简要说明调查的基本结论。这种写法，开门见山，直奔主题，有利于读者对调查报告的观点一目了然。例如，在《北川“地震遗址旅游”建立的民众诉求——北川震后的调查报告分析》中，作者在前言中直接列举调查数据，来说明北川调整产业结构，发展第三产业，开展北川“地震遗址旅游”，既是解决灾后脱贫的重要途径和有效对策，又是当地灾民们的愿望和诉求②。

（3）提问设悬式前言，即在前言中只提出问题、设置悬念，而不作正面回答。这种提问、设悬的写法，能增强吸引力，常用于总结经验和揭露问题的调查报告。例如，《汶川地震对受灾居民的影响研究——来自四川省5个地震重灾区的调查》中，作者在前言中提出：“随着灾后恢复重建工作的大规模推进，地震给受灾居民带来的人身、财产、就业生产、心理等方面影响是否会发生显著变化？这些变化在不同受灾群体之间是否存在

---

① 石智雷，杨云彦. 2009. 金融危机影响下女性农民工回流分析——基于对湖北省的调查. 中国农村经济，(9)：28-35，92.

② 贾银忠. 2009. 北川“地震遗址旅游”建立的民众诉求——北川震后的调查报告分析. 西南民族大学学报，(11)：139-142.

显著差异？”[①]

2. 学术性调查报告的前言

学术性调查报告的前言通常包含三个方面的主要内容。

（1）调查的主题、目的和意义。即说明调查的主题是什么，为什么要选择这个主题，调查这一主题有何价值或意义。

（2）对有关文献的综述和评论。其应该包括以下内容：一是介绍已有的有关文献的基本内容和主要贡献，并指出其存在的缺点或局限；二是说明自己调查的主要视角和特点，凸显自己调查的意义或价值；三是阐述本次调查的学术定位，说明它在本学术领域中的位置。

必须指出，这一部分的写作，必须把综述与评论结合起来，而不能停留在对原有文献的罗列和梳理上。只有通过文献回顾中的评估和分析，才能说明自己调查研究的基点、特点和价值。

（3）调查的研究设计。主要说明本次调查是如何进行的，它应该包括以下内容：一是调查的主要方法是普查、抽样调查，还是个案调查；是文献调查法、问卷调查法，还是实地观察法、实验调查法等。调查方法不同，资料收集方法、分析方法、工作程序和技术往往不同。二是如果是抽样调查，还必须说明研究总体的界定、抽样框的编制、抽样的具体方法、样本量大小、抽样误差，调查、整理和分析的方法，以及非抽样误差的控制等情况。三是理论分析的基本框架，包括研究假设的说明及其理论基础，假设中主要概念的界定和讨论，研究假设与理论基础之间的关系，抽象概念如何“降维”到比较具体的变量和指标，以及概念或变量的测量方法及其指标，等等。

前言的写作方法没有固定不变的模式。究竟采用哪种写法，要视调查报告的种类、目的、内容，以及篇幅等情况进行适当的选择。然而，无论采用何种写法，前言的文字应力求简明、精练，具有吸引力。

三、主体

1. 主体内容

主体，是调查报告的基础内容，也是其最主要的部分。这一部分撰写的好坏，将直接决定整个调查报告质量的高低和影响的大小。它应该包括以下三个方面的内容。

（1）客观叙述研究对象的基本状况及其相关行为，阐明其性质和特点。应该用具体数据和典型事实，叙述社会调查的内容，主要回答“是什么”的问题。

（2）在以上叙述的基础上，分析各种现象之间的相互关系，解释社会现象、社会行为之间的因果联系，主要回答“为什么”的问题。

（3）如果是应用性的调查报告，还必须根据上述叙述和分析，提出必要的对策性建议或方案，主要回答“怎么办”的问题。如果是学术性的调查报告，则应该在上述叙述和分析的基础上，做出必要的学术性推论和评价，并阐明本研究的主要特点、贡献和局限性。

① 陈升，孟庆国. 2009. 汶川地震对受灾居民的影响研究——来自四川省5个地震重灾区的调查. 中国人口科学, (4): 91-99.

2. 主体结构

为了更好地表现主题，撰写调查报告不仅要考虑调查报告主体所包含的内容，还要特别注意主体的整篇布局，即调查报告主体的结构形式，通常有三种形式。

（1）纵式结构，就是按事物发展的历史顺序和内在逻辑来叙述事实、阐明观点。这种结构的优点是，论述有头有尾，过程清清楚楚，有利于做到历史和逻辑的统一，便于读者了解事物发展的全过程。例如，《又一支异军在突起——改革开放以来私营经济的再生与发展》就是以纵式结构为主的调查报告。这篇调查报告，首先论述了“私营经济再生的历史前提和市场基础”。其次，论述“私营经济的发展过程”，把私营经济的发展分为三个阶段进行分析。最后，论述私营经济的发展现状及其特点①。

（2）横式结构，就是把调查的事实和形成的观点，按性质或类别分成几个部分，并列排放、分别叙述，从不同的方面共同说明调查报告的主题。这种结构的优点是，问题展得开，每个问题的论述比较集中，而且条理清楚，有较强的说服力。例如，《浙江省人口和计划生育基层队伍建设调研报告》简要介绍该省计划生育机构与队伍的基本情况后，便转入分别论述明确建设目标要求、加强机构队伍的建设、实施素质提升工程、优化用人激励机制、发挥计生协会作用等几个问题，最后，针对存在的缺陷与不足提出了四项建议②。

（3）纵横交错式结构，就是纵式结构和横式结构相结合的方式。或以纵为主、纵中有横，或以横为主、横中有纵。这两种纵横交错结构，既有利于按照历史脉络讲清问题的来龙去脉，又有利于按问题的性质或类别分别展开论述，因此，许多大型调查报告的主体部分往往采用这种结构。

调查报告内容的多样性决定了调查报告主体结构的多样性，内容决定形式。因此在写调查报告时，为了揭示主题，深化主题，要勇于创新，依序布局选择最佳的主体结构形式，使结构为主题服务，使丰富的内容与完美的结构有机结合起来。

四、结束语

结束语，是调查报告的结尾部分。调查报告的结尾，从内容上看，结束语有以下几种写法。

1. 概括全文，深化主题

根据调查情况，概括出主要观点，深化主题，增强调查报告的说服力和感染力。例如，在《干旱下的牧民生计——兴安盟白音哈嘎屯调查》的结论中，作者写道：“我们看到，干旱正在威胁着半农半牧区农牧民的生计，干旱威胁了原有的农业生产，降低了农业产量、增加了农业生产成本，日益严重的风沙在侵吞原有的耕地；干旱对畜牧业的危害更大，减少了草产量、增加了饲养成本，并最终导致牲畜数量下降。干旱导致了这些地区农牧民的普遍贫困化。人们希望通过改变原有的生产方式来适应日益严重的干旱，但是我们看到，对于大多数农牧民来说，转型是非常困难的，只有少数经济状况比较好的富裕农牧民才能成功地实现转型，而普通的农牧民的转型往往是被动的，在这个被动

---

① 张厚义. 1999. 中国私营企业发展报告：1978—1998. 北京：社会科学文献出版社：3-59.

② 国家人口和计划生育委员会人事司调研组. 2009. 浙江省人口和计划生育基层队伍建设调研报告. 人口与经济，(6)：27-30, 35.

的转型过程中，他们往往面临着生活质量下降，并失去他们赖以维生的资产等。”①

2. 总结经验，形成结论

根据调查情况，总结基本经验，形成基本结论。例如，《中国西北农村基督教青少年宗教性研究——以甘肃W村基督教群体为例》一文，得出了三个结论：其一，基督教青少年的宗教信仰出现了男女差别，其中女信徒的宗教性高于男信徒；其二，基督教青少年存在八种类型，即纯粹型、精神型、慰藉性、功利型、徘徊型、世俗型、旁观型和排斥型；其三，与西方基督徒不同，该村基督教青少年表现出内在宗教取向，对于依然保持宗教信仰的基督教青少年来说，精神型和纯粹型是主要的类别②。

3. 指出问题，提出建议

根据调查情况，指出存在的问题和不足，提出改进的具体建议的结尾，可大大提高调查报告的现实意义和应用意义。例如，《海外华裔青年来华留学的文化适应研究——基于暨南大学个案调查的分析》的结尾部分提出了一些建议，根据文化适应的阶段性特征，“增强华裔学生的民族身份认同与中华文化意识”，“帮助华裔学生拓展文化适应路径”，“发挥社团的作用，让老生做新生的‘文化适应导师’”，“增加具有特色的社团活动，吸引更多的华裔学生参与”等③。

4. 说明危害，引起重视

根据调查情况，说明问题的严重性、危害性，以便引起有关方面的重视，有的还提出对策性的具体意见。这样的结尾，对于引起有关方面的重视是相当有力的。例如，《论乡村青年乡土情感的淡薄化现象——以安徽Q自然村落为例》的结语，在肯定乡土情感淡薄化有利于促进中国城市化的同时，指出：“乡土情感的淡薄化，将导致乡村社会精英人才的流失与乡村社会凝聚力的削弱，进而将对乡村社会的建设与发展产生制约性影响。”④

5. 展望未来，指明意义

根据调查情况，由点到面、由此及彼，开阔视野、展望未来，指出有关问题的重要意义。例如，《1+1>2——中海外重组并入中铁工纪实》的结束语：“企业重组已经使中国铁路工程集团有限公司、中国海外工程总公司焕发出极大的发展活力。我们相信，今后随着两个企业资源的不断优化配置，重组效应必将在实践中进一步显现。中铁工将会加快建设成为具有较强国际竞争力的现代大型企业集团，中海外也会在更广范围、更高层次全面参与国际分工和国际竞争，并取得更大成绩。”⑤

学术性调查报告的结语，常常包括有关“讨论”的内容，即从调研结果中能够得出什么样的推论。在这些推论中，包括哪些与调研数据结合得紧密，哪些与抽象理论相关，研究结论的理论内涵和实践意义是什么，本次调研存在的缺陷、尚未解决的问题和新出现的问题，结论的推广应具备哪些条件或限制，以及进一步研究的建议等。

调查报告的结束语，应根据写作目的、内容的需要采取灵活多样的写法，要简明扼

① 王晓毅. 2009. 干旱下的牧民生计——兴安盟白音哈嘎屯调查. 华中师范大学学报, (4): 18-26.

② 杨宝琰，方明. 2009. 中国西北农村基督教青少年宗教性研究——以甘肃W村基督教群体为例. 青年研究, (4): 83-93.

③ 文峰，周聿峨. 2009. 海外华裔青年来华留学的文化适应研究——基于暨南大学个案调查的分析. 中国青年研究, (10): 52-55.

④ 邓遂. 2009. 论乡村青年乡土情感的淡薄化现象——以安徽Q自然村落为例. 中国青年研究, (8): 54-58.

⑤ 国务院国资委研究室. 2007. 1+1>2——中海外重组并入中铁工纪实. 求是, (4): 48-50.

要、意尽即止，切不可画蛇添足，弄巧成拙。

五、简介

简介，是撰写在标题后对调查报告主要内容的简要介绍，主要概括说明报告的主要内容，使读者对整个报告先有一个大致的了解，也便于文献检索。特别是研究性的调查报告，因其有一定的学术性，要求按照学术论文的标准来拟写简介。其写作方法大体上有以下三种。

一是摘要式，即将调查报告的主要内容摘要列举出来。例如，《走市区合并、扬长补短、突出特色发展之路——对地级孝感市改革、发展的看法和建议》的简介，“内容提要：第一，认真剖析发展现状。用具体数据说明1993年孝感撤地设市后市辖区的发展和变化，孝感在全国和湖北省地级市中的位置，在此基础上概括出市辖区的主要劣势和相对优势。第二，明确认识改革方向。用事实和数据说明了中国行政区划的现状和特点，‘市管县’体制与地级市的发展历程和主要弊端，以及地级市改革的目标和步骤。第三，大胆探索改革道路。以孝感为例，剖析了市辖区管理体制的主要弊端，提出了市辖区改革、发展的6点建议。最后指出，在全国283个地级市中，类似孝感只有1个市辖区的地级市有98个。孝感如能在市辖区改革、发展方面闯出一条新路，将会对类似地级市的改革、发展做出重要贡献”①。

二是说明式，即用一段文字说明调查报告的主要内容。例如，《小组社会工作方法运用于行为不良学生教育过程研究——以某工读学校的夏令营为例》的简介如下：“近年来，行为不良学生的数量不断增加，其教育难度也在不断加大。在传统教育方法的基础上不断引进新的教育理念、教育方法是目前我国不良行为学生教育的急迫需求。鉴于国外社会工作专业方法运用于不良行为学生教育过程的成功实践，笔者带领社工团队以夏令营的形式在某工读学校开展行为研究，运用小组社会工作方法教育引导曾经实施不良行为的学生，本文就记录了本次行动研究的过程与反思。”

三是导语式，即用一段与标题紧密连接的简短文字，作为调查报告的简介。例如，《“二”奶阿珍：一个虚拟世界中建构主体的故事》的简介：“大家好！我叫阿珍，我来自偏远的农村。现在繁华的大都市每天灯红酒绿……我只是把自己的经历记录下来，不认为这有什么丢脸的地方。作为别人的情人，我也有自己的辛酸，生活中没人理解，我只有写出来给自己一丝短暂的安慰。”

目前，简介的撰写方式已越来越多，为了引起读者的注意与兴趣，各种新颖的简介形式正在不断涌现。

六、后记

后记，是撰写在结束语之后的，对与调查报告的形成、写作和出版等有关的问题进行的说明。它一般包括以下几个方面内容：与调查课题的提出和实施有关的情况和问题，与调查报告撰写有关的情况和问题，与调查课题参与者、调查报告撰写者有关的情况和问题，与调查报告发表、出版有关的情况和问题。

---

① 李友清，水延凯. 2006. “小马”改革之道. 北京：社会科学文献出版社.

应该指出，后记并不是调查报告不可缺少的部分。如果调查报告在前言、主体或结束语中已经说明了上述问题，就不必再写后记了。

七、附录

附录是调查报告的附加部分。附录不是调查报告不可缺少的部分，只有那些与调查报告密切相关、而调查报告正文包括不了或者没有说到而又需要说明的情况和问题才应列入附录。它一般包括以下一些内容：调查问卷或量表、访谈资料、调查指标的解释或说明、计算公式和统计用表、调查的主要数据、典型案例、名词注释、人名和专业术语对照表等。

第三节　调查报告的写作步骤与原则

调查报告有四大构成要素，即主题、结构、材料和语言。其中，主题是调查报告的灵魂，结构是调查报告的骨架，材料是调查报告的血肉，语言是调查报告的肌肤，四者缺一不可。撰写调查报告，应该遵循一定的步骤，遵守一定的原则。

一、写作步骤

撰写调查报告的一般步骤是：提炼报告主题、拟定写作提纲、精选调查材料、推敲书面语言。

（一）提炼报告主题

主题是社会现象，是揭示事物本质所形成的中心思想或基本观点，是调查报告的灵魂。主体是否明确和有价值，是否能引起人们的重视，对调查报告有决定性的意义，所以说，正确提炼报告主题，是写好调查报告的关键。

正确提炼调查报告主题，必须考虑两个方面的因素，即调查研究的目的和调查所获得的真实材料。调查研究的目的和调查报告的主题是不完全相同的。调查研究的目的，有的是政府部门委托的，有的是自己在研究过程中形成的，它们都是主观的东西。提炼调查报告主题的过程，既是分析客观社会现象、揭示客观事物本质的过程，又是根据调查实际情况修改、完善或另行确定调查研究目的的过程，是促使主观目的与客观实际密切结合的过程。

提炼主题，要努力做到正确、集中、深刻、新颖和对称。正确，是指主题要真实反映客观情况，对社会实践起指导作用，对社会发展起促进作用。集中，是指主题要突出，要小而实，不要多中心，不要大而空。深刻，是指主题要深入揭示事物内在本质，由现象到本质，由浅层本质到深层本质，而不能只满足于对现象、对浅层本质的认识。新颖，是指主题要有新意，要在前人的基础上有所发现、有所前进、有所创造，要努力在别人尚未开垦的地方耕耘。对称，是指主题与材料、观点对称。主题过宽、过大，而材料不充分、观点不成熟，论证就没有力量；主题过窄、过小，又不能充分发挥材料和观点的价值。

（二）拟定写作提纲

结构是调查报告的骨架。调查报告写作提纲，则是结构的具体体现。因此，在提炼报告主题之后，就应精心拟定写作提纲。

拟定写作提纲的过程，实际上就是研究调查材料的过程，形成基本观点的过程，明晰报告主题的过程。写作提纲的拟定没有固定不变的模式，应根据调查报告的目的、内容和作者的写作习惯而定。至于写作提纲的文字表达方式，常用的有两种：一是标题法，即按总标题、大标题、小标题、子标题的形式，将内容分层排列。这是一种常用的写作提纲形式，其特点是主题突出，层次清楚，结构严密。二是句子法，即用句子的形式把所要论述的内容概括表达出来。这种提纲形式的特点是内容明确，表述完整。

（三）精选调查材料

材料是调查报告的血肉。在撰写报告前，一般都要围绕调查报告的主题，依据拟定的写作提纲，对社会调查中收集的资料进行认真研究，精选真实、准确、全面、系统的材料，努力做到既不漏掉重要材料，又使所用材料具有最大的代表性和最强的说服力。

（四）推敲书面语言

语言是调查报告的肌肤。一篇高质量的调查报告，不仅要正确提炼主题，合理安排结构，精选调查材料，而且要反复推敲书面语言。调查报告的书面表达方式，最好用第三人称或非人称代词，尽量避免强加于人之感。当然，在特殊情况下，也可采用第一人称的写法。调查报告是一种以叙事为主的说明性文体，应该有其独特的语言风格。掌握调查报告语言的独特风格十分重要，语言表达得好，犹如锦上添花，能吸引更多的的读者；语言表达不好，就会功亏一篑，甚至会影响调查报告社会作用的发挥。

二、撰写原则

调查报告的撰写，应当遵循一定的格式。撰写格式，主要包括标题格式、使用外来语格式、注释和引文格式。

（一）标题格式

一般情况是：一级标题用“一、”“二、”“三、”等中文数字，顿号断开后接标题名。二级标题用“（一）”“（二）”“（三）”等带括弧的数字接标题名（括号后不加标点符号）。三级标题用“1.”“2.”“3.”等阿拉伯数字，点号隔开后接标题名。四级标题用“（1）”“（2）”“（3）”等带括号的阿拉伯数字接标题名（括号后不加标点符号）。排版时，一般一级标题居中，二级及以下标题左对齐。前三级标题独占一行，标题后不用标点符号，四级以下标题与正文连排。

（二）使用外来语格式

外来语的翻译，尽量采用通行中文译名。首次出现的外来语，要在中文译名后用括号注明外来语。例如，地域性社区（geographica1 community）、功能性社区（functional community）等。非通用的外国人名可直接用原文，第一次出现时写全名，以后则写姓氏即可，如第一次出现写“Andrew G. Walder”，以后则可以写作“Walder”。

（三）注释和引文格式

在撰写调查报告的过程中，有时需要引用别人的论述、数据、资料等来支持或证明自己的观点，有时需要引用某些不易理解的内容或概念，这时就应用注释方式对引用资料的来源、内容或意义做出必要的说明或解释。注释有三种方式。

（1）夹注，即夹在行文中，在应用资料的后面用括号对其来源、意义等做出说明或解释。外文人名地名、人物的生辰年月、较少见的专业名词等，多采用夹注方式。夹注一般不宜太长，否则会影响文字畅通，不利于读者阅读。

（2）脚注，即在加注词右上方加一个注释号（如①、②、③等），然后在该页下端用小一号字体对加注词出处、内容等情况做出解释或说明。

（3）尾注，即在加注词右上方按顺序标明注释号，然后在本章节末尾或全文末尾冠以“注释”的标题，并按注释号顺序用小一号字体对加注词出处、时间、意义或内容等情况做出解释或说明。一般调查报告大都采用尾注方式，注释连续编号；著作大多采用脚注方式，每页重新编码。

引文有不同的方式。①直接引文，即引用别人的原话、原文，要用双引号把原话、原文引起来，其注释一般采用脚注或尾注方式。②间接引文（也称“引意”），即用自己的语言引用他人的观点或结论，不必用引号把原意引起来，但仍应用脚注或尾注方式说明其出处、内容或意义。③提示性引证，即仅说明某书或某章节可用来说明文中某一观点，也不需加上引号。间接引文和提示性引证，都应在说明或解释文字前加上“参见”或“详见”等文字。

需要注意的是，不同出版社、杂志社对撰写格式有不同的要求，因此，要出版著作和发表论文，都必须了解有关出版社、杂志社对撰写格式的具体规定。调查报告的撰写，应适时启动，并具有连续性，一旦开始写作，就应排除各种干扰，保证写作时间，坚持每天写作，一气呵成。完成调查报告初稿后，最好把它放到一边，让它“冷却”一段时间。实践证明，“冷却”往往会对调查报告的某些内容产生一些新想法、新观点。这时再去修改、定稿，就会使调查报告更全面、更完善。

调查报告定稿之前，要反复推敲和修改。修改的主要任务：一是审核内容，即在通读全文的基础上，检查报告的材料是否真实、可靠，观点是否正确、新颖，结构是否科学、合理，论证是否严谨、符合逻辑，等等。二是斟酌文字，即推敲报告的字句、语法和标点符号等，看用词是否准确、恰当，语句是否简练、流畅，标点符号是否正确、规范，等等。

本章小结

（1）调查报告是以文字、图表等形式反映调查对象实际情况、表达研究者观点和方法的书面报告。它是调查研究成果的集中体现，是交流、使用和保存调研成果的重要载体。

（2）调查报告应该具有针对性、真实性、新颖性和时效性等特点。

（3）按照不同的划分标准，调查报告可分为综合性调查报告和专题性调查报告；描述性调查报告和因果性、预测性调查报告；应用性调查报告和学术性调查报告等类型。

（4）调查报告一般由标题、前言、主体和结束语等部分组成。

（5）调查报告标题的撰写，通常采用直叙式、判断式、提问式、抒情式和双标题等方式。

（6）调查报告主体部分的结构，通常有三种形式，即纵式结构、横式结构、纵横交错式结构。

（7）调查报告有四大构成要素，即主题、结构、材料和语言。其中，主题是调查报告的灵魂，结构是调查报告的骨架，材料是调查报告的血肉，语言是调查报告的肌肤。

（8）撰写调查报告的一般步骤是：提炼报告主题；拟定写作提纲；精选调查材料；推敲书面语言。

（9）调查报告的撰写，应当遵循一定的撰写格式，主要包括标题格式、使用外来语格式、注释和引文格式。

思考与练习

1. 什么是调查报告？它有哪些特点？
2. 调查报告有哪些类型？各有何特点？
3. 调查报告一般由哪些部分组成？
4. 撰写调查报告的主体有哪几种结构？
5. 撰写调查报告的结束语应该包括哪些内容？
6. 简述撰写调查报告的一般步骤。
7. 如何提炼调查报告的主题？
8. 拟定写作提纲有哪些基本要求？
9. 如何精选调查材料？
10. 调查报告的文字应该符合哪些要求？
11. 怎样评价一篇学术性调查报告？
12. 根据日常生活中的需要，撰写一篇应用性调查报告。

参 考 文 献

范伟达. 2013. 社会调查研究方法. 上海：复旦大学出版社.
风笑天. 2005a. 社会学研究方法. 北京：中国人民大学出版社.
风笑天. 2005b. 现代社会调查方法. 3 版. 武汉：华中科技大学出版社.
风笑天. 2009a. 社会学研究方法. 3 版. 北京：中国人民大学出版社.
风笑天. 2009b. 现代社会调查方法. 4 版. 武汉：华中科技大学出版社.
高金章. 2012. 市场调查与分析. 上海：立信会计出版社.
郝大海. 2005. 社会调查研究方法. 北京：中国人民大学出版社.
郝大海. 2009. 社会调查研究方法. 2 版. 北京：中国人民大学出版社.
简明. 2012. 市场调查方法与技术. 北京：中国人民大学出版社.
简明, 金勇进, 蒋妍. 2013. 市场调查方法与技术. 3 版. 北京：中国人民大学出版社.
蒋志华. 2009. 市场调查与预测. 北京：中国统计出版社.
李金昌. 2010. 应用抽样技术. 2 版. 北京：科学出版社.
李玉光, 杜宏巍, 黄永生. 2014. SPSS 19.0 统计分析入门与提高. 北京：清华大学出版社.
卢纹岱. 2010. SPSS 统计分析. 4 版. 北京：电子工业出版社.
水延凯. 2009. 怎样搞好社会调查. 北京：中国人民大学出版社.
水延凯. 2010. 社会调查教程. 5 版. 北京：中国人民大学出版社.
水延凯, 江立华. 2014. 社会调查教程. 6 版. 北京：中国人民大学出版社.
吴骏. 2014. SPSS 统计分析从零开始学. 北京：清华大学出版社.
吴明隆. 2010. 问卷统计分析实务——SPSS 操作与应用. 重庆：重庆大学出版社.
吴增基. 2009. 现代社会调查方法. 上海：上海人民出版社.
徐云杰. 2011. 社会调查设计与数据分析——从立题到发表.重庆：重庆大学出版社.
杨丹. 2013. SPSS 宝典. 3 版. 北京：电子工业出版社.
袁方. 1997. 社会研究方法教程. 北京：北京大学出版社.
朱胜. 2011. 市场调查方法与应用. 北京：中国统计出版社.
Baily K D. 1987. Methods of Social Research. 3 rd ed. New York ：Free Press.
Moser CA, Kalton G. 1971. Survey Methods in Social Investigation. London: Heinemann Educational Books Ltd.
Sudman S, Bradburn N M. 1988. Asking Questions：A Practical Guide to Questionnaire Design. San Francisco, London：Jossey-Bass Publishers.